용산공원

용산공원

용산공원 설계 국제공모 출품작 비평

초판 1쇄 펴낸날 _ 2013년 2월 27일
글쓴이 _ 김연금, 김영민, 남기준, 노수일, 류영렬, 박선희, 박승진, 박희성, 배정한, 서영애,
         아드리안 구즈, 유시범, 이명준, 이상민, 이성민, 이유직, 장보혜, 최영준, 최정민, 최혜영
엮은이 _ 배정한
펴낸이 _ 신현주 ‖ 펴낸곳 _ 나무도시
신고일 _ 2006년 1월 24일 ‖ 신고번호 _ 제396-2010-000140호
주소 _ 경기도 고양시 일산동구 장항동 733 한강세이프빌 201-4호
전화 _ 031.915.3803 ‖ 팩스 _ 031.916.3803 ‖ 도서주문 팩스 _ 031.622.9410
전자우편 _ namudosi@chol.com
편집 _ 남기준 ‖ 디자인 _ 임경자
필름출력 _ 한결그래픽스 ‖ 인쇄 _ 백산하이테크

ISBN 978-89-94452-19-7 93610

정가 18,000원

용산공원

용산공원 설계 국제공모 출품작 비평

배정한 엮음 / 김연금, 김영민, 남기준, 노수일, 류영렬, 박선희, 박승진, 박희성, 배정한, 서영애,
아드리안 구즈, 유시범, 이명준, 이상민, 이성민, 이유직, 장보혜, 최영준, 최정민, 최혜영 지음

나무도시

네 번째 봄,
용산공원을 보다

어느덧 네 번째 '봄'이다. 그 어느 때보다 공원이 각광받고 있는 시대에 공원의 여러 단면과 이면을 독해함으로써 그 역할과 가치를 되묻고 공원과 사회의 대화를 매개하고자 했던 세 번째 '봄' 『공원을 읽다』에 이어, '조경비평 봄'은 이제 용산공원으로 시선을 좁힌다.

오랜 시간 동안 굳게 닫혔던 굴절된 역사의 땅이 공원이라는 새 옷을 입고 우리에게 다가오고 있다. 2012년의 '용산공원 설계 국제공모'는 20년이 넘는 긴 노정을 겪어온 용산 미군기지 공원화 프로젝트의 분수령이다. 다양한 형식과 수준의 담론, 구상, 법, 계획 등을 통해 논의되어 온 용산공원이 비로소 설계의 단계로 접어들게 된 것이다. 당선작을 바탕으로 용산공원은 점차 가시화될 것이다. 그리고 기회의 땅이 될 것이다.

우선, 아주 크기 때문이다. 크기 면에서 용산공원은 세계적이다. 용산공원, 그리고 바로 맞붙어있는 국립중앙박물관과 전쟁기념관을 합하면 도시 공원의 대명사인 뉴욕의 센트럴파크보다 크다. 여의도 면적과 거의 같다. 크다는 것은 양이 풍부하다는 것만을 의미하지 않는다. 대형 공원large park은 넓고 크기 때문에 도시의 정체성을 만들어주고 복합적인 문화 창조의 기반이 될 수 있다. 둘째, 많은 이야기와 사연이 있기 때문이다. 이곳에는 우리 역사의 여러 시간과 의미가 층과 켜를 이루며 용해되어 있다. 용산공원은 미래 세대에게 시간의 지혜, 장소의 의미를 일깨워주는 공원이 될 수 있다. 셋째, 풍부한 자연과 역동적인 도시적 삶이 모두 담겨 있기 때문이다. 용산공원만큼 자연과 도시가 치열하게 대화하는 곳을 세계 어디에서도 찾아보기 쉽지 않다. 남산과 용산공원 그리고 한강을 연결하는 생태·경관축이 공원과 도시의 유연한 경계를 통해 도시로 확산된다. 풍요로운 자연과 건강한 도시 환경이 소통하며 함께 진화할 용산공원은 어쩌면 도시 공원의 역사에 새로운 장을 열 수도 있을 것이다.

그러나 기회가 많고 희망이 큰 만큼 용산공원의 어깨는 너무 무겁다. 당선작이 나왔다고 모든 밑그림이 완성된 것은 아니다. 아직 잔치는 끝나지 않았다. 용산공원은 앞으로도 20년에 가까운 긴 시간동안 변화하고 성장할, 종점이 없는 열린 프로젝트다. 여러 변화에 지혜롭게 대응할 수 있는 프로세스를 면밀하게 설계하는 일, 국가와 시민과 전문가가 함께 참여하여 토론하는 일, 이제부터 시작이다.

'조경비평 봄'은 이 책을 통해 용산공원의 장기적 설계와 조성 과정에 순기능적 쟁점을 제기할 수 있는 다각적 비평을 생산하고자 한다. '용산공원 설계 국제공모'의 당선작과 출품작들에 대한 심층적 리뷰를 통해 용산공원의 성장판을 보강하고자 한다. '조경비평 봄'은 이러한 기획이 용산공원의 물리적 설계와 켤레를 이루는 또 다른 차원의 설계 행위일 것이라고 믿는다.

스무 명 필자의 열여덟 편 글을 담는다. 부지의 역사나 공모전 이전의 담론을 다시 살핀 글부터 당선작에 대한 비평, 그리고 출품작 전반을 지역성, 역사성, 생태, 경계, 가독성, 시간 등의 세밀한 앵글로 포착한 비평, 용산공원의 성장과 미래를 조망하는 글에 이르기까지 이 책의 스펙트럼은 넓고 길게 펼쳐져 있다. 그러나 용산공원의 설계적 이슈를 다시 발굴하고 소통함으로써 공원 설계를 우리 사회와 문화의 쟁점으로 편입시키고자 한다는 점에서는 동일한 입장을 취하고 있다.

네 번째 '봄'의 서론 격인 배정한의 글은 용산기지 공원화 구상(2005), 용산공원 아이디어 공모(2009), 용산공원 정비구역 종합기본계획(2011)을 중심으로 공모전 이전의 담론과 구상을 재조명하고, 용산공원 설계 국제공모(2012)의 과정과 출품작들을 조감하며 리뷰한다. 그리고 이번 공모전의 당선작과 출품작들은 20년 넘게 진행되어 온 긴 귀환의 과정을 담론의 영역에서 디자인의 차원으로 이행시키지 못한 채 이미지의 생산에 머물렀다는 문제를 제기한다.

박승진은 옛 지도들을 현미경적 시선으로 살펴보면서 용산기지의 역사를 재조명한다. 공모전 출품작들이 풀어야 할 땅의 실체는 서울 안에 있지만 완벽하게 격리되어 있고, 완벽하게 독립적인 시스템으로 작동하는 병영 도시다. 그리고 이 병영은 지도상의 여느 장소와 마찬가지로 오랜 세월 켜켜이 쌓인 역사적인 사건들의 결과물이다. 견고한 경계가 둘러쳐진 후 100여 년 동안 이 담장 안에서는 과연 어떤 일들이 벌어진 것일까? 박승진의 글 행간에 용해된 것은 용산기지의 역사 자체에 대한 탐구라기보다는, 100년이 넘는 흔적을 면밀하게 살피지 못한 채 생산된 설계안들에 대한 비판이다.

김연금과 노수일이 함께 쓴 "공원이라는 알리바이"는 이번 공모전 출품작들이 도시 서울과의 관계를 적극적으로 사유하지 못해 새로운 공원 모델을 제시하는 데 한계를 보였다고 진단한다. 그리고 그 이유를 이제까지 진행된 공원화 논의 속에서 찾고 있다. 이 글은 전면 공원화가 오히려 도시 구조의 왜곡과 같은 문제를 도외시하고 용산기지를 둘러싼 다양한 요구를 차단시켰다고 본다. 여러 입장의 차이와 갈등을 피하기 위해 우리 모두가 공원화를 공모한 것은 아닌 지 되묻고 있는 것이다.

당선작에 대한 본격적인 리뷰는 작가 자신의 입장과 향후의 설계 방향을 듣기 위해 West8의 아드리안 구즈Adriaan Geuze와 최혜영의 글로 시작한다. 그들은 우선 당선작 "Healing: The Future Park"를 통해 설계로 말하고자 했던 '치유' 개념을 다시 설명한다. 이 글은 더 나아가 앞으로 설계의 발전 과정에서 공원 기반 체계 디자인, 이벤트와 시민 참여 방안, 관리와 운영 방식에 중점을 둘 것임을 밝히고 있다. 또한 생태적·사회적 재생, 교육적·문화적 공원, 건강한 공원이 용산공원의 바람직한 미래상이라고 피력한다.

당선작(과 수상작들)의 성과와 한계에 초점을 집중한 세 편의 비평을 마련했다. 이상민은 당선작이 '특별한' 용산공원 부지에 '평범한' 설계안을 제시했다고 본다. 물론 그가 말하는 평범함이 곧 우수하지 않음과 등식을 이루는 것은 아니다. 당선작의 설계 개념, 주제별 전략 계획, 공간 구성과 프로그램 등을 분석하는 가운데 그는 당선작에 나타난 평범함 속의 특별함과 특별함 속의 평범함을 탐색한다. 평범하면서도 특별한 용산공원을 만나기 위해서는 미래지향적 사고가 중요하다는 그의 논점에 주목할 만하다. 이른바 한국적 공원이라는 것은 그런 이후에 생각해도 늦지 않다는 것이다.

그들은 왜 산수화를 그렸을까? 김영민은 당선작 발표 이후 West8이 다시 그린 산수화풍의 조감도에 의문을 던지며 글을 전개한다. 그는 대상지를 치유하기 위해 한국적 경관의 원형을 복원하고자 한 당선작의 설계 논리에서 드러나는 허점을 촘촘히 지적한다. 그러나 일련의 인상적인 이미지 컷을 통해 보여준 용산공원의 모습은 놀랄 만큼 과감하면서도 사려 깊다고 이야기한다. 치명적으로 허술하면서 동시에 극도로 치밀한 당선작의 제안은 이제 우리 앞에 가시적으로 다가선 용산공원의 실체일지도 모른다.

당선작을 비롯한 수상작 네 작품을 다루며 이명준은 설계 패널을 회화를 감상하듯이 분석한다. 상상력을 발휘하여 패널의 이미지 속에 들어가 보려는 의도는 실제 공간을 상상하여 경험하기 위한 노력으로 보인다. 패널을 회화로 보는 태도는 이번 공모전의 당선이 '이미지'에 의해 좌우되었다는 평가를 역으로 반영한 것이다. 이 글은 표면만 보면 자칫 당선작에 대한 찬사로 읽히지만, 실은 조경 설계가 회화가 되어서는 안 된다는 비판적 텍스트로 기능한다.

책의 2부에 해당하는 순서는 보다 치밀한 주제와 쟁점에 대한 비평이다. 먼저, 서영애는 대부분의 출품작들이 집중한 '지역적 정체성'의 한국적 재현이라는 쟁점을 분석한다. 그의 분석에 따르면 각 출품작은 한국적 경관의 문제를 크게 지형, 개념, 땅, 도시라는 서로 다른 틀을 통해 다루고 있다. 그는 다수의 작품이 '용산공원 정비구역 종합기본계획'에서 이미 제시된 가이드라인을 뛰어넘지 못한 채 관례적 접근에 그치고 있다고 파악하는 한편, 지역성의 문제를 대형 공원 설계의 쟁점으로 제기한 성과에서 나름의 의의를 찾는다.

박희성은 용산공원의 '역사성'을 묻는다. 거대 담론으로서의 한국성 재현 이전에 '용산' 자체를 기억할 수 있는 공원은 무엇이어야 하는지, 그는 출품작들의 다양한 시선을 통해 그 모습을 가늠해 보고자 한다. 그의 분석처럼, 건축물을 통해 역사성을 반영하는 관례화된 접근 외에 경관, 길, 공간, 자연 등에 대한 역사적 시선이 거의 모색되지 않았다는 점은 출품작들의 한계가 아닐 수 없다. 우리는 용산공원에서 용산의 역사를 기억하게 될까? 우리는 그의 의문에 대한 설계적 답안을 함께 구해야 한다.

류영렬은 용산공원 설계의 또 다른 지상 과제인 '생태'를 출품작 대다수가 제시한 탄소제로공원, 녹지 계획, 수체계 등의 관점에서 비판적으로 해부한다. 그는 과학적 프로세스에 기반한 아이디어가 몇 작품에 반영된 점에서 의미를 찾지만, 대부분의 출품작에 드러난 생태가 프로세스보다는 일종의 이미지로 포장된 경향을 보인다는 점을 확인하고 있다. 과학자의 앵글로 리뷰한 디자이너의 생태는 이미지로서의 생태였다.

유시범은 공원의 '경계'가 지니는 '확장성'이라는 가능성에 주목한다. 공원의 경계는 공원의 질서와 도시의 질서가 만나는 공간이며, 공원과 도시의 이질적 만남은 더 이상 공원을 정적인 장소로 남겨두지 않는다. 그는 당선작을 비롯한 각 출품작에 나타나는 경계의 설계 전략을 촘촘히 검토하고, 앞으로 용산공원을 둘러싸고 동시다발적으로 발생할 변화의 양상과 요인에 대응할 수 있는 확장성 논의를 전개한다.

이성민은 출품작들이 역사, 문화, 생태적 조건 등 '부지의 조건'을 이해한 방식과 설계 전략을 검토한다. 그는 다수의 출품작이 주어진 조건을 독창적으로 해석해 설계 논리를 펼치기보다는 오히려 한국적 경관과 이미지로 시선을 돌려버렸음을 지적한다. 부지의 조건 자체를 설계적으로 해석한 도시 공원—이 이슈는 타자의 시선에서는 이제 진부할 수 있겠지만, 적어도 우리의 땅에서 우리의 방식으로 확인해 볼 필요가 있었다.

박선희는 용산공원 설계 국제공모의 출품작들이 거의 유사한 공간 구조와 설계 개념을 보인다는 문제의식에서 출발한다. 이는 설계 이전에 이미 종합기본계획과 설계 지침이 여러 변수를 통제했기 때문이다. 마스터플랜들만 따로 떼어 놓고 보면 구별하기 쉽지 않을 정도로 각 작품이 유사함에도 당선작 "Healing: The Future Park"가 강점을 가진 이유를 그는 '가독성legibility'이라고 해석한다. 그의 면밀한 비판적 분석에 따르면, 결국 이번 공모전에서 관건이 되었던 것은 설계의 논리와 디자인을 이해시키고 설득시킬 수 있는 가독성이었다.

최영준은 설계 지침의 제안 사항을 거의 그대로 충족시키는 구조의 설계안이 당선되었을 뿐만 아니라 대부분의 출품작들이 공원의 자연 환경, 프로그램, 도시와의 관계 등에 대한 판단과 해석에서 차별성을 보이지 않는다는 점을 비판적으로 분석한다. 이른바 '클리셰cliché'라 표현할 수 있을 정도로 고정된 상을 용산공원에 투사하고 있다는 것이다. 이로 인해 오히려 부각되지 못한 용산공원의 잠재적 가능성은 없을까? 그의 논의는 관행적 클리셰에 대비되는, 차별화된 대안적 태도를 탐색하는 방향으로 이어진다.

전망의 시선을 담은 책의 3부에는 네 편의 글을 싣는다. 우선, 남기준은 용산공원 설계 국제공모 이후의 반응에 주목하여 공모전을 계기로 오히려 용산공원이 '담론'의 수면 아래로 가라앉은 문제를 지적한다. 당선작은 수많은 언론 매체를 장식했지만, 어떤 작품이 당선되었다는 사실만 부각되었을 뿐 당선작에 대한 분석이나 비평은 찾아보기 어려운 상황이다. 그는 공원화가 결정되기 이전의 다양한 주장과 논쟁에 비해 지나치리만큼 조용한 현실을 안타까워하며, '그저 공원이면 족하다'는 반응을 넘어서는 용산공원에 대한 새로운 관심을 촉구하고 있다. 다시, '용산공원을 이야기하자' 고.

 이유직은 좋은 계획과 설계만으로는 용산공원의 성공과 지속가능한 미래가 보장되지 않는다고 말한다. 좋은 공원은 공원의 그릇을 만드는 일, 그 그릇을 매력적인 내용으로 채우는 일, 그리고 그런 그릇이 지속적으로 운영될 수 있는 시스템을 확립할 때 가능해진다는 것이다. 그는 이 세 가지 조건의 실천적인 대안으로 총괄조경가, 시민의 자발적 참여와 세심한 콘텐츠 기획, 그리고 운영을 넘어 경영을 지향하는 용산공원관리센터를 제안한다.

 최정민은 용산공원 설계 국제공모를 매개로 한국 조경 사회의 문제와 설계 수준의 단면을 드러내고자 한다. 설계 경쟁competition은 규범적이고 관성적인 설계에 주의를 환기시키는 데 효과적이며 설계 시장의 성장과 설계 자체의 발전에 기여함이 분명하지만 그 이면의 부작용도 심하다. 설계 경쟁을 통한 조경의 변화와 그 그늘, 그리고 설계 경쟁이 과연 좋은 작품이라는 결과를 낳고 있는가? 최정민은 이러한 의문에 기초해 한국 조경 설계의 오늘을 비판적으로 조망하고 용산공원 설계 국제공모의 성과와 한계를 짚어본다. 또한 그는 이번 공모전 당선작의 설계 내용과 이미지에서 드러나는 타자의 시선, 곧 오리엔탈리즘의 그림자를 비판적으로 해부한다.

 네 번째 '봄' 을 마무리하며 장보혜는 이번 공모전과 출품작들을 '시간' 의 관점으로 다시 읽어낸다. 시간적으로 용산공원은 과거, 현재, 미래가 만나는 현장이고 그 시간이 만나는 여러 가지 방법이 곧 설계안이다. 그는 민족성, 역사성, 문화성, 생태성으로 제시되어 온 용산공원의 성격이 출품작들에서 다루어진 방식은 결국 '남은 것과 훼손된 것' 이라고 본다. 즉, 출품작들은 지난 100년간의 역사적 유산은 남은 것으로, 같은 기간의 생태는 훼손된 것으로 인식하고 있다. 다수의 작품은 그 훼손된 시간을 복원하는 방향을 설계 대안으로 내세우는 경향이 강하지만, 그 잃어버린 시간을 되찾으려는 조바심이 너무 앞선 것은 아닌지 우려된다고 그는 말한다. "속도보다 중요한 것은 리듬" 이라는 그의 진단은 용산공원의 장기적·단계별 조성이 지향해야 할 가장 중요한 좌표 중 하나일 것이다.

'봄'의 전통을 과감히 깨고 이 책에는 네 명의 외부 필자를 초대했다. 당선작을 이끈 네덜란드 출신의 세계적 조경가 아드리안 구즈와 당선작의 실질적 산파였으며 현재 후속 설계의 진행을 담당하고 있는 West8의 최혜영 씨가 흔쾌히 원고를 수락해 주었다. 생태적 쟁점에 대한 전문성 있는 비평을 위해 촉망받는 신진 생태학자인 서울대 류영렬 교수가 힘을 보태주었다. 그리고 서울시립대 도시과학연구원의 노수일 선생이 김연금 박사와 짝을 이루어 참여해 주었다. 이들의 수고 덕분에 이 책은 한층 다채로운 콘텐츠를 갖추게 되었다.

네 번째 '봄'에는 새로운 멤버 박선희, 유시범, 이명준, 이성민 씨가 합류했다. '조경비평 봄'이 매년 개최해오던 비평상을 이어받아 월간 『환경과 조경』이 2011년에 개최한 대한민국 조경비평대상의 가작 수상자들인 이들의 문제의식과 필력은 한국 조경 비평 시즌 2의 역동적 추동력이 될 것이다.

엮은이로 함께 이름 올리는 것을 끝내 사양한 이수의 서영애 소장은 책의 기획부터 구성과 원고 검토에 이르기까지 많은 노력과 시간을 아끼지 않았다. 기획과 편집의 전 과정을 주도하고 출판까지 맡아준 나무도시의 남기준 편집장에게 감사를 전하기에는 지면이 너무 좁다.

세 번째 '봄' 『공원을 읽다』의 서문은 "공원은 희망의 공간이다. 그래서 공원이다"로 끝난다. "희망의 용산공원"을 기다리며 '조경비평 봄'은 네 번째 '봄' 『용산공원』을 보낸다. 후속 토론과 비평을 기대한다.

2013년 2월
눈 덮인 미래의 용산공원을 상상하며

배정한

차 례

용산공원,
그 귀환의 담론과 디자인

배 정 한

미지의 땅, 금단의 땅, 용산기지가 공원으로 부활하여 우리에게 돌아오고 있다. 공원이라는 선한 이름을 달고 있지만, 녹색의 낭만과 평화로 가득한 가나안이 되기에는 용산공원의 어깨가 너무 무겁다.

이 땅만큼 질곡의 역사를 겪은 곳도 드물다. 고려 말에는 몽골군의 병참기지, 임진왜란 때는 왜군의 보급기지였다. 임오군란 후에는 청군이 주둔했고, 러일전쟁 이후로는 일본군의 본거지가 되었다. 해방 이후 지금까지는 미군에 의해 굳게 닫힌 한국 속의 미국이다. 굴절된 역사를, 상처 받은 민족정신을 공원으로 치유해야 한다고들 주장한다.

공원이 된다는 이유로, 남산과 한강 사이에 끼어 있다는 이유로, 전문가와 시민 모두 생태라는 이름의 시대적 판타지를 꿈꾼다. 100년 넘는 시간 동안 시스템을 잘 갖춘 군사 '도시'였던 이 땅을 '생태' 공원으로 탈바꿈시켜야 한다고 의견을 모은다. 숲으로 가득한 초록의 별천지가, 남산과 용산을 다시 잇는 녹색 척추가 지상 명령이 된다.

더구나 거대 도시 서울의 한 복판에 있는 용산공원은 도시의 구조, 조직, 문화를 외면할 수 없다. 입지 자체가 던져 준 숙명이다. 서울의 중심이지만 소외와 단절의 섬이나 마찬가지였던 공간적 왜곡을 바로 잡아야 한다고들 말한다. 도시 구조의 교정, 더 나아가 도시와 공원의 소통을 요청받는다. 거기다 243만m²(약 80만평)의 면적은 여의도에 육박한다. 대형 공원large park은 형태는 물론이고 그 기능과 역할이 복합적일 수밖에 없다.

이처럼 용산공원은 멀티플레이어야 한다. 한 번에 풀기 힘든 복잡하고 무거운 난제들을 처음부터 짊어졌다. 2012년의 '용산공원 설계 국제공모'는 이 힘든 귀환의 과정과 과제를 공식화하는 일에 다름 아니다. 담론의 영역에서 디자인의 차원으로 용산공원이 옮겨가는 갈래길이다.

선행 구상과 계획

'용산공원 설계 국제공모'는 20년이 넘는 긴 논의와 구상의 산물이다. 기지 이전과 공원화가 이렇게 장기화된 것은 속도의 나라 한국에서는 매우 이례적인 일이다. 장기화의 가장 큰 원인은 국제 정치와 한미 관계의 변화겠지만, 운 좋게도 이 시간은 용산공원에 대한 논의와 구상을 다각화하고 심화하는 데 기여했다. 이번 공모전의 성과와 난맥을 짚어보기에 앞서 그 바탕이 된 과정상의 주요 지점들을 되돌아보아야 할 이유가 여기에 있다.

개발론에서 공원론으로

1990년 6월, 용산기지 이전에 관한 한미 간의 기본합의서와 양해각서가 체결되었다. 이를 계기로 이전 후 기지 활용에 대한 다양한 제안이 생산되기 시작했다. 초기에는 공원보다는 임대주택 건설, 주거단지 개발, 상업적 복합시설 개발 등이 논의의 주를 이루었으나, 점차 주거지 개발론과 공원화론이 대립의 각을 세우며 양립하는 양상으로 변했다. 이 시기에 서울시가 마련한 '용산 군이적지 활용 방안과 기본계획'(1991)은 버블 다이어그램 수준의 초보적 그림을 남겼지만 용산공원에 관한 공식적 구상으로는 최초라고 할 수 있다.

이후 10년 이상 잠복해 있던 기지 이전 논의는 2003년 5월 5일, 한미 정상이 용산기지 이전에 합의함으로써 급물살을 타기 시작한다. 2004년 2월, 국무총리 자문기구로 '용산공원화기획자문위원회'가 설치되고, 2005년에는 국무조정실 산하에 '용산민족역사공원건립추진단'이 설립된다. 기지 이전과 공원화가 가시화되면서 다양한 연구와 구상 프로젝트가 줄을 이었다. 정부가 주도한 '용산기지 반환부지 활용 방안에 관한 연구'(국무조정실, 2004), '용산기지 활용 방안 연구'(한국문화관광정책연구원, 2004), '용산기지 반환부지 활용과 재원조달 방안'(국무조정실, 2004), '주요 미군 반환부지 활용 및 재원 확보 방안'(국무조정실, 2005) 등이 그 예다. 여러 시민단체와 전문단체, 그리고 언론을 통해서도 용산기지의 공원화 방향에 대한 의견과 아이디어가 쏟아졌다. 이러한 과정을 거치며 종래의 주거지 개발론은 자취를 감추게 되고 민족·역사, 생태, 문화 등을 키워드로 한 공원화론이 대세를 이루게 된다. 정확한 시기를 못 박기는 어렵지만 적어도 용산기지를 공원으로 변모시켜야 한다는 점에 대해서는 국민적 합의가 형성된 것이다. 그러나 피상적인 수준에서 공원의 녹색 이미지를 낭만적으로 주장하는 담론과 구상이 적지 않았다. "참을 수 없는 무거움을 용산공원에 떠안기고 있는 동시에 용산공원을 참을 수 없는 가벼움으로 구상"[1]했다는 평가도 큰 과장은 아닐 것이다.

용산기지 공원화 구상

2005년의 '용산기지 공원화 구상'은 용산기지 이전 합의 이후 양산된 공원화 논의를 공간적 계획으로 공론화하고자 한 본격적인 시도이며, 정부가 주도한 최초의 체계적인 용산공원 계획안이다. 국무조정실의 의뢰로 한국조경학회와 대한국토·도시계획학회의 연구진이 진행한[2] 이 계획은 이 시기 공원화 담론의 주류였던 감성적인 민족·역사공원론과 낭만적인 생태공원론을 뛰어넘어 도시와 공원의 역동적 관계에 방점을 둔 공원 철학을 선보였다.

이 구상안은 '미래지향적 공원', '도시와 대화하는 공원', '성장하는 공원'을 용산공원의 비전으로 제시한다. 특히 '도시와 대화하는 공원'은 "도시와 긴밀한 관계를 맺으며 경제적·사회적·환경적으로 지속가능한 발전을 이끌어갈 수 있는 인프라를 갖춘 공원"을 지향하고, '성장하는 공원'은 "도시의 구조 및 문화와 적극적으로 영향을 주고받으며 도시와 그 안의 삶을 발전, 진화시킬 수 있는 '늘 자라나는' 공원"을 추구한다는 점에서, 이 계획의 정신은 종래의 공원 이념을 탈피하고자 한 시도라고 평가될 만하다. 공원이란 도시로부터 벗어난 고립의 녹색 피난처refuge여야 한다는 센트럴파크 표 라벨을 떼고, 도시를 흐르는 혈관 같은, 도시와 지속적으로 소통하며 도시의 변신과 진화를 이끄는 도시의 주연으로 공원의 좌표를 설정하고자 한 실험이었다. 공원과 도시의 관계를 새롭게 정의한 이 비전은 후속 용산공원 계획들과 공모전에 큰 영향을 미친다.

이 2005년 계획은 생태축ecological spine, 문화 클러스터cultural clusters, 다목적 복

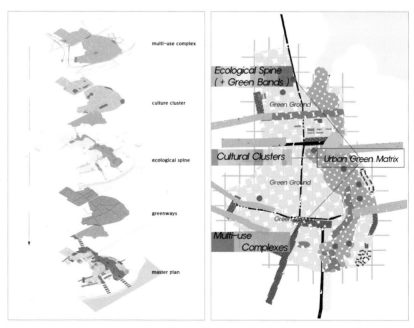

그림1. 용산공원 구상(안), 『용산기지 공원화 구상』(국무조정실, 2005)

그림2. 용산공원 단계별 계획, 『용산기지 공원화 구상』(국무조정실, 2005)

합시설multi-use complexes 등으로 짜인 공원의 골격을 도시 그린 매트릭스urban green matrix라는 이름으로 제안한다(그림1). 이러한 공간적 얼개보다 더 중요한 것은 이 구상에서 시도된 단계별 계획phasing plan이다. 1단계(2006~2012)는 공원 조성의 물리적 토대를 구축하고 기본 설계를 작성하는 단계다. 2단계(2013~2020)는 본격적인 공원 조성을 진행하고 부지 환경을 안정화시키는 단계다. 3단계(2021~2030)는 상황과 조건의 변화에 탄력적으로 대응하면서 공원의 생태적 성숙과 문화적 성장을 준비하는 단계다(그림2).³ '용산기지 공원화 구상'의 단계별 계획은 한국 공원 설계에서 최초로 시도된 과정 중심적 설계process-oriented design였다. 용산기지의 공원화는 장기적으로 진행될 프로젝트일 뿐만 아니라 시작과 종결의 시점도 불분명하다. 그러므로 단기간에 작성된 결정론적 마스터플랜으로 부지의 운명을 단정하기보다는 오랜 시간에 걸쳐 진화하며 조건과 상황의 변화에 대응할 수 있는 과정적 설계가 필요하다. 역사・민족, 생태, 문화보다 더 중요한 것은 공원의 장기적 성장에 용이한 공원의 유연한 기반을 마련하는 과정이다.

'용산기지 공원화 구상'의 비전과 단계별 계획은 공원 설계 철학과 방법론의 새로운 패러다임을 열며 주목받던 다운스뷰 공원Downsview Park과 프레시 킬스Fresh Kills 등 당시 대형 공원 설계의 영향권에 있었음을 부인하기 어렵다. 그럼에도 이 구상에 담긴 공원 철학은 '용산기지 공원화 선포식'(2006. 8. 24.)에서 노무현 대통령 연설문의 기초가 되었다. 또한 이 구상의 기본 정신은 '용산공원 조성 특별법'(2007. 7. 13.) 제정과 공포로 직접 연결되었다. 뿐만 아니라 '용산공원 아이디어 공모'(2009)의 설계 지침과 '용산공원 정비구역 종합기본계획'(2011)의 근간을 이루게 된다.

용산공원 아이디어 공모

용산공원의 창조적인 미래상을 구하고 종합기본계획 수립에 필요한 아이디어를 발굴하기 위해 2009년에는 '용산공원 아이디어 공모'가 개최되었다. 이 공모전의 설계 지침은 공원의 이념과 비전, 몇 가지 고려 사항을 적시한 점 외에는 자유로운 설계적 실험을 최대한 보장했다.[4] 2005년 구상의 연속선상에서 이 공모전은 다음과 같은 용산공원의 비전을 선언했다. "끊임없이 진화하고 성장하는 공원을 지향한다. 자연성을 회복하고 생태적으로 건강한 공원을 지향한다. 지역의 정체성을 담고 도시 공원 문화의 새로운 지평을 여는 공원을 지향한다. 국민이 함께 참여하여 조성하는 열린 공원을 지향한다."

　2009년 6월 24일에 시작된 공모전에 427팀이 참가 등록을 했고, 10월 12일 최종 접수 결과 127팀이 작품을 제출했다. 10월 16일부터 사흘간 진행된 심사 결과, 1등작 없이 공동 2등 당선작으로 세 작품이 뽑혔고, 3등 세 작품, 가작 네 작품, 입선 20작품이 선정되었다. 다수의 출품작과 수상작을 교차하는 설계 전략과 아이디어는 단계별 전략의 구축, 주변 도시 구조와 조직의 고려, 부지의 역사적 조건의 존중, 비확정적 프로그램의 제시 등이었다. 시민 참여적 설계를 제안한 작품도 다수 눈에 띄었다.

　공동 2등작인 "Evolving History"(윤희연+최혜영+기효순+신용주)는 부지의 외곽 지역은 최소한의 개보수 과정만을 거쳐 강한 역사성을 드러내고, 부지의 중심부로 접근할수록 건물을 해체하여 흔적으로만 남기고 공원적 성격을 강화하는 안을 제시했다(그림3). 이 작품의 건축·도시적 전략과 기존 건축물 재활용 아이디어는 2012년의 용산공원 설계 국제공모의 여러 출품작에서도 발견된다.

　같은 2등작인 "내재된 풍경"(최종훈+양기욱+권니아)은 "느린 공원, 커다란 그릇"을 모토로 내세우며, 공원화 과정은 느리게 그리고 지속적으로 진행시키면서 다양한 사회적·시간적 요구를 수용할 수 있는 유연한 과정을 강조한 작품이다(그림

그림3. "Evolving History", 윤희연+
최혜영+기효순+신용주, 용산공원
아이디어 공모(2009), 공동 2등작

그림4. "내재된 풍경", 최종훈+양
기옥+권니아, 용산공원 아이디어
공모(2009), 공동 2등작

그림5. "Infra-forest Park", 윤웅원+
김정주+박주현+류하나+문지웅, 용
산공원 아이디어 공모(2009), 공동
2등작

4). 대지의 경계, 기존 가로와 시설물, 울창한 수림의 산을 우선적으로 공원화할
것을 제안한 이 과정 중심적 작품은 2012년 공모전의 여러 출품작, 특히
"Yongsan Park Towards Park Society"(조경설계 서안+M.A.R.U. 외; 이하 "Park Society")와
큰 면적의 교집합을 지닌다.

또 다른 2등작인 "Infra-forest Park"(윤웅원+김정주+박주현+류하나+문지웅)는 용산공
원 성격을 남산이 연장된 숲으로 규정한다(그림5). 용산공원의 남북과 동서를 불
규칙하게 연결하는 폭 200m의 숲 밴드를 인프라-포레스트로 설정하고 10×
10m의 동일 간격으로 식재하여 나무 사이와 하부 공간을 공공 공간으로 활용
한다. 인프라-포레스트에 의해 나뉜 공원의 일곱 개 구역을 주변 도시 상황에 대
응하는 패치워크 패턴으로 계획한다. 이 작품에서 두드러지는 대규모의 숲은 이
전의 여러 구상과 이후의 계획에서 나타나는 생태축 개념의 극대화된 버전이라
고 할 수 있다.

용산공원 정비구역 종합기본계획

2009년부터 2010년에 걸쳐 다학제간 대규모 전문 인력에 의해 연구되고[5] 2011년에 고시된 '용산공원 정비구역 종합기본계획'은 '용산공원조성특별법' 제13조에 의거한 법정 계획이다. 이 계획은 용산공원과 관련된 공원조성지구, 복합시설조성지구, 공원 주변 지역의 계획적·체계적 조성 관리를 위한 종합적 기본 구상 및 추진 전략을 정립하는 것을 목적으로 하며, 향후 진행될 기본설계와 조성계획의 기본적 틀이 될 예정이다. 실제로 '용산공원 설계 국제공모'(2012)의 설계 지침은 종합기본계획의 주요 내용과 거의 일치한다.

이 계획은 용산공원의 비전으로 "자연과 문화, 역사와 미래가 어우러지는 열린 국가공원"을 선언하고, 용산공원의 목표를 다음의 세 가지로 압축하여 제시한다. "역사성과 장소성을 승화시키고 창조하는 공원, 생태적 가치를 복원하는

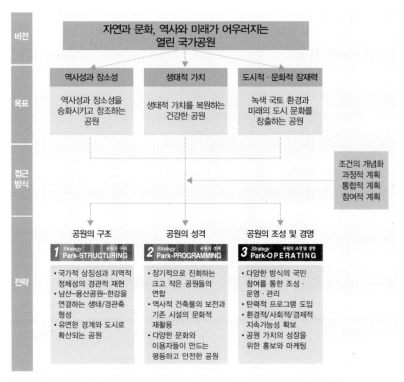

그림6. 용산공원의 비전, 목표, 전략, 『용산공원 정비구역 종합기본계획』(국토해양부, 2011)

건강한 공원, 녹색 국토 환경과 미래의 도시 문화를 창출하는 공원." 종합기본계획의 이러한 공원상을 구현하기 위한 계획 전략은 크게 공원의 구조park-structuring, 공원의 성격park-programming, 공원의 조성과 경영park-operating 측면에서 범주화된다. 먼저, 공원 구조의 측면에서는 국가적 상징성과 지역적 정체성의 경관적 재현, 남산-용산공원-한강을 연결하는 생태 · 경관축 형성, 유연한 경계와 도시로 확산되는 공원 등의 세부 전략이 마련되었다. 다음으로, 공원의 프로그램 측면에서는 장기적으로 진화하는 크고 작은 공원들의 연합united parks, 역사적 건축물의 보전과 기존 시설물의 문화적 재활용, 다양한 문화와 이용자가 만드는 평등하고 안전한 공원 등의 하위 전략을 구성했다. 마지막으로, 공원의 경영 측면에서는 다양한 방식의 국민 참여를 통한 조성 · 운영 · 관리, 탄력적 프로그램 도입, 환경적 · 사회적 · 경제적 지속가능성 확보, 공원 가치의 성장을 위한 홍보와 마케팅 등의 세부 전략이 제시되었다(그림6).

계획의 태도로 "조건의 개념화, 과정적 계획, 통합적 계획, 참여적 계획"을 지향한 종합기본계획은 녹지체계, 수체계, 경관체계, 공간 및 시설체계, 동선체계로 구성된 공원의 골격을 제시했다. 특히 생태축 공원, 문화유산 공원, 관문 공원, 세계문화 공원, U-Eco 놀이 공원, 생산 공원 등 여섯 개의 단위 공원을 구상하여 각 단위 공원별로 계획 가이드라인을 제시했다(그림7). 용산공원을 서로 독립적이면서도 유기적으로 연계된 단위 공원들의 연합united parks으로 구상한 것은 종합기본계획의 가장 큰 특징 중 하나다.

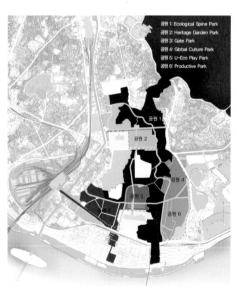

공원 1: Ecological Spine Park
공원 2: Heritage Garden Park
공원 3: Gate Park
공원 4: Global Culture Park
공원 5: U-Eco Play Park
공원 6: Productive Park

그림7. 용산공원 기본구상도(안), 『용산공원 정비구역 종합기본계획』(국토해양부, 2011)

2005년 구상의 계획 철학을 수용한 종합기본계획은 4단계에 걸친 단계별 조성 계획을 마련한다. 1단계(N~N+2년, seeding)는 "개방과 자유, 발전적 유보"의 과정으로, 임시 공원(원 상태 및 정비)을 개장하고 유보지에서는 자연적 생태 천이를 유도하며 부지에 대한 정밀 조사를 실시한다. 또한 공원의 남북 부지를 연결하고, 가이드 투어 동선을 따라 공원 내부의 주요 동선을 구축하며, 국립중앙박물관, 산재 부지, 신용산역, 숙대입구역 쪽에 출입 동선을 배치한다. 동시에 용산공원 관리센터를 설립하고 시민 단체 등과 파트너십을 형성하는 등 공원의 지속가능한 경영을 위한 프로그램을 개발하여 운영한다. 2단계(N+3~N+6년, rooting)는 "회복과 실험, 바탕의 구축" 단계로, 임시 공원을 폐쇄하고 공원의 핵심 지역을 조성한 후 개방한다. 만초천을 복원하는 한편 메인 포스트와 사우스 포스트 우측의 녹지축 일부를 구축하고 연결한다. 유보지는 탄력적 프로그램을 통해 주변 지역 개발과 연계하여 개방한다. 3단계(N+7~N+10년, growing)는 "변화와 성장"의 단계로, 여섯 개 단위 공원을 모두 조성하여 공원 계획안을 실현하고 공원 내부의 녹지체계와 수체계도 완성한다. 또한 정원박람회 등 국제 행사를 개최하여 공원 조성의 가속화 및 홍보의 기반으로 활용한다. 특히 이 시기에는 남산과 용산공원을 잇는 녹지축을 연결하고 한강과의 물길도 연결함으로써 공원과 주변부의 관계를 완성한다. 별도의 도면 없이 제시된 4단계(N+11년~N+15년, blooming)는 "교정과 적응"의 과정으로, 미래의 또 다른 공원 진화를 준비하는 단계이다. 다양한 이용 프로그램을 모니터링하여 용도를 변경하고, 도시와 공원의 네트워크를 완성해 나간다(그림8).

그림8. 용산공원 단계별 조성 계획, 『용산공원 정비구역 종합기본계획』(국토해양부, 2011)

용산공원 설계 국제공모

'용산공원 설계 국제공모International Competition for Master Plan of the Yongsan Park, Korea' (2012)는 '용산공원 정비구역 종합기본계획' (2011)에서 제시된 용산공원의 비전과 목표를 구현할 수 있는 창의적이고 합리적인 마스터플랜을 선정하기 위해 진행되었다. 이 공모전의 당선작을 토대로 향후 공원의 실현을 이끌 설계안이 마련된다는 점에서, 이번 공모는 지난 20여 년간 계속되어 온 용산공원 논의와 구상의 분수령이다. 담론과 디자인의 경계다.

표1. 용산공원 설계 국제공모 지명 초청팀, 출품 작품명, 심사 결과

지명 초청팀	출품 작품명	심사결과
West8+이로재 +동일엔지니어링+김남춘(단국대)+김봉렬(한국예술종합학교)	Healing: The Future Park	1등
신화컨설팅+서안알앤디 디자인 +유신+창조건축+Ken Smith+성종상(서울대)+홍윤순(한경대)+오충현(동국대)+최재형(비오이앤씨)+김준현	Yongsan Park for New Public Relevance	2등
James Corner Field Operations+삼성에버랜드 +삼우건축+Buro Happold+동남엔지니어링	"Openings" Seoul's New Central Park	3등
조경설계 서안+M.A.R.U. +design studio loci+조경포레+NIA+동호+홍성각(산림청)+전상인(서울대)+신동엽(연세대)	Yongsan Park Towards Park Society	3등
씨토포스+SWA +정림건축+건화+이손건축+TDI컨설팅+변우혁(고려대)+김은식(국민대)+안승홍(한경대)+박은영(중부대)+권진욱(영남대)	Multipli-City	가작
동심원조경기술사사무소+Oikos Design +조경설계해인+조병수건축+한국종합기술+수성엔지니어링	Sacred Presence: Countryside in Citycenter	가작
그룹한 어소시에이트+Turenscape +희림건축+한국그린인프라연구소+Sieker MBH+Niall Kirkwood(Harvard GSD)+조경진(서울대)	Yongsan Madangs	가작
CA조경기술사사무소+Weiss/Manfredi +동우건축+도화엔지니어링+진아건축+조동범(전남대)+김영모(한국전통문화학교)+최정민(순천대)+김연금(조경작업소 울)+Supermass Studio	Connecting Tapestries from Ridgeline to River	가작

역사성, 도시 구조적 성격, 대형 규모와 입지, 생태적 가치 등 부지 특유의 잠재력과 성격뿐만 아니라 45억 원에 달하는 기본설계권은 세계 유수의 조경가들과 건축가들의 관심을 자극하기에 충분했다. 2011년 11월부터 12월에 걸쳐 국내외 총 48개 팀이 참가의향서[RFQ]를 제출했고, 2단계에 걸친 참가의향서 심사를 통해 8개 지명 초청 팀이 선정되었다.[6] OMA, MVRDV, 피터 라츠[Peter Latz], 마샤 슈왈츠[Martha Schwartz], 다이애나 발모리[Diana Balmori] 등 다수의 스타 건축가와 조경가가 탈락되는 치열한 경쟁 끝에 지명 초청된 여덟 개 팀의 구성과 출품 작품명은 〈표1〉과 같다.

주최자 국토해양부를 대리하는 전문위원(PA; Professional Advisor)을 임승빈(서울대 조경·지역시스템공학부 교수)이, 부전문위원(APA; Associate Professional Advisor)을 김일현(경희대 건축학부 교수)과 배정한(서울대 조경·지역시스템공학부 교수)이 맡아 심사위원의 섭외와 선정을 주관하고 심사를 진행하면서 공모전의 전 과정을 운영했다. 조경, 건축, 도시, 사회학 등을 망라하는 다양한 분야의 전문가들이 심사위원으로 선임되었다. 위원 간의 호선을 통해 크리스토프 지로[Christophe Girot](스위스 취리히공대[ETH Zurich] 조경학과 교수)가 심사위원장을 맡았고, 줄리아 처니악[Julia Czerniak](미국 시라큐스대[Syracuse University] 건축학과 교수), 지후[Hu Jie](중국 청화대 조경학과 교수), 찰스 왈드하임[Charles Waldheim](미국 하버드대 설계대학원[Harvard University GSD] 조경학과 교수, 학과장), 리처드 웰러[Richard Weller](호주 웨스턴 오스트레일리아대[University of Western Australia] 조경·시각미술과 교수), 김성홍(서울시립대 건축학부 교수), 김영대(대구시 도시디자인 총괄본부장), 송호근(서울대 사회학과 교수), 온영태(경희대 건축학과 교수), 김기호(예비심사위원, 서울시립대 도시공학과 교수)가 심사위원으로 포진했다.

2011년 11월 10일에 고시된 '용산공원조성지구'(서울특별시 용산구 용산동 1가~6가, 서빙고동, 동빙고동 일대, 약 243만㎡)를 대상지로 국제 지명 초청 마스터플랜 설계 공모 방식으로 진행된 공모전은 2011년 12월 27일에 공고되어, 4월 16일에 작품 접수를 마쳤다. 4월 19일의 기술 검토를 거쳐,[7] 4월 20일부터 22일까지 본 심사가 진행되었다. 심사위원회는 다수의 의견으로 West8+이로재 팀의 "Healing: The Future Park"(이하 "Healing")를 1등 당선작으로 선정하여 발표했다. 미지의 땅이자 금단의 땅인 용산기지가 용산공원으로 귀환하는 긴 과정에서 초벌 밑그림이 마련된 것이다.

공모전을 통해 용산공원은 아드리안 구즈 Adriaan Geuze라는 당대의 걸출한 조경가를 얻었다. 새로운 출발을 위한 지도를 구했다. 그러나 탁월한 설계 능력과 경험을 지닌 조경가는 미래 용산공원의 필요조건에 불과하다. 당선작 "Healing"이 이제까지의 용산공원 담론들을 실행력 있는 전략적 디자인으로 이행시킬 수 있을 때, 우리는 이 작품에 충분조건의 지위를 수여할 수 있을 것이다. 그러한 이행의 켤레는 당선작과 출품작에 대한 이론적 리뷰와 비평 행위다. 이 책의 다른 장에서 보다 심도 있게 다루어질 다각적 시선의 비평에 앞서, 다음에서는 각 작품의 성과와 한계를 빠른 속도로 짚어보기로 한다.

담론에 머문 디자인

자연과 역사와 문화의 치유! 당선작 "Healing"은 상처받은 땅을 공원으로 치유할 수 있다고 선언한다. 이 난제의 해소를 자임한 "Healing"의 가장 큰 설계적 특징은 한국의 대표적 경관 아이콘인 "삼천리금수강산"을 상징적으로 재현하고자 한 지형 조작에 있다(그림9). "이 작품은 산의 지형을 개선하여, 남산에서 한강까지 이어지는 남북의 강한 축을 재구축하고 있다. …… 전통적인 자연관을 존중하고 …… 자연에 대한 새로운 문법을 제시하고 있다"는 심사평에서 볼 수 있듯이, 당선작은 대상지의 자연에 명료하면서도 인상적인 해법을 대입하고 있다. 그러나, 보다 정확히 말하자면, 이 작품의 초점은 산이라는 자연보다는 산이라는 지역적 또는 풍토적 이미지를 상징적으로 조형한 점에 있다고 볼 수 있다. 팀을 이끈 아드리안 구즈의 다른 작품들과 마찬가지로 "Healing"은 철저히 조형적이며, 그 조형의 근거는 한국이라는 한 특별한 지역에서 매우 상식적이고 보편적인 자연의 아이콘인 산 또는 산맥이다. 설계의 논리와 표현이 가독적 legible 으로 연결되는 이 작품은 "국가적 상징성과 지역적 정체성의 경관적 재현"이라는 설계 지침의 요구 조건 중 하나에 직설적으로 응답했다. 그러나 이 직설은 역

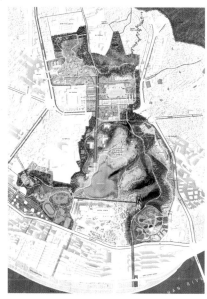

그림9. "Healing: The Future Park"(West8+이로재 외), 용산공원 설계 국제공모(2012), 1등 당선작, 플랜

그림10. "Connecting Tapestries from Ridgeline to Rivever"(CA조경기술사사무소+Weiss/Manfredi 외), 용산공원 설계 국제공모(2012), 가작, 플랜

설적이게도 순환 논리와도 같은 의문을 낳는다. 한국적 자연의 상징과 지역적 정체성을 경관으로 재현할 수 있는가? 또한 삼천리금수강산에 묻혀 채 해결되지 못한 여러 설계 조건들은 이 작품이 기본설계를 통해 진화하는 과정에 남겨진 숙제들이다. 특히 종합기본계획의 내용과 크게 다를 바 없는 "Healing"의 단계 별 계획은 면밀한 보완을 필요로 한다. 우리는 마치 선언문처럼 쟁점을 제기하여 주목을 끌었지만 현실의 실행 단계에서 추진력을 잃은 최근의 여러 대형 공원 설계 선례를 보아왔다. 용산기지가 공원으로 귀환하는 과정은 계획적, 정책적, 실행적 변화를 마주할 수밖에 없다. 그 변화에 유연하게 대처할 수 있는 지혜로운 프로세스를 디자인해야 할 과제가 던져졌다. 그래야 금수강산이 용산공원의 생태축에 거주할 수 있다.

남산과 용산공원을 잇는 남북 방향의 축에 산의 제스처를 입혀 한국적 상징을 의도한 점은 "Connecting Tapestries from Ridgeline to River"(CA조경기술사사무소+Weiss/Manfredi 외; 이하 "Connecting Tapestries")에서도 두드러진다. 이 작품에서는 금수강산 대신 태백산맥이다. 와이스/만프레디^{Weiss/Manfredi}의 다른 작품들을 떠올리게 하는, 굽이치는 굴곡의 조각적 지형이 지배적이다(그림10). 이 작품은 산세와 물길의 연결, 비오톱 복원, 산마루의 정체성 살리기, 지속가능한 에너지 생산 체계 등의 아이디어를 독창적으로 제시하고 있지만, 이 모든 것은 백두대간 아이콘에 묻힌다.

"Sacred Presence Countryside in Citycenter"(동심원조경기술사사무소+Oikos Design 외; 이하 "Sacred Presence")는 전통적인 설계 관례인 마스터플랜적 접근을 부정하고 용산공원의 성격 규명을 위한 담론 생산에 비중을 둔 '이론적' 작품이다(그림11). 특히 경관의 '경험'에 중점을 두고 풍수와 산수 전통, 경관을 시로 인식하는 한국적 감성에 주목한다. 그러나 한국의 전통적 감성이 곧 용산의 지역적 정체성이라는 등식은 한 국가의 보편적 경관관과 특정한 지역의 물리적 공원 설계 사이의 관계에 의문을 던지게 한다.

또 다른 방식으로 한국적 키워드에 방점을 둔 작품은 "Yongsan Madangs"(그

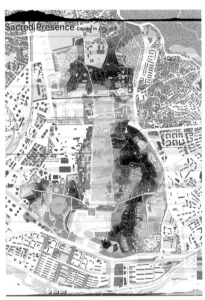

그림 11. "Sacred Presence Countryside in Citycenter"(동심원조경기술사사무소+Oikos Design 외), 용산공원 설계 국제공모(2012), 가작, 플랜

그림12. "Yongsan Madangs"(그룹한 어소시에이트 +Turenscape 외), 용산공원 설계 국제공모(2012), 가작, 플랜

룸한 어소시에이트+Turenscape 외)다(그림12). 이 작품은 마당이라는 전통적 공간 단위를 재해석하여 공원의 다층적 시스템과 프로그램으로 이용하고자 했다. 그러나 공원에 뿌려진 수많은 마당 '들' 은 전체 구조를 지배하지 못한다. 이 작품이 보여주는 이른바 "백화점식" 설계 때문이다. 생태 시스템부터 SNS까지 공원 설계에 동원될 수 있는 거의 모든 메뉴를 모은 이 작품은 형식 또한 전형적인 "한국 턴키turn-key식 외주 CG" 로 마무리되고 있다. 이러한 이유로 마당 개념이 부각되지 못한다. 더욱이 이 작품의 가장 두드러진 장점인 '네 가지 조성 시나리오' 가 빛을 보지 못하고 오히려 시나리오 플랜과 마스터플랜이 충돌한다.

백화점식 설계는 2등작인 "Yongsan Park for New Public Relevance" (신화컨설팅+서안알앤디 디자인 외; 이하 "Public Relevance")에서도 마찬가지다(그림13). 유역 개념을 바탕으로 대상지의 맥락을 지역성과 결합시킨 이 작품의 핵심은 산수 공원, 풍정원, 전통 마을 등 요소 중심적 전통 공간들과 긴밀하게 결부되지 못한다. 외주 CG에 담긴 화려하지만 공허한 이미지는 이 작품의 강점과 배치된다. 다른 어느

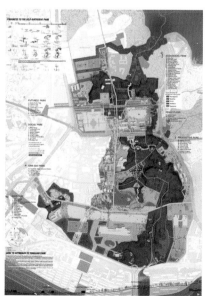 

그림13. "Yongsan Park for New Public Relevance" (신화컨설팅+서안알앤디 디자인 외), 용산공원 설계 국제공모(2012), 2등작, 플랜

그림14. "Multipli-City" (씨토포스+SWA 외), 용산공원 설계 국제공모(2012), 가작, 플랜

출품작보다 면밀하게 대상지 조건과 역사를 분석했음에도, 분석의 심도와 개념의 보편성—생태 코리도의 회복, 사회 네트워크의 재연결, 역사적·문화적 밴드의 결합—과 표현의 화려함이 한데 섞이지 못하고 부유한다. "Public Relevance"는 작품의 특징을 한 마디로 설명하기 가장 어려운 작품이다.

"Multipli-City" (씨토포스+SWA 외)는 대상지를 도시적 다양체로 파악한 개념 전개 과정이 특징적인 작품이다. 그러나 질 들뢰즈Gilles Deleuze의 다양체multiplicity에서 끌어온 용산공원의 좌표가 숲과 빈 공간의 연결, 산과 물의 회복, 길과 건물의 재활용이라는 세 가지 설계 전략과 어떻게 연결되는 지 파악하기 쉽지 않다(그림 14). 대상지 외부의 도로망까지 녹색으로 칠한 강박증, "Yongsan Madangs"나 "Public Relevance"와 구별하기 힘든 턴키식 외주 CG는 설계의 개념과 논리를 파편화하는 데 일조한다.

공동 3등작인 "Yongsan Park Towards Park Society" (조경설계 서안+M.A.R.U. 외; 이하 "Park Society")는 이른바 넌디자인non-design 또는 언디자인un-design을 지향한다 (그림15). "빠른 개방, 느린 완성"이라는 중심 개념 하에 공원의 사회적 환원과 공공성 회복을 주장하는 "Park Society"는 단계별로 시민 사회의 참여를 위한 계획을 마련하고 있으며 사회적 가치에 따라 공원 내의 공간, 시설, 생태 환경이 조직되고 사용되는 방법과 프로그램을 제시하고 있다. 다른 출품작들과 가장 차별적인 이 작품은 공원의 물리적·형태적 설계에 대한 해법을 놓치고 있다는 의혹으로부터 자유롭지 않다. 낮은 채도로 패널에 담긴 픽처레스크풍의 공원 이미지가 "Park Society"의 철학과 어떻게 연결되는 지 궁금하다.

또 다른 3등작인 "Openings: Seoul's New Central Park" (James Corner Field Operations+삼성에버랜드 외; 이하 "Openings")는 대상지의 잠재력을 "열기opening"라는 전략을 통해 즉물적으로 발현하고자 한다(그림16). 열어주어야 할 잠재적 특성을 지형, 대지, 길 체계, 숲, 사회적·생태적 경관에서 발견하여 그것을 비우고 제거하고 수정하는 식으로 경관 구조를 재구축하는 이 작품은 의미, 상징, 재현 등과 같은 가치보다는 오로지 경관의 물적 구성과 형성에 초점을 둔다는 점에서 다른 출품작들과 구별된다. 그러나 제임스 코너 스타일의 전형적 설계 문법과 표현이

 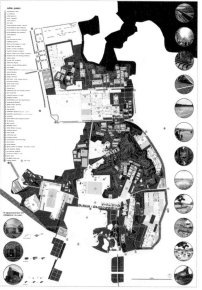

그림15. "Yongsan Park Towards Park Society" (조경설계 서안+M.A.R.U. 외), 용산공원 설계 국제공모 (2012), 공동 3등작, 플랜

그림16. "Openings: Seoul's New Central Park" (James Corner Field Operations+삼성에버랜드 외), 용산공원 설계 국제공모(2012), 공동 3등작, 플랜

대상지만 바꾸어 재생산된 것은 아닌가 하는 질문을 던지게 한다.

　이처럼 용산공원 설계 국제공모의 당선작 "Healing"을 비롯한 여러 출품작들은 이제까지 논의되고 기대되었던 용산공원의 복합적 과제나 대형 공원 설계의 쟁점[8]을 충분히 해소했다고 보기 어렵다. 그것은 아마도 용산공원이 감당해야 할 무게가 애초부터 과중했기 때문일지도 모른다. 역사의 상처를 치유해야 한다. 생태 환경을 새롭게 창조해야 한다. 도시 구조의 문제를 해결해야 한다. 문화의 거점도 되어야 한다. 게다가 국가를 상징하고 대표해야 한다. 지명 초청된 여덟 팀의 현명한 디자이너들은 절충적 태도를 취하며 용산공원의 무게를 피해갔다.[9] 다시 말해, "다른 공원"을 향한 대안적 시도와 접근—예컨대, 2005년 구상에서 제시된 '도시와 대화하는 공원'이나 '성장하는 공원'—만을 실험하기보다는 지역성—또는 한국성이나 전통성—이라는 선명한 "이미지"를 선택했다. 하지만 "Healing"과 다수의 작품들이 제기한 지역성의 이슈는 아직은 매우 투박하다. "용산공원은 한국을 대표할 공원이자 상징적 경관이다. 한국의 대표적 경관은 산이다. 그러므로

용산공원에 금수강산을 투입한다?” 힘든 귀환의 과정인 ‘용산공원 설계 국제
공모’는 용산공원을 담론의 영역에서 디자인의 차원으로 옮겨놓지 못했다. 이
미지로, 담론으로 머문 용산공원에 디자인을 찾아주어야 할 과제가 던져졌다.

1 배정한, “공원의 진화, 도시의 재생: 용산에 가능성을 허하라”, 『조경의 시대, 조경을 넘어』, 도서출판
조경, 2007, p.143.
2 제도권 조경(학)계는 ‘용산기지 공원화 구상’(2005)을 통해 용산공원 조성 과정에 처음 참여하게 되
었다. 이 프로젝트의 한국조경학회 연구진으로 성종상(서울대 환경대학원 환경조경학과 교수), 배정한
(당시 단국대 환경조경학과 교수), 오충현(동국대 산림자원학과 교수)이 참여하여 공원 계획 부문을 주
도했다.
3 ‘용산기지 공원화 구상’(2005)의 단계별 계획을 보다 상세히 소개하면 다음과 같다.
  1단계(2006-2012): 자연환경 정밀 조사, 환경지리정보체계 구축, 공원화 국제설계경기 개최, 1단계 기
본계획 및 실시설계 수립, 2단계 기본계획 수립, (가칭)용산공원공사 설립, 미군기지 이전, 이전 부지 관
리계획 수립, 부지 일부 개방 및 행사 유치, 1단계 철거, 일부 건축물 리모델링과 임시 재활용, 국립중앙박
물관 및 전쟁기념관 등 문화시설의 통합적 연계, 지형 및 물길 복원, 토양 개선, 식생 구조 개선 및 보완
식재, 임시 교통 동선 및 보행 동선 구축, 주변 도시 조직의 변화에 대응해 공원 설계안 수정ㆍ보완
  2단계(2013-2020): 2단계 실시설계 수립, 3단계 기본계획 및 실시설계 수립, 부지 전면 개방, 입체 복
합센터 개발, 2단계 철거, 임시 재활용 건물 일부 철거, 잔존 건축물 용도 확정, 공원 내 프로그램 본격 도
입, 생태 환경 안정화, 메인 포스트와 사우스 포스트 사이의 생태통로 완성, 그린 밴드 형성, 통과 및 내부
교통 동선과 보행 동선 링크ㆍ네트워크 구축, 공원 내 각종 인프라스트럭처 완성
  3단계(2021-2030): 공원 경계의 해체, 공원과 도시의 적극적 상호 교류 유도, 공원 내 잔존 시설(국방

부, 121병원, 드래곤힐 호텔 등) 이전, 부지 전체의 공원화, 필요 건축물 및 시설의 신축 공급, 공원과 남산 연결, 공원과 한강변 연결, 그린 밴드의 확산, 공원의 생태적 · 문화적 완성, 미래의 공원 진화를 위한 준비

4 '용산공원 아이디어 공모'의 심사위원장은 임승빈(서울대 조경 · 지역시스템공학부 교수)이었으며, 심사위원은 다음과 같이 구성되었다(가나다 순). 김도경(당시 경희대 환경조경디자인학과 교수), 김성홍(서울시립대 건축학부 교수), 김영대(대구시 도시디자인총괄본부장), 김영섭(성균관대 건축학과 교수), 김현식(국토연구원 선임연구위원), 문정희(동국대 문예창작학과 교수), 안건혁(서울대 건설환경공학부 교수), 이석정(당시 한양대 도시공학과 교수), 이원복(덕성여대 예술대학 학장), 이태진(서울대 국사학과 명예교수), 제해성(아주대 건축학부 교수). 공모전을 총괄하는 전문위원(PA)은 안동만(서울대 조경 · 지역시스템공학부 교수)이 맡았고, 조경진(서울대 환경대학원 교수), 성종상(서울대 환경대학원 교수), 배정한(서울대 조경 · 지역시스템공학부 교수) 등이 전문위원을 도와 설계 지침을 작성하고 공모전을 운영하는 부전문위원(APA)으로 활동했다.

5 '용산공원 정비구역 종합기본계획'(2011)은 한국조경학회, 대한국토 · 도시계획학회, LH토지주택연구원, 선진엔지니어링종합건축사사무소, CA조경기술사사무소 컨소시엄에 의해 수립되었다. 전체 연구 총괄은 양병이(당시 서울대 환경대학원 교수)가 담당하였고, 공원계획 책임은 배정한(서울대 조경 · 지역시스템공학부 교수), 공원주변관리계획 책임은 구자훈(한양대 도시대학원 교수), 경관 · 환경 책임은 최일홍(당시 LH토지주택연구원 선임연구위원)이 맡았다. 공원조성관리계획은 김아연(서울시립대 조경학과 교수), 운영프로그램계획은 이유직(부산대 조경학과 교수), 공원주변관리계획은 최창규(한양대 도시대학원 교수), 교통체계계획은 박동주(서울시립대 교통공학과 교수), 경관계획은 진란(아키플랜 도시연구소 소장), 환경계획은 변병설(인하대 교수), 범죄예방계획은 표창원(경찰대 교수), 홍보마케팅계획은 오동훈(서울시립대 도시행정학과 교수), 재원조달계획은 이현석(건국대 부동산학과 교수), 문화프로그램계획은 박은실(추계예술대 교수)이 담당했다.

6 참가의향서(RFQ) 1차 심사위원은 다음과 같다. 김성용(한국토지주택공사 녹색경관처장), 김재식(전북대 조경학과 교수), 김혜정(명지대 건축학부 교수), 이제선(연세대 도시공학과 교수), 이형숙(가천대 조경학과 교수), 정태화(국토해양부 건축기획과장), 조세환(한양대 도시대학원 교수). 지명 초청 팀을 최종 선정한 2차 심사위원은 다음과 같다. 강순주(건국대 건축학부 교수), 김덕삼(가천대 조경학과 교수), 김도년(성균관대 건축학과 교수), 이인성(서울시립대 조경학과 교수), 이희연(서울대 환경대학원 환경계획학과 교수).

7 공모 규정과 설계 지침 준수 여부를 판단한 기술검토위원은 다음과 같다. 배정한(공모 규정; 서울대 조경 · 지역시스템공학부 교수), 김일현(건축; 경희대 건축학과 교수), 배웅규(도시; 중앙대 도시공학과 교수), 김성용(조경; 한국토지주택공사 녹색경관처장), 고승영(교통; 서울대 건설환경공학부 교수), 이현우(환경생태; 한국환경정책평가연구원 연구위원), 김성준(수자원; 건국대 사회환경시스템공학부 교수), 박희성(역사; 서울시립대 서울학연구소 연구교수)

8 예컨대 대형 공원(설계)에 있어서 복잡성(complexity), 지속가능성(sustainability), 가독성(legibility), 탄력성(resilience), 그리고 외형(appearance)과 성능(performance) 등의 문제를 들 수 있다. 줄리아 처니악 · 조지 하그리브스 편, 배정한 · idla 역, 『라지 파크』, 도서출판 조경, 2010.

9 필자는 2008년의 '광교신도시 호수공원 국제설계공모'에 대한 비평을 다음과 같이 마무리하며 당시 출품작들의 절충적 태도에 아쉬움을 표명한 바 있다. '광교'를 '용산'으로 바꾼다면, '용산공원 설계 국제공모' 비평의 마지막 문단으로 사용해도 큰 무리가 없을 것 같다. "공원에 대한 도시인의 욕망과 수동적이고 소극적인 공원 사이에 존재하는 등식이 여전히 유효하다면, 그것은 빠져나오기 힘든 공원의 굴레일지도 모른다. 라 빌레트 공원을 기점으로 지난 20여 년 동안 새로운 방식으로 공원을 설계하는 접근이 여러 프로젝트에서 실험되어 왔다. 그것은 설계 자체의 변신을 위한 기획이었다기보다는 '다른 공원'을 향한 대안적 시도와 노력이었다. 달라지기 위해서는 다른 접근이 필요하다고 인식하는 첫 발걸음이 이어지고 있지만, 광교에서 볼 수 있듯, 새로운 접근의 전망과 다른 공원의 가치를 실천적으로 제시하는 두 번째 발걸음은 아직 힘들기만 하다." 배정한, "공원이라는 굴레: 광교신도시 호수공원 국제설계공모 읽기", 월간 『환경과 조경』 249호, 2009년 1월호, p.135.

龍山兵營構築過程을
살펴보다

박승진

용산 숲

용산에는 거대한 숲이 있다. 동작대교 북단을 넘어 국립중앙박물관 근처에서 시작된 이 숲은, 북쪽으로 남산을 향해 용산고등학교 코앞까지 빈틈없이 이어진다. 면적만 해도 대략 200만m²가 넘고, 인공 시설이라고는 하나도 보이지 않는 완벽한 자연의 숲이다(그림1). 뉴욕의 센트럴파크에 견줄만한 크기다. 혹시 믿기 어렵다면 지금 당장 컴퓨터를 켜고 다음지도나 네이버지도의 위성사진을 띄워 보시라. 두 포털 사이트의 사진 이미지가 조금 다르긴 해도 어쨌든 거대한 숲을 발견할 수 있다.

이쯤에서 대부분의 독자들이 눈치를 챘겠지만, 지도상에 보이는 용산 숲은 실체가 아니라 가상의 이미지일 뿐이다. 그런데 이 가짜 이미지가 묘한 쾌감을 준다. 서울 한복판에 있는 그 녹색의 당당함도 그렇거니와 남산과 절묘하게 연결되는 형국이라 더욱 그렇다. 만약에 이 이미지가 사실이라면, 그래서 우리가 진짜 200만㎡의 숲을 지금 용산에 가지고 있다면 좋겠다. 어쩌면 모두가 '용산공원'에 거는 오래된 기대가, 실상은 실체를 떠난 이 가상의 이미지에서 비롯되었는지도 모른다는 생각이 든다.

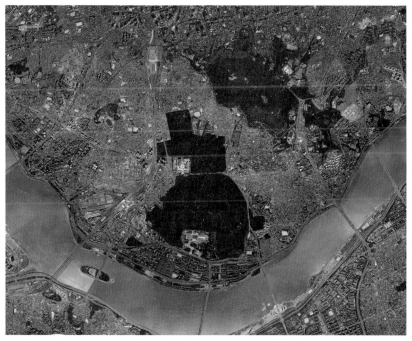

그림1. 국내 포털 사이트에서 제공되는 용산기지 일대의 위성사진(daum 지도). 국립중앙박물관과 전쟁기념관을 제외한 용산기지 전역이 녹지로 표현되어 있다. 그 규모는 북측의 남산공원보다도 넓어 보인다.

하늘에서 내려다보기

군사기지를 숲으로 마스킹masking한 이유는 간단하다. 하늘에서 내려다보면 거침없이 다 보이기 때문이다. 무엇으로 가릴 수가 없다. 마우스를 움직여서 어디든 살펴보라. 지도 위에 백지는 없다. 반드시 무엇인가로 채워져 있다. 도시는 수

그림2. 용산기지 현황도. 수많은 기지 시설들로 빈틈없이 채워져 있다.

많은 건물들과 길로, 도시 바깥은 산과 강과 논과 밭으로 채워져 있다. 거대한 자연의 힘이든, 위대한 인간의 힘이든 그 작동의 결과는 고스란히 지표상에 드러나고 기록된다. 그리고 쓰고 지우기를 반복한다. 그래서 지도 위에 그려진 수많은 패턴들은 역사의 중첩된 기록물이자 동시대 사람들의 삶을 대변하는 기호들이다.

땅을 다루는 사람들이라면 그 전문 분야가 행정이나 도시계획이든, 조경이나 건축이든 상관없이 모두 땅에 기록된 흔적들을 외면할 수 없다. 화가나 작가들은 백지 위를 자신의 상상력과 창작 의욕으로 마음껏 채워나갈 수 있지만, 조경이나 건축 같은 공간 디자이너들은 백지로 된 대상지를 가져 볼 기회가 전무하다. 태생적으로, 주어진 땅에 남겨진 흔적들을 분석하고 해석해야 하는 숙명을 감당해야 하는 것이다.

그러면 위성지도에서 '용산 숲' 이미지를 걷어내면 과연 어떤 실체가 드러날까. 건물 수만 1,000동이 넘고 아마도 하루에 몇 만 명쯤 되는 유동 인구가 움직이는 거대한 병영 도시가 그 이미지 아래 숨겨져 있다. 서울 안에 있지만 완벽하게 격리되어 있고, 완벽하게 독립적인 시스템으로 작동하는 도시다. 최초의 국가 공원 설계에 도전한 여덟 개 팀들이 풀어야할 땅의 실체다(그림2). 그런데 이 병영 도시는 지도상의 여느 장소와 마찬가지로 오랜 세월 켜켜이 쌓인 역사적인 사건들의 결과물이다. 견고한 경계가 둘러쳐진 지 100여 년 동안 이 담장 안에서는 과연 어떤 일들이 벌어진 것일까.

용산기지의 태동

지금의 용산 일대는 조선시대부터 한강과 도성을 연결하는 수운의 중심지였다. 당시 도성과 한강을 연결하는 육로는 모두 아홉 개가 있었지만, 만초천을 이용할 경우 구릉지나 산지를 지나지 않고 순탄하게 도성과 연결할 수 있었기 때문에, 용산 일대에는 물자를 수송하고 보관하는 시설들을 중심으로 상업 취락이 발달하였다. 그러나 인접한 한강의 범람 유역에 있었던 탓에 소규모 취락지 정도만 형성되었을 뿐 1895년 이전까지만 해도 본격적인 도시의 형태를 이루지는 못했다(그림3).

용산이 근대 도시의 구조를 갖추게 된 것은 경인선의 개통과 용산역을 건설하면서부터다. 1876년 강화도조약의 결과로 인천이 개항을 하게 되고, 뒤이어 1884년 용산 지역의 개시開市로 인해 일본인들의 거주가 시작되었다. 일본은 지리적 조건이 유리한 용산 일대를 통상과 교통, 식민지 경영을 위한 거류지로 조성하겠다는 계획으로 개시를 유도한 것이다. 특히 용산 일대 한강변의 모래벌판

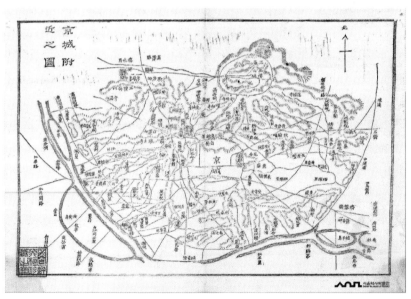

그림3. 경성부근지도(京城附近地圖), 1900년. 사대문 바깥으로 남산에서 한강에 이르는 지형 지세와 가로망이 잘 표현되어 있다.

그림4. 경성시가전도(京城市街全圖), 1911년. 용산역을 중심으로 방사형 광장과 주변의 간선도로, 시가화 구역이 잘 표현되어 있다.

은 손쉽게 철도를 건설할 수 있는 조건을 제공하였기에 경성과 인천을 잇는 경인선 철도가 한강철교를 지나 용산으로 연결되었다. 1900년 개통된 경인선과 용산역은 이렇게 조선 침략의 거점이 되었다. 철도의 개통으로 용산역 근처에는 창고와 같은 대형 물류 관련 시설들과 함께 대규모 관사 시설, 병원 등 철도 관련 기관들이 들어서면서 1910년까지 급속히 근대 도시 구조를 구축해 나가게 되었다(그림4).

군용지 수용과 병영의 구축

1894년 청일전쟁을 계기로 조선에 주둔하기 시작한 일본군은 1903년 '조선주차군사령부朝鮮駐箚軍司令部'를 서울에 설치하였다. 1904년 러일전쟁이 발발하면서 대규모 일본군이 인천항과 경인철도를 통해 도성에 진주하게 되었고, 그해 8월 15일에 일본은 지금의 용산기지 일대 380만m²에 이르는 거대한 땅을 군용지로 수용하게 되는데, 바로 이 역사적 사건으로 인해 훗날 100여 년이 넘는 세월 동안 용산기지는 우리 땅이면서도 우리의 정당한 권리를 잃어버리게 되었다.

  일본은 군용지를 선정하는 과정에서 몇 가지 조건을 고려하였는데, 우선 기존 시가지와 떨어져 있어야 하고 철도 부설지를 가깝게 이용할 수 있어야 했다. 그리고 가능한 넓은 면적을 차지할 수 있어야 했으며, 토공 작업에 유리하게 지형이 평탄해야 했다. 용산 일대는 이러한 조건에 완벽하게 부합하는 땅이었다.

군용지로 수용된 땅은 러일전쟁 직후인 1906년부터 본격적인 군사기지로 탈바꿈하기 시작한다. 1906년에 지금의 한강로가 한강에서 용산역을 거쳐 남대문을 연결하게 되고, 2년 후인 1908년에는 남대문과 병영을 연결하는 지금의 후암동길을 준공하게 된다. 이 후암동길은 지금도 용산기지의 남북을 연결하는 중심도로의 역할을 하고 있다. 뒤이어 1907년에 군용지 동측에 사격장 건설을 시작하였고 그 후 1920년까지 대부분의 군사 시설들을 구축하기에 이른다.

군사 시설들은 크게 몇 가지 유형으로 구분된다. 우선 대규모 병력이 동시에 주둔하는 병영의 형태다. 보병, 야포병, 기병, 공병 등으로 구성되는 병영 시설은 그 기능상 대부분 평탄면에 조성되었다. 다음으로 군사기지의 핵심이라 할 수 있는 사령부 지휘시설들은 접근 도로, 주변 지형을 고려하여 그 시설의 규모에 따라 낮은 구릉지에 분산 배치되었다. 그리고 지휘관들이 기거하고 생활하는 관사 시설들은 단위 규모가 작기 때문에 대부분 완만한 경사의 산지에 소규모 단위로 연합하여 지어졌다. 이러한 병영 시설 배치의 특징은 이 일대 군용지가 가지고 있는 지형적 특징에서 비롯된 것이며, 토공 작업을 줄여 신속한 시설 구축을 위한 현실적인 조치로 해석된다. 이렇게 구축된 병영 시설은 향후 큰 변화 없이 1945년 종전終戰까지 그 근간을 유지하게 된다(그림5).

그림5. 경성(京城) 5만분의 1 지형도 중 용산 일대, 1915년. 용산역 주변의 철도 관련 시설지, 총독부 관저, 조선군사령부, 보병영 및 포병영 등의 군사시설이 이미 구축되어 있다.

만초천과 둔지산

물은 높은 곳에서 낮은 곳으로 흐르고, 산이 있으면 반드시 계곡이 있다. 자연의
이치다. 일본군이 수용한 용산 일대의 군용지에도 낮은 산과 골이 있었다.
1861년에 간행된 경조오부도景兆五部圖를 보면 이러한 지형의 관계가 선명하게
드러난다. 목멱산(남산)에서 긴 능선이 한강을 향해 서빙고 방향으로 흐르고, 그
능선에서 갈라진 두 개의 작은 능선이 군용지 일대를 향해 서쪽으로 뻗어있다.
위쪽의 능선이 이태원 일대이며 그 아래 능선에는 둔지산屯之山이라고 쓰여 있
다. 그리고 이 능선들 사이를 만초천蔓草川의 지류들이 흐르고 있다(그림6).

아마도 이러한 지형의 흐름은 효율적인 병영을 구축하는데 얼마만큼은 방해
가 되었을 것이다. 일본군은 우선 만초천의 지류 정비에 나선다. 부지 동측에 사
격장 부지를 조성하면서 물길을 우회시키는 토목 수로를 만들고 만초천 지류를
직강화 한다. 1895년 당시의 지도를 보면 자연형 수로를 유지하고 있던 만초천

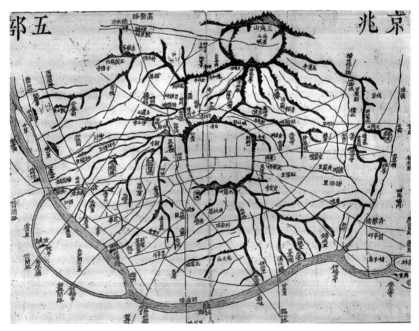

그림6. 경조오부도(京兆五部圖), 1861년. 목멱산(남산)에서 발원한 능선이 한강을 향해 뻗어있는 지형이 선명하
게 표현되어 있다.

이, 1910년 이후의 지도에서는 완전한 직선형 수로로 바뀐 모습을 볼 수 있다(그림7). 현재 전쟁기념관과 한미연합사 북측을 흐르는 긴 수로가 이 때 정비된 것이다. 이와 함께 직강화한 만초천 남측에 보병영을 구축하면서 현재의 메인 포스트 지역이 그 형태를 갖추게 된다.

그림7. 경성(京城) 10만분의 1 지형도 중 현재의 메인 포스트 일대, 1921년. 직강화된 만초천과 보병영, 사격장, 그 우측으로 이태원 일대가 보인다(붉은 점선 참조).

보병영의 남쪽 지역, 즉 한강에 이르는 광범위한 지역은 평탄지가 거의 없는 낮은 구릉과 산지로 이루어져 있다. 둔지산 영역이다. 한강에 가까워질수록 평탄지가 나타나지만 범람원 유역에 속하는 평지에는 병영 시설을 만들지 않았다. 다만 홍수의 피해가 없는 산지에 군사령부, 총독관저, 사단사령부 등의 지휘시설과 관사들을 배치하였다.

둔지리는 원래 한강으로의 조망이 좋고 낮은 구릉이 발달해서

그림8. 경성(京城) 5만분의 1 지형도 중 현재의 이촌동, 한강변 일대, 1915년. 한강변을 지나는 철로 북측으로 곧게 뻗어 있는 도로가 있고 그 중간 즈음이 둔지리 일대다.

과수원과 전답을 중심으로 소규모 취락이 있었던 곳이다. 1915년 경성지도를 보면 당시 병영 구축이 어느 정도 완성된 후에도 둔지리 일대는 별다른 기능 없이 자연 취락형 공간구조를 그대로 유지하고 있다(그림8). 이 둔지리 일대는 배후인 둔지산의 물길이 취락을 지나 한강으로 이어지기 때문에, 자연스럽게 농사에 유리한 장소였을 것이다. 그런데 이 둔지리 일대 역시 결국에는 대규모 병영 시

설로 개발되는데 그 이면에는 일본군의 복잡한 셈법이 작용하고 있었다.

군용지의 민간 불하

1915년 지도와 1927년 지도를 비교해보면 지금의 갈월동 남쪽 지역에 새로운 격자형 도시 구조가 형성된 것을 발견할 수 있다(그림9). 일본군은 용산 지역에 대규모 군용지를 확보하고 이 중 일부를 일본인 상인이나 공장 부지, 학교 부지 등으로 불하하였는데, 이는 일본의 이민 정책을 지원함으로써 식민지 건설을 공고히 하려는 의도에서 비롯된 것이었다. 이 갈월동 남쪽 지역은 한강로에 면해 있고 평탄한 부지의 특성상 야포 병영의 연병장으로 사용되던 땅이었다. 일본군은 이 17,000평의 땅을 1919년에 경성부에 양도하고 경성부는 이곳에 신시가지를 건설한다. 격자형 가로망이 생기고 주거지와 시장을 비롯하여 활동사진관 등 각종 오락 시설들도 들어서게 된다.

경성부에 양도한 이 연병장의 대체 부지가 바로 둔지리 일대였다. 둔지산에

그림9. 1915년(왼쪽)과 1927년(오른쪽) 갈월동 남쪽 지역의 군용지 일대. 지금의 한강로 동측에 군용지 일부를 장방형의 시가화구역으로 개발하였다.

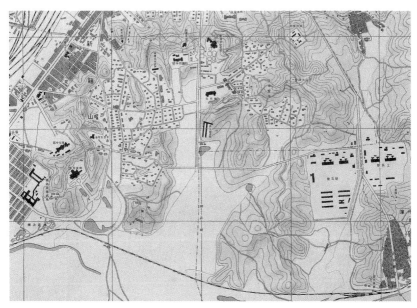

그림10. 7천5백분의 1 축척의 용산시가도(龍山市街圖) 중 둔지리 일대, 1927년. 둔지리 일대에 연병장이 조성되면서 물길을 우회시키고 저류 기능의 연못이 만들어졌다.

서 흐르는 물길을 우회 수로로 처리하고 두 곳의 연못을 조성하여 저류지로 활용하였다. 이렇게 물길을 정리한 땅에 대규모 연병장을 조성한 것이다(그림10). 현재의 국립중앙박물관 자리가 바로 여기다.

병영 구축의 완성

연병장의 한강변 이전과 함께 1920년에 부지 동남측에 기병영騎兵營과 공병영工兵營 건설을 마무리하면서 용산 일대의 조선주차군 병영이 완성된다. 지금의 국립중앙박물관 북측을 동서로 관통하는 영내 도로 역시 이 시기에 개통되었고, 산지나 구릉지에 흩어진 관사 시설들을 연결하는 작은 도로 체계도 이 무렵 모두 완성된다(그림11). 1904년 군용지 수용 이후 16년 만에 조선을 식민 지배할 군대의 주둔 시설이 마무리되는 순간이다.

특히 이 시기에 지어진 병영 건물들은 대체로 보전 대상 근대 건축물로서 평

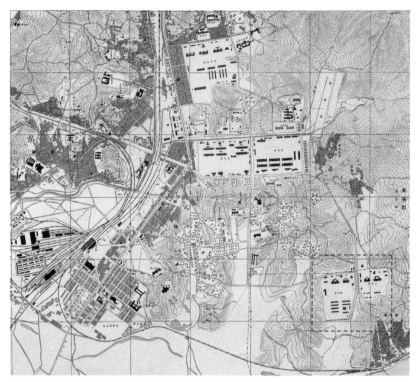

그림11. 7천5백분의 1 축척의 용산시가도(龍山市街圖), 1927년. 지도 우측 아래쪽에 기병부대와 공병부대 시설이 구축되어 있다.

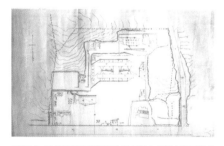

그림12. 조선주차군영구병영,관아급숙사건축경과개요(朝鮮駐箚軍永久兵營,官衙及宿舍建築經過槪要)에 실린 기병영 배치도, 1914년. 건축물의 배치 뿐 아니라 토목관로의 선형, 옹벽이나 절개지의 배치까지 상세하게 기록되어 있다.

가를 받는 것들이 많다. 이는 일본군의 용산 주둔이 특정한 전쟁 수행을 위한 일시적 주둔이 아니라, 대륙 진출을 위한 영구 지배에 목적이 있었음을 방증하는 것이기도 하다.

1914년 4월 조선주차군 경리부에서 발행한 『조선주차군영구병영, 관아급숙사건축경과개요朝鮮駐箚軍永久兵營, 官衙及宿舍建築經過槪要』를 보면 전체적인 병영 구축 뿐 아니라 개별 병영에 건축된 건물들에 대한 상세한 기록들이 정리되어 있다(그림12).

> 육군대신으로부터 한국주차군 경리부장에게 한국 내 일본군의 병영 건축물을 본격적으로 건설하라는 명령이 하달된 것은 1906년 4월이었다. 이 건축을 담당하기 위해 1906년 5월부터 1914년 3월까지 한국주차군 경리부 하에 잠정적으로 설치되어 일본군의 군용 건축 업무를 담당했던 기구가 임시건축과臨時建築科이다. 임시건축과가 폐쇄된 직후 경리부는 한국주차군 설치 이래 군용지 수용과 군용 건축물 건설에 관한 전반적인 사업 내용을 정리할 필요에 따라 이 자료를 제작했던 것이다. 이 자료에는 사업 전반에 걸쳐 사용된 예산, 토지 수용 장소 및 과정, 그리고 군용 건축물 건설 등에 관한 거의 모든 사항이 정리되어 있는데, 역시 '영구永久'라는 제목 문구에 보이듯 당시 군용 건축물이 일시적인 주둔을 목적으로 건설된 것이 아니었음을 알 수 있다.
>
> - 국립중앙도서관 초록에서 발췌

군사령부와 총독관저의 정원

용산 일대를 차지한 조선주차군사령부의 핵심 지역은 용산역과의 관계에서 출발한다. 1900년에 개통한 경인철도의 영향으로 용산역 일대는 근대적 도시 구조를 갖추게 된다. 이에 따라 격자형 가로망과 광장이 만들어진다. 이 때 만들어진 용산역 광장은 군대의 사열 의식을 염두에 둔 공간 구조라는 해석이 지배적이다. 방사선으로 뻗어나가는 길은 용산역 광장과 군사령부 진입로가 유일하다(그림13). 이 도로는 지금도 유지되고 있다. 병영을 구축하면서 만들게 된 도로의 경우, 기존의 노선을 이용하여 확장하거나 직선화한 것을 볼 수 있는데, 이 방사선 형태의 도로는 그와는 무관하게 계획적으로 어떤 지점을 지향하고 있다. 다만 지형적인 여건으로 병영 깊숙이 연결되지 못하고 경사지를 만나면서 종결된다.

군사령부 건물은 둔지산에서 분기한 낮은 구릉의 정상부에 위치하면서 용산

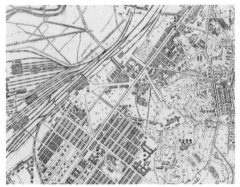
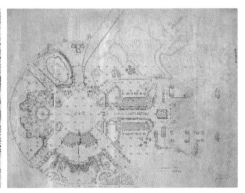

그림13. 경성(京城) 10만분의 1 지형도 중 현재의 용산역 일대, 1921년. 용산역에서 남동쪽 방향으로 방사선 도로가 뻗어있고, 조선군사령부까지 이어진다.

그림14. 조선용산총독관저내외정원설계평면도(朝鮮龍山總督官邸內外庭園設計平面圖), 발행년도 미상 (1920~1930년대 추정). 도면 우측으로 총독관저 건물이 보이고 좌측으로 커다란 원형을 기본형으로 만든 서양식 정원이 표현되어 있다.

역과 시내 방향을 향하고 있다. 1909년에 건축된 총독관저 역시 이 낮은 구릉을 공유하는데, 두 건축물은 서로 등을 맞대고 있는 배치를 가진다. 총독관저는 남동향으로 한강을 굽어보는 위치에 건축되었다. 이는 군사령부가 시내에서 잘 보이는 위치를 점유함으로써 권위와 위엄의 상징이기를 바랬다면, 총독관저는 이와는 반대로 안전한 장소에 좋은 풍광을 독점하면서 연회를 즐기는 장소로 사용되었기 때문인 것으로 해석할 수 있다.

특히 총독관저의 경우는 건축물뿐 아니라 외부공간에 대규모 서양식 정원을 조성하였다. '조선용산총독관저내외정원설계평면도朝鮮龍山總督官邸內外庭園設計平面圖'에 의하면 정원은 크게 두 부분으로 나뉜다. 정문을 중심으로 안쪽의 내부 정원과 바깥쪽의 외부 정원이다(그림14). 내부 정원은 곧은 대로를 중심으로 좌우에 대칭형으로 커다란 장식 연못을 만들었고 그 바깥쪽으로 화단을 조성한 것으로 보인다. 반면에 외부 정원의 전체적인 형태는 지름이 200여m에 이르는 원형이다. 원의 바깥쪽은 대체로 자연형 연못으로 외부의 수로와 연결되어 빗물을 배제시키는 역할을 한 것으로 보인다. 원의 안쪽은 가운데 방형의 마당을 두고 그 외곽으로 여러 개의 장식 화단을 조성한 것으로 판단되는데, 이러한 방식은 당시 유럽의 정원 조성 기법에서 비롯된 것으로, 건축물 뿐 아니라

정원 양식에 있어서도 서구의 방식을 차용하고자 했음을 알 수 있다. 그러나
이러한 대규모 정원이 실제로 얼마나 빈번히 사용되었는지는 알 수 없다. 용산
의 총독관저 자체가 도심으로부터 거리가 멀어 사용 빈도가 낮았고 연회의 장
소로만 가끔 사용되었다는 기록으로 볼 때, 정원 역시 제 기능을 다하지는 못
했을 것이다.

종전 후의 변화

1945년 일본의 패망으로 용산 조선군사령부의 주인이 바뀐다. 1904년부터 41
년간을 점유한 일본을 대신하여 승전국 미국의 군대가 용산의 주인으로 등장한
다. 종전 직후인 1946년 미군에 의해 제작된 지도를 보면, 1920년대 일본군이

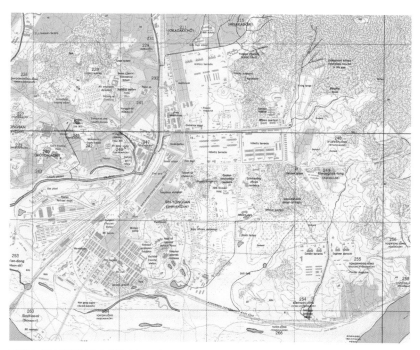

그림15. 1만2천5백분의 1 축척의 Korea City Plans(1946) 중 용산기지 일대. 종전 후 미군에 의해 만들어진 것
으로 보이는 서울시 지도. 영문 표기로 되어있으며 용산기지의 시설들은 대체로 1927년 당시의 지도와 동일
하다.

구축한 병영은 큰 변화 없이 종전을 맞게 된 것으로 보인다(그림15). 그리고 용산에 주둔하게 된 미군은 일본이 구축한 병영 시설 대부분을 그대로 사용한다. 이후 한국전쟁을 거치면서 미군에 의한 용산기지의 변화는 점차 '병영 도시兵營 都市' 로서의 면모를 갖추는 방향으로 진화한다. 용산 일대에 미군 및 군속들의 주거지가 형성되기도 하였지만 꾸준히 기지 내부에 장병들의 생활 공간을 확충해 나가기 시작한다. 아울러 병영과 주거 공간 이외에 영화관, 레스토랑, 학교, 도서관, 스포츠 시설 등의 각종 편의 시설들을 구축하게 되는데 이는 한편으로 가족 중심의 서구형 라이프 스타일이 병영에도 반영된 결과로 보인다.

과거 조선군사령부와 총독관저가 있던 낮은 구릉지에는 대규모 병원 시설이 들어서고, 보병사단이 있었던 만초천 남측에 한미연합사를 비롯한 지휘부가 들어서게 되어 현재의 메인 포스트를 구성하게 된다. 병영 시설의 경우 기능과 용도가 달라졌을 뿐 시설 개보수를 통해 여전히 그 물리적 공간을 사용하였지만, 주거 시설이나 생활편의 시설의 경우는 기존의 공급량으로는 부족하여 기존 영역의 증개축과 더불어 새로운 부지를 개발하게 된다. 이러한 시설의 확충은 일본군 병영 당시에 남겨진 구릉과 녹지대가 결국은 병영 시설지로 잠식되는 결과를 가져오게 되었다.

특히 둔지산 남쪽의 완만한 능선부가 1950년대 대규모 주거 시설지로 개발되었다. 단독형에서부터 복층 연립형에 이르기까지 그동안 다양한 형태의 주거 시설이 능선과 주변 전체에 걸쳐 조성되었다. 또한 기지를 남북으로 관통하는 중심도로 주변의 공지에도 학교를 비롯하여 여러 편의 시설들이 만들어졌다. 만초천 북측의 낮은 구릉지에도 점차 병영 시설들이 확충되기 시작하여 현재는 옛 지형의 모습을 쉽게 인지하지 못하는 정도로 밀도가 높아졌다(그림16).

가장 변화의 정도가 심한 곳은 현재의 국립중앙박물관 자리다. 둔지산 아래 한강 범람원 유역에 속했던 이 땅은 일본 군용지 초기에 한강변의 유보지 형태로 남겨져 있다가, 1919년 연병장의 이전으로 병영 시설이 만들어졌다. 연병장이 이곳에 만들어지기 전까지는 한강으로 연결되는 작은 소로와 물길들이 있었는데, 연병장 공사와 함께 모두 지도에서 사라진다. 그리고 종전 이후 미군에 의

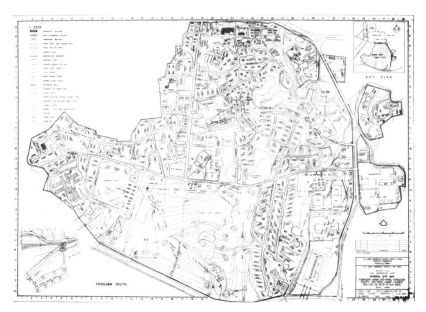

그림16. General Site Map(1975)의 사우스 포스트 지역. 도면 아래쪽(남측)으로 미군에 의해 조성된 골프장과 주거단지가 보인다.

해 골프장으로 개발된다. 1980년대 미군기지의 이전 논의가 시작되면서 이 골프장이 가장 먼저 반환되어 1992년에 가족공원으로 조성되었다가, 2005년에 비로소 국립중앙박물관이 들어서는 등 변신을 거듭했다.

점유된 풍경, 소거하는 디자인

용산공원이 만들어질 부지에는 시간이라는 바탕 위에 공간을 점유해 나간 방식이 그대로 투영되어 있다. 공간 구축의 주체가 누가 되었든지 간에, 닫힌 경계 안에서 영역을 확장해 나가는 논리는 '실리實利'였다. 군영軍營은 가장 예민하게 작동하는 현실 공간이다. 불필요한 군더더기를 멀리하고, 효율과 성능을 우선으로 여긴다. 필요하면 짓고 기능을 상실하면 부순다. 가용지를 찾아 지형의 틈새를 파고들고, 물길을 돌려 가용지를 확보한다.

이러한 논리로 1904년부터 꾸준히 들어서기 시작한 군영 시설들은 지금 그

절정에 이른 것으로 보인다. 경계를 넘은 평면적 확장은 불가능할 뿐 아니라, 잠식할 토지도 그 한계를 드러냈다. 대체로 공간을 디자인한다는 것은 무엇인가를 빈 공간에 구축하는 것인데, 용산공원의 경우는 사정이 많이 다르다. 도무지 구축할 공간이 보이지 않는다. 점유하는 방식으로는 문제를 해결할 수 없다.

이 경우 공간의 재조직은 소거의 과정을 통해 구체화된다. 그런데 공간 점유 과정의 이해 없이 '소거하는 디자인'은 불가능하다. 단순히 필름을 거꾸로 돌릴 수는 없다. 용산공원은 먼 과거가 아닌 가까운 미래에 있기 때문이다.

그리고 견고한 경계를 경계하며

도시는 소통을 위해 존재하지만, 군영은 열린 소통을 경계한다. 용산 둘레길은 용산기지의 장벽을 따라 걷는 길이다. 기지 내부는 투시되지 않으며 수십 개의 게이트는 한 방향으로만 작동한다. 1980년대 들어 반미 감정이 고조되면서, 기지는 더욱 내부 지향적으로 몸을 움츠렸다. 경계를 확장할 수 없으니, 내부의 밀도가 높아진다. 그나마 남겨진 녹지에 아파트가 들어서고 호텔이 들어섰다.

낡은 건물들이 제 수명을 다 해 부서질 즈음에 우리는 비로소 공원을 논하기 시작했다. '용산공원 정비구역 종합기본계획'을 수립하고 두 차례의 공모전을 통해 설계팀을 선정하는 동안, 기지 바깥 타워 크레인의 숫자는 두 배로 늘어났다. 언제부턴가 '용산'은 '개발'이라는 단어와 늘 한 쌍을 이루고 있다. 미군기지의 이전 시기가 자꾸 연기되고 있다. 아마도 공원 조성의 첫 삽을 뜨기도 전에 공사 중인 타워들이 모두 화려한 스카이라운지로 변해 있을지 모른다.

100년 전 일본군이 강제 수용한 군용지를 민간에 팔아 이익을 챙겼는데, 그 역사가 다시 되풀이되는 것은 아닌지. 캠프킴, 수송부, 유엔사 등 산재 부지 세 곳의 용도를 놓고 벌이는 논쟁이 어쩐지 그 때의 그것과 많이 닮아 있다. 둘레길의 장벽이 사라진 자리가 다시 거대한 빌딩 장벽으로 채워지지 않기를 희망한다.

용산기지 주변이 100여 년 동안 몰라보게 변모한 것에 비해, 기지 내부는 변화의 속도가 느렸다. 남산도 제 위치에, 한강도 여전히 그 큰 흐름을 유지하고 있다. 둔지산도 만초천도 아직은 건재하다. 밀도가 높아지고 복잡해지기는 했어도 기지 밖과 비교하면 아무것도 아니다. 일본군은 영구 지배를 목적으로 병영을 건설하였지만 41년 만에 물러나야 했다. 미군은 잠시 머무를 생각으로 기지를 사용했지만 결국 67년이 지난 지금도 기지를 떠나지 못하고 있다. 이 100년의 흔적 위에 우리는 다시 용산공원의 그림을 그리고 있다.

공원이라는
알리바이

김연금, 노수일

서울이 잘 안 보인다

우선 궁금했다. 각 팀은 서울이라는 대도시에서 용산 미군기지가 품고 있는 땅의 과제들을 어떻게 풀었을까? 용산은 서울에서 가장 많은 변화가 예고되는 지역이고[1] 용산공원은 이러한 변화의 한가운데 있기에 이러한 궁금증은 당연하다. 그러나 그보다는, 즉 설계안들이 용산 일대의 변화를 어떻게 읽고 대처했는지 보다는, 이번 용산공원 설계 국제공모를 통해 새로운 도시공원 모델이 제시되었으면 하는 바람이 컸다.

도시 문제를 해결하기 위해 탄생한 도시공원은 산업시대 도시 노동자들이 고된 삶에서 벗어나 쉴 수 있는 휴식처였으며, 고밀도 산업도시가 지탱될 수 있도록 기획된 고도의 안전장치였다. 시작이 이러하기에 도시에 대한 태도는 새로운 공원 모델 제시의 단초가 되어왔다. 파리의 라 빌레트 공원La Villete Park 당선안이 도시를 치유해야 하는 대상에서 소통해야 하는 대상으로 입장을 바꾸면서, 캐나다의 다운스뷰 공원Downsview Park 당선안은 도시의 고립된 공간이 아닌 도시와 함께 진화하는 공간의 입장에서 전략을 제시함으로써 새로운 도시공원 모델로 회자되고 있다. 그래서 용산공원을 통해 새로운 도시공원의 역사가 쓰였으면 하는 기대가 있었다.

그러나 공원 경계부와의 상호 작용, 남산과 한강과의 연결 등은 대부분의 안에서 고려되었으나 서울이라는 배후 도시와 용산공원과의 관계에 대한 색다른 해석은 잘 보이지 않았다. 여덟 개의 출품작 중 "Yongsan Park Towards Park Society"(조경설계 서안+M.A.R.U. 외; 이하 "Park Society")가 그나마 새로웠는데, 이 안에서는 공원을 '공공적 가치를 공유하는 수많은 개체들로 구성된' 것으로 기획했다. 이는 용산기지라는 도시의 한 공간을 '공원으로 바꾸는 것'이 아니라 '공원으로 재구성'하는 새로운 접근이었다. 그러나 공원을 스스로 작동하게 하는 기제로 제시된 소셜 렌트 가이드social rent guide는 지나치게 '착한', '(도시에서 벗어난 낙원으로서의) 공원' 같은 접근이다 싶었다.

이러한 결과는 이미 예정된 것일 수 있다. 용산공원 설계 국제공모 당시 제시된 설계 지침은 서울이라는 공간에서의 용산기지에 대한 색다른 접근이나 해법 제시를 포함해 혁신적인 제안을 내놓기에는 한계가 있었다. 설계 지침에서 용산은 서울이라는 배후 도시와의 관계보다는 '국가 공원'으로서의 역할이 강조되었고, 국가적 상징성과 지역적 정체성의 측면에서 한국의 대표적 경관 요소를 유형화하여 경관적으로 재현할 것을 요구했다. 그런데 여기서 말하는 대표적 경관 요소는 숲, 들, 호, 내, 습지 등 자연 경관에 치우쳐 있어, 제시된 세 가지 목표 '1.역사성과 장소성을 승화시키고 창조, 2.생태적 가치를 복원, 3.녹색 국토 환경과 미래의 도시문화를 창출' 중 '역사성'과 '미래의 도시문화'에 대한 설계가의 가치관 투입을 제한한다. 도시와의 관계 짓기도 공원 경계부와 그린웨이 네트워크로 한정되어 있다. '21세기 공원'이 주제였던 라 빌레트의 설계 지침이나, 혁신적 디자인과 새로운 경관을 요구했던 다운스뷰의 설계 지침과는 제법 차이가 있다.

그런데 여덟 개의 설계안을 이끈 설계 지침이나 그 지침의 토대가 된 '용산공원 정비구역 종합기본계획'은 어느 날 갑자기 만들어진 것이 아니다. 중앙정부와 서울시 등에서 작성한 각종 보고서와 신문기사 등, 오랫동안 진행된 용산기지 공원화에 대한 논의와 의사결정 과정의 연장선상에 있다. 그러므로 이렇게 설계안이 제안되고 설계 지침이 제시된 원인은 이러한 과정에서 찾아야 할 것이다. 이 글에서는 그 과정을 추적해보려 한다.

서울 속의 용산, 결핍

우리나라 포털 사이트에서 제공하는 지도를 검색해보면 용산 미군기지는 녹색 면이다. 바로 옆 남산도 녹색의 면이다. 굳이 구분하자면 용산기지는 녹색으로 비워져있고 남산은 녹색으로 채워져 있다고 할 수 있다. 보다 더 정확하게 말하자면 용산기지는 비어 있는 게 아니라 비어 보이게 표현된 것이다. 미군들이 용산 개리슨[2]이라고 부르는 용산기지는 하나의 독립된 도시다.[3] 병영과 숙소 이외에도 단독주택, 집합주택, 유치원, 초·중·고등학교, 교회, 종합병원, 호텔, 대형마트, 방송국, 클럽, 도서관, 체육관, 소방서, 버스정류장이 있고, 패스트푸드 체인점인 버거킹도 있다. 그러나 우리에게는 접근 불가의 땅이었다. 있으되 없는 것으로, 빈 땅으로 치부해야 했던 땅이었던 것이다.

그리고 모든 것은 이 땅을 피해야 했다. 빠지면 절대 안 되는 블랙홀처럼. 그래서 지상의 길도, 지하의 길인 지하철도 이곳을 피해간다. 그러다보니 길을 따라 자연스럽게 흘러가야 하는 도시 경관도 용산기지에 부딪혀 '파편화'[4]되어 있다. 남산 자락에 넓게 펼쳐진 해방촌, 원효로의 일본인들이 남긴 적산가옥과 국민주택들, 용산역 철도공작창과 전자상가가 있는 구용산 지역과 용산기지의 영향이 보이는 이태원의 풍경과 한남동의 고급 외국인 거주지들과 대사관들, 그리고 서빙고동의 신용산 지역의 첨단의 풍경. 이질적이다.

서울의 구멍, 결핍. 구멍 난 용산기지는 욕망을 부추기는 결핍이다. 용산기지

그림1. 서울이 확장되면서 용산기지는 서울의 결핍으로 인식되기 시작했다(자료: 『서울의 도시형태 연구』, 서울시정개발연구원, 2009).

가 결핍으로 인식되기 시작한 것은 서울의 많은 곳이 개발로 채워지고 서울이 확장되면서부터다. 전쟁 후 개발시대 서울은 4대문을 벗어나 강남으로, 영등포로 확장되어 갔다. 또 과천에는 행정 수도가 건립되었다. 이렇게 개발로 채워지고 확대된 서울은 연결되어야 했다. 강북과 강남을 잇는 다리가 생겨났고 도로체계도 고도화되었다. 동작대교도 그러한 기획의 하나였다. 과천 행정수도와 도심을 최단거리로 연결하려는 기획. 그러나 용산기지에 주둔한 미군의 반대로 이루어지지 못했고 동작대교는 반쪽짜리 다리로 오늘에 이르렀다.[5] 용산기지를 결핍으로 인지하게 되는 중요한 계기가 된 것이다. 또 다시 용산기지가 결핍으로 인지된 계기는 지하철 4호선 건설 과정에서이다. 동작대교 건설이 지상에서의 용산기지 통과에 대한 시도였다면, 지하철 4호선은 지하로 용산기지를 통과하고자 했던 시도였으나 이 또한 실패해 일정 구간이 1호선과 나란히 위치하는 기형적인 노선에 만족해야 했다.[6]

결핍은 채워야 한다. 그것이 또 다른 결핍을 나을지 몰라도 끊임없이 욕망을 불러일으키기에. 서울의 결핍인 용산기지에 대한 욕망도 마찬가지였고, 다행히도 그 욕망이 채워질 기미가 보이기 시작했다. 1980년대 후반부터 용산 미군기지 이전에 대한 논의들이 모락모락 피어난 것이다. 그리고 '한국 대학생들을 중심으로 표출되고 있는 반미 감정, 서울 한복판에 입지한 외국군 주둔기지로 인한 주권 국가의 체면의 문제, 주한미군이 한강 이남으로 옮긴다는 소문만 떠돌아도 주가가 폭락했으나 오히려 용산기지 이전을 요구하게 된 사회적 변화'[7] 등이 용산기지 이전의 필연성을 공고히 했다.

드디어 1990년 6월 25일, 한·미간 이전기본합의서MOA 및 양해각서MOU가 체결되었다. 그런데 용산 미군기지 이전 비용을 한국 측이 전액 부담해야 하는 악조건이 있었고 이는 추후 중앙정부와 서울시 간의 줄다리기의 원인이 되었다. 또 이전 비용이 17억 달러에서 95억 달러로 급증하면서 1993년 6월 이후 용산 미군기지 이전 협상은 전면 중단되었다가 2001년 12월 13일 재개되기도 했었다. 이러한 난관에도 불구하고 용산기지 이전은 논의가 아니라 확정으로 나아갔다. 2004년 10월 26일 용산기지 이전 협정UA, IA이 체결된 것이

그림2. 1980년대 후반부터 조금씩 용산기지에 대한 논의가 진행되었다(자료: "105만평에 가족·민족·호국공원", 조선일보, 1989년 5월 13일자).

다. 이러한 과정에서 가시적 변화도 있었다. 1991년 한국 측에 반환된 용산기지에는 용산가족공원이 조성되었고 이후 1993년에는 메인 포스트의 일부가 한국 측에 반환되어 그 자리에 전쟁기념관을 조성할 수 있었다. 또 1995년 구 조선총독부가 전격적으로 철거되면서 새로운 국립박물관 입지로 용산가족공원이 결정되어 1997년 착공에 들어가 2005년에 완공되었다.

용산기지의 이전, 결핍을 채우기 위한 제안들

용산 미군기지 이전의 기미가 보이면서 이 땅은 군이 모른 척 해야 하는 결핍의 땅이 아니라 서울의 중심적 기능을 해야 하는 공간으로 다뤄지기 시작했다. 용산기지는 어떠한 쓰임새를 가져야 할 것인지, 용산기지와 그 주변은 서울에서 어떠한 위상을 가져야 하고 역할을 해야 하는지가 논의되었다.

먼저 서울시가 내놓은 계획들을 살펴보면, 1990년 미군기지 이전 방침 발표

이후 바로 1991년 2월 '용산 군이적지 활용방안과 기본계획'을 수립했다. 여기에는 풍치공원, 팔도공원 등 17개의 주제를 갖는 소공원과 동서를 관통하는 이태원로, 남북을 관통하는 동작대교 연결노선 등이 포함되어 있다. 2004년에는 '용산기지 반환부지 활용방안에 관한 연구'를 통해 'forest park, cultural park, business park'라는 세 개의 밴드와 단계별 계획을 제시했다. 비록 국방부가 난색을 표하고 미군부대 이전의 지연으로 흐지부지되었지만,[8] 용산을 서울의 중심으로 삼고자 하는 기획의 하나로 서울시청 청사 건립에 대한 논의도 살펴볼 수 있다. 1990년 미군기지 이전 방침이 발표된 이후 1992년, 1994년, 1997년 잇따라 청사 건립 청사진을 마련했으며 애초 반환 시점이었던 1996년 1월에는 당시의 서울시장이었던 조순 시장의 지시로 신청사기획단을 만들고 후보지 선정과 자문위원회도 구성했었다.[9]

이러한 용산 미군기지 자체 활용방안 뿐만 아니라 도시적 차원에서 용산기지 일대의 발전방향도 여러 차례 검토되었다. 서울시는 1994년 8월 한강 중심의 5대 전략거점(상암, 화곡, 여의도, 용산, 뚝섬) 구상을 발표하였고, 1995년에는 '용산지역 개발 기본계획'을 수립하면서 용산 부도심에 대한 미래상과 도시개발 방향을 제시하였다. 2001년에는 1995년의 계획을 반영하여 3핵(용산역·삼각지·서울역) 2매듭(남영·후암동, 한강로2가·전자상가 주변)의 개념 속에서 제1종 지구단위계획을 마

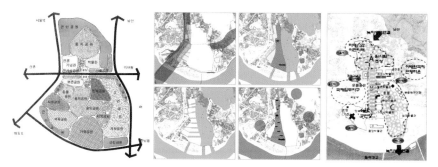

그림3. 1990년 미군기지 이전 방침 발표 이후 용산기지는 어떠한 쓰임새를 가져야 할 것인지, 용산기지와 그 주변은 서울에서 어떠한 위상을 가져야 하고 역할을 해야 하는지가 논의되기 시작했다(자료: 서울특별시, 『용산 군이적지 활용방안과 기본계획』, 1991(좌); 서울시립대학교, 『용산기지 반환부지 활용방안 연구』, 2004(중); 한국문화관광정책연구원, 『용산 미군기지 활용방안』, 2004(우))

련하였다. 구체적으로 용산역 주변은 고속전철 중앙역사와 국제첨단정보업무구역으로, 삼각지 주변은 역세권 고밀도지역으로, 서울역 주변은 고속전철 임시역사 및 업무구역으로 나누어서 개발한다는 것이다. 이 계획에도 동서 및 남북간 간선도로의 확충과 국지도로의 확충이 포함되어 있다.

　　서울시뿐만 아니라 관련 전문가들을 비롯해 많은 기관과 개인들은 서울의 결핍을 채울 수 있는 방법을 제시해왔다. 추상적인 것에서부터 구체적인 것까지 스펙트럼은 폭이 넓다. 1996년 서울시의 한 시의원은 서울시 신청사, 경전철과 케이블카의 설립을 주장했다.[10] 조명래는 용산기지의 '탈 군사공간화 운동'을 통하여 도시 공간의 주체성을 회복하고 도시 공간의 총체적 방향재설정이 필요하다[11]고 보았고, 곽영훈은 공원 통과 및 경유노선의 경우 지하, 지상 입체처리가 도시 교통문제 해결에 기여할 수 있을 것[12]이라고 제안했다. 또한 한국문화관광정책연구원은 2004년 '용산 미군기지 활용방안'에서 문화시설과 원시림의 조화를 제시했다.

또 다른 요구들, 그러나 본체 전체 공원화

용산기지로 인한 서울의 결핍을 채울 수 있다는 가능성이 생기면서 여기저기서 또 다른 요구들도 제기되었다. 전경련은 기지 내 외국인학교 설립을 요청하고 산업자원부는 외국인학교 설립을 포함, 외국인 투자 유치를 위한 단지로 활용하는 방안 검토를 요구했다.[13] 전쟁기념관이 설립되고 국립박물관 자리로 용산가족공원이 결정되면서 남산에서 전쟁기념관을 거쳐 국립박물관에 이르는 '문화벨트'의 개념도 등장했다.[14] 박정희 기념관을 용산기지 부지에 짓는 건 어떠냐고 제안하는 의견도 있었다.[15] 2009년 한미연합사는 용산기지 내 연합사와 미8군사령부 건물 등을 한미동맹 기념관으로 조성하고 그 사이 공간은 안보원으로 조성하자는 의견을 제시했다.[16] 또 비슷한 의견으로 '유엔군참전기념관'과 2013년 휴전 60주년을 기념하는 '한미동맹기념관', 국가안보문화를 위한 '일제침략역사관', FTA 체결 기념의 '한미 FTA 기념관'을 짓자는 의견이 있

었다.[17]

그러나 본체(사우스 포스트와 메인 포스트)의 훼손 없이 그대로 공원으로 조성하는 것으로 방향이 정해지면서 서울이 안고 있는 이러저러한 결핍을 해결하겠다는 욕구도, 여타의 요구들도 받아들여지기 어려워졌다. 물론 서울도 뉴욕처럼 센트럴 파크 같은 대규모 공원을 가져야 한다는 욕망은 채워졌지만 말이다.

당연히, 용산기지는 워낙 복잡다기한 맥락 속에 있으므로, 그러한 결론에 이르는 과정은 순탄치 않았다. 특히 중앙정부와 서울시 간의 줄다리기는 공원 조성 방향과 관련하여 살펴볼 필요가 있다. 참여정부 시절이던 2005년 11월 10일, 중앙정부는 용산민족·역사공원건립추진위원회를 발족하고 미군 반환부지를 "세계에 내세울 수 있는 국가 주도의 민족역사공원으로 조성"할 것이라고 발표했다.[18] 여기에서 '국가 주도'와 '민족역사공원'이라는 단어에 주목할 필요가 있는데, 그간의 맥락을 볼 때 '국가 주도'의 반대편에는 '서울시'가 '민족역사공원'의 반대편에는 '생태공원'이 있다.

그동안 서울시는 시 주도로 용산공원을 건립하겠다며 공원 터를 넘겨줄 것을 요구해왔기에 이러한 발표는 서울시의 요청을 거부한 것이다. 또한 서울시는 용산 미군기지 안에 서울시청 신청사 건립 계획을 취소한 후 적극적으로 생태공원화를 추진하면서 용산공원을 서울의 남북녹지축을 연결하는 중요한 거점으로 설정하였다.[19] 그리고 서울시의 의견에 시민 세력이 가세하면서 '생태공원'에 대한 요구는 보다 강력해졌고 여론에 있어서도 보수·진보 모두로부터 지지를 받았다. 2006년에는 환경·문화·평화 시민단체 중심으로 '용산기지 생태공원화 시민연대'가 발족되기도 했다.[20] 서우석은 이를 '생태적인 도시개발을 지향하는 주체 세력들이 형성'[21]되었다고 해석했다. 홀과 파이[22]의 논의에 기댄 것인데 환경문제에 대한 인식이 증가함에 따라 부유한 도시들에서 친환경적 정책을 뒷받침하는 새로운 세력과 연합체들이 형성된다는 것이다.

중앙정부와 서울시 간의 줄다리기는 용산공원특별법[23] 법안을 상정하는 과정에서도 나타났다. 2006년 8월 23일 당시 건설교통부는 용산공원특별법 가운데 용산공원 및 공원시설의 설치 및 유지관리에 소요되는 비용 부담 주체를 당초

'국가'에서 '국가와 서울시'로 바꾸는 내용의 법안을 상정하겠다고 밝혔다. 그러나 서울시는 14조 '건설교통부 장관에 의한 용도지역 변경 가능'을 독소 조항으로 비판하면서 "건교부가 사우스 포스트와 메인 포스트 모두를 공원으로 조성할 의지가 있다면, 법에 명시해야 한다"고 주장했다.[24] 갈등은 격화되어 2006년 8월 24일 노무현 대통령이 참석한 '용산기지 공원화 선포식'에 당시 서울시장이었던 오세훈 시장은 참석하지 않았다.

그 후 전면공원화에 시민사회의 지지가 더해지면서 건설교통부 장관의 용도변경 권한은 결국 삭제되었고, 용산공원 조성 특별법 제 3조 2에서 "용산공원"이란 용산공원조성지구에 국가가 이 법에 따라 조성하는 공원으로 정의했으며, 제 4조 국가 등의 책무 2항에서 "국가는 본체부지 전체를 용산공원으로 조성함을 원칙으로 하며, 본체부지를 공원 외의 목적으로 용도변경하거나 매각 등의 처분을 하여서는 아니 된다"라고 명시하였다. 이렇게 본체부지를 공원으로 조성할 것을 특별법에 명시했지만, 줄다리기는 끝나지 않아 2007년 '용산공원 조성 특별법' 통과를 기념하는 건설교통부 국토균형발전본부장의 발표 내용 중에는 "공원의 성격은 서울시에서 요구한 생태공원에 그치지 않고 민족과 역사, 문화 등 다양한 가치를 담은 공원이 될 것"이라는 구절이 포함되어 있다.[25]

이러한 줄다리기의 원인에는 공원 조성의 주도권[26]을 누가 잡느냐 하는 문제도 있지만 비용충당이 가장 큰 원인이었다고 할 수 있다. 용산 미군기지 이전에 대한 비용을 감당해야 하는 중앙정부 입장에서는 용산기지 본체의 일부를 개발해서 개발 이익을 얻는 것이 필요했다. 용산기지 반환 실행을 앞두고 중앙정부가 여러 기관에 의뢰해 작성한 보고서는 재원 확보에 대한 중앙정부의 고민을 보여준다. 2004년 서울대학교 공학연구소에 의뢰해 작성한 '용산기지 반환부지 활용과 재원조달 방안', 2005년 주택도시연구원에서 작성한 '용산기지 이전부지 활용 및 재원확보 방안', 2005년 한국조경학회와 대한국토·도시계획학회가 작성한 '용산기지 공원화 구상 연구' 등이 이에 대한 예이다.

그러나 서울시와 시민단체가 내세우는 '생태공원'은 공원 외 시설 입지를 거

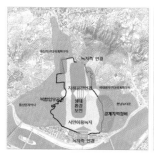

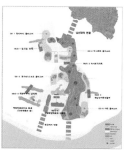

그림4. 용산 미군기지 반환 실행을 앞두고 중앙정부는 부지 활용뿐만 아니라 재원 확보에 대해서도 다각도로 검토했다(자료: 서울대학교 공학연구소, 『용산기지 반환부지 활용과 재원조달 방안』, 2004(좌); 주택도시연구원, 『용산기지 이전부지 활용 및 재원확보 방안』, 2005(중); 한국조경학회+대한국토 · 도시계획학회, 『용산기지 공원화 구상 연구』, 2005(우)).

부하는 명분이 되어 '본체부지 공원'으로 결론이 났다. 그런데 역으로 이는 또 서울시의 요구를 막는 명분이 되기도 한다. 비록 서울시의 시장이 오세훈 시장에서 박원순 시장으로 바뀌면서 2012년 10월 현재 정부와 서울시 모두 공원 용도에 어긋나는 시설에 대해 입지 불가라는 같은 입장을 취하고 있으나, 이전까지만 해도 서울시는 용산 미군기지로 인한 도시 구조의 왜곡과 공간적 단절 현상을 바꿔보려고 했었다.[27] 그리고 입장이 바뀌었다고 해도 2007년 한 심포지엄에서 당시 대한국토 · 도시계획학회 회장이었던 김창석 교수가 지적했던 '비효율적 토지 이용과 도시 성장의 왜곡, 가용토지 공급의 위축' 등 용산기지로 인한 결핍이 해결된 것은 아니다.

공원이라는 알리바이

이러한 공원화의 방식으로 서울의 결핍이, 서울이 적극적으로 사유되지 못했다. 배후 도시인 서울과의 관계보다는 용산기지 내부의 공원화에 집중하게 되었다. 이와 함께 앞서 언급한 요구들도 검토 대상에서 벗어났다. 그런데 요구들이 가시적으로 드러나는 방식은 기념관 같은 건축물과 땅의 점유이지만, 그 이면에는 여러 입장들 간의 줄다리기가 있다. '민족, 안보, 국가, 미군, 전쟁' 같은 상징적 단어들이 가져올 수밖에 없는 입장 차, 서로 다른 역사의식 그리고 '차이' 와 '다름' 에 깃든 상처. 용산 부지는 한반도에 외세가 개입했을 때마다 그들 군대 주둔지로 제공되었던 아픔의 역사를 상징적으로 말해 주는 곳이며, 불우했던 우리의 근대사 150여 년의 잔재인 셈이다. 그리고 역사도, 상처도 진행 중에 있어 혹여 덧날까봐 그 상처들을 제대로 들여다보기 쉽지 않다. 한때 '민족공원' 과 '생태공원' 이라는 두 가지 담론이 충돌하긴 했지만 중앙정부와 서울시의 현실적 이해관계를 대신할 뿐만 아니라 민족도, 생태라는 단어도 '실체가 불분명하고 추상적인 네이밍에 불과하여' [28] 제대로 차이와 상처가 드러나지는 않았었다.

그래서 혹시, 여러 요구들을 짐짓 모른척하는 데 적당한 알리바이가 필요해서 이렇게 된 건 아닐까? 공원이 알리바이가 된 건 아닐까? 차이와 다름, 상처를 들여다보기 두려워 공원이라는 알리바이를 우리 모두가 공모한 건 아닐까? 그래서 새로운 공원 모델 제시에 의욕을 부리지 않은 건 아닐까? 의심하게 된다.

생태라는 접두어를 굳이 붙이지 않더라도 공원은 자연을 대체하는 기호로 유통되며, 당위적으로 '누구' 에게나 열려진 공공 공간이다. 그 누군가가 주민이건 시민이건 국민이건. 그로 인해 공원이 갖는 탈 정치성. 우리도 뉴욕이 가진 센트럴파크라는 공원을 가져야 한다는 욕망. 이렇게 공원은 알리바이로서 충분한 조건들을 갖추었다. 더구나 용산공원 설계 지침서에서는 기존 건축물에 준하여 건폐율의 상한선을 제한하였고 용도도 구체적으로 제한함으로써 여타의 요구를 차단했다. 그리고 우리나라의 자연적 경관으로 국가적 상징성을 대표하게 하면서 보이지 않는 다름과 차이의 줄다리기에 대한 정치적 부담을 덜어주었다.

그러나 힘들어도 상처를 알아야 치유가 가능하다. 또 과거가 정리되어야 현재를 이야기하고 미래로 나갈 수 있다. 이제 곧 되돌려 받게 될 용산 미군기지는 역사적 상처에 대한 결과적 보상이다. 고밀도 도시 한복판에 위치한 '잉여의 땅' , 그 희귀성은 역설적이게도 축복이다. 그러므로 용산공원의 미래를 준비하는 단계에서, 다음 세대와 그 다음 세대를 위해 용산기지의 상처를 더 많이 드러내고 더 많이 논하기를 바란다. 우리 몸의 상처가 공기에 노출되면서 내성을 가지는 것처럼. 그래서 용산공원이 알리바이에서 끝나지 않았으면 한다. 용산공원과 함께 근대사의 상처 또한 치유되었으면 한다.

1 용산 미군기지 이전에 따른 공원 조성 이외에 용산공원 서쪽 철도기지창에 국제업무지구 개발사업이 진행 중이다. 용산역 일대는 신분당선 등 도시전철 노선이 연결되고, 용산전자상가를 포함한 용산역 주변 지역은 용산 링크를 통해 용산공원과 연결되는 광역 중심지가 될 것이다. 다른 한편 후암동과 해방촌 일대, 이태원과 한남뉴타운, 이촌동 아파트단지 등의 지역에서는 향후 장기적으로 주거환경의 변화가 이어질 것이다.
2 서부영화를 보면 인디언의 공격을 막기 위해 사막 한 가운데 울타리를 치고 수비대와 민간인이 함께 사는 모습이 나오는데 이것이 개리슨이다(김성홍, 『길모퉁이 건축』참조).
3 김성홍, 『길모퉁이 건축』, 현암사, 2011, p.258.
4 김한배, "보이지 않는 경관, 상흔에서 희망으로", 『보이는 용산, 보이지 않는 용산』, 마티, 2009, pp.58-59.
5 서울시립대학교, 『용산기지 반환부지 활용방안에 관한 연구』, 2004.
6 서울시립대학교, 『용산기지 반환부지 활용방안에 관한 연구』, 2004.
7 "비용부담 조기이전 관철", 조선일보 1990년 6월 26일자.
8 "66년 여의도, 70년대 강남, 90년대 용산 후보지 물색하다 제자리에 2008년 착공", 중앙일보 2012년 5월 20일자.
9 "용산기지 내 아파트 논란", 조선일보 2001년 12월 13일자.
10 "택시 버스전용차선 진입 검토 중", 조선일보 1996년 6월 1일자.
11 조명래, "공간의 정의와 생태문화운동-용산기지 시민생태공원화 운동을 사례로", 환경정의시민연대·환경정의 포럼, 2001.
12 곽영훈, "용산공원, 서울 속에서의 역할", 한국박물관건축학회 학술발표회 자료집, 2004, pp.13-33.
13 "용산 미군기지 내 외국인학교 존속돼야", 조선일보 2003년 7월 20일자.
14 서울시립대학교, 『용산기지 반환부지 활용방안에 관한 연구』, 2004.
15 "박정희 기념관을 도심에", 뉴데일리 2009년 12월 13일자 칼럼.
16 "연합사 건물, 동명기념관으로 보존해야", 조선일보 2009년 7월 28일자.
17 "용산민족공원을 안보역사문화관광의 테마공원으로 재검토해야", 천지일보 2011년 11월 23일자 칼럼
18 국무총리실 웹사이트, www.pmo.go.kr
19 서우석, "용산 개발의 사회학", 『보이는 용산, 보이지 않는 용산』, 마티, 2009, p.77.
20 "시민 참여로 용산을 바꾸자", 『한겨레 21』 제 627호, 2006년 9월 19일.
21 서우석, "용산 개발의 사회학", 『보이는 용산, 보이지 않는 용산』, 마티, 2009, p.78.
22 Peter Hall & Ulrich Pfeiffer, *Urban Future 21: A Global Agenda for Twenty-First Century Cities*, 임창호·구자훈 역, 『미래의 도시, 21세기 도시의 과제 및 대응 전략』, 한울아카데미, 2005, p.146.
23 용산공원 조성 특별법, 법률 제 8512호, 2007년 7월 13일 제정, 2008년 1월 1일 시행.
24 "용산공원 조성비용 서울시에 분담 요구", 한겨레 2006년 8월 23일자.
25 "용산공원 조성 공사 2012년 첫삽", 한겨레 2007년 6월 27일자.
26 김한배, "보이지 않는 경관, 상흔에서 희망으로", 『보이는 용산, 보이지 않는 용산』, 마티, 2009, p.63.
27 서울시는 용산부도심(용산공원 및 주변지역, 국제업무지구, 남산, 한강 등과 연계)을 공간적 범위로 하는 "용산부도심 육성을 위한 마스터플랜 수립 용역"을 2010년 발주하였으며, 용산공원 및 주변지역에 대한 관리 및 정비방안 마련이 계획 내용에 포함되어 있다.
28 대한국토·도시계획학회, 한국조경학회, 『용산기지 공원화 구상 연구』, 국무조정실 주한미군대책기획단, 2005.

미래를 지향하는
치유의 공원

아드리안 구즈, 최혜영

용산공원 부지는 1882년 청나라 군대를 시작으로 일본군에 이어 미군에 이르기까지 백여 년이 넘도록 외국 군대가 주둔했던 상설 기지였다. 한 나라, 그것도 수도 한 가운데에 위치한 240ha가 넘는 방대한 땅이 오랜 시간 동안 외세에 의해 점령되었던 사실은 참으로 슬픈 역사가 아닐 수 없다. 이는 역사적 고립을 넘어서 자연적, 문화적으로까지 이 지역을 주변으로부터 단절시키는 결과를 가져왔다. 남산에서 한강으로 흘러내리는 산자락은 부지 내 구릉의 형태로 남아있긴 하지만 군사 목적에 의해 지형이 훼손되어 원래의 생태성을 상실하였고, 오랜 세월 동안 나름의 역사와 문화의 흔적은 겹겹이 쌓여왔지만 철옹성 같은 벽에 갇혀 스스로를 사회적으로 또 물리적으로 고립된 도시 속 섬으로 만들어 버리고 말았다. 그 결과 다양한 특색을 가지고 있는 주변의 메트로폴리스와 어울리지 못하였고 이로 인해 기형적인 도시 구조가 발생하게 되었다.

과거에서 희망으로

한편으로는 근현대 격동의 세월을 거치며 과밀한 개발을 피하고 도심의 허파로 자리 잡을 수 있게 되어 긍정적인 면이 없지 않다. 하지만 현대의 공원들이 도시의 그린 인프라로서 역할을 다하고 도시와 밀접한 관계를 가지며 그 안에 사는 사람들과의 상호작용 없이는 결코 성공할 수 없음을 고려할 때 단순히 이곳이 도심의 허파가 될 수 있다고 기뻐할 일만은 아니다.

그렇다면 어떻게 해야 공원이 주변 도시와 구조적・심리적 유대관계를 가질 수 있을까? 그 첫 번째 관문은 바로 이곳의 잃어버린 생태성을 되찾고 도시와의 연결성을 회복하는 것이다. 또한 공원 부지가 갖고 있는 역사적인 특성―비록 그것이 아픈 역사라 할지라도―을 최대한 보전하고, 여기에 공공의 활력을 더해 이곳만의 아이덴티티와 주변 도시의 문화가 서로에게 스며들도록 해야 한다. 우리는 이러한 회복과 상생이 결국 이 공간이 잃어버렸거나 주변과 융합되지 못하고 고립된 것들의 근본적인 '치유'를 통해 가능하다고 생각했다.

그림1. 한국인의 정신적 DNA

그림2. 잃어버린 생태성의 회복

첫 번째 치유: 자연의 치유

부지 내 위치하는 둔지산은 남산의 한 자락으로서 그 생태성이 충만했지만 군부대의 이용 목적에 의해 층이 지고 도로와 건물이 들어서는 등 훼손이 심하다. 이런 부지의 잃어버린 생태적 특성을 치유해 가장 한국적인 경관을 구성하는 것, 이것이 치유의 첫 번째인 자연의 치유다. 삼천리금수강산이라는 말이 묘사하듯이 한국은 아름다운 산과 강이 전 국토를 굽이치고 있다. 산과 강 그리고 이를 연결하는 호수, 연못, 숲, 들, 논, 밭 등 한국인에게 가장 익숙한 경관이 바로 그들이 가진 정신적인 DNA가 아닐까. 우리는 한국인의 정서에 기반하는 것이 가장 한국적임과 동시에 세계적이며, 고로 누구에게나 오래도록 사랑 받을 수 있는 공원을 탄생시킨다고 보았다.

두 번째 치유: 역사의 치유

부지에 담겨있는 터의 역사를 지워내고 회피하는 것이 아니라 그것을 바라보고 극복하는 것이 모순된 역사와 상처를 보듬는 진정한 치유라 할 수 있다. 이를 위해 일제와 미군의 역사를 보여주는 주요 건물을 보전하면서 다양한 프로그램과 교육의 장으로 활용할 것을 제안했다. 그리고 나머지 건물의 터는 선택적으로

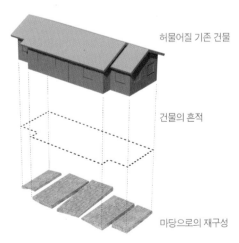

허물어질 기존 건물

건물의 흔적

마당으로의 재구성

그림3. 터의 역사를 담아내는 소셜 플랫폼인 '마당'

100% 보존   재사용-증축   재사용-개조   신축

그림4. 역사의 건축학적 보전과 활용

취해 랜드스케이프적 공간으로 이용하도록 하였다. 즉 기존 건물을 허물고 그 터를 한국적 아이덴티티를 가진 화강암 플라자—마당—로 재구성하여 이것이 용산공원의 소셜 플랫폼으로써 다양한 활동과 문화(하위문화 포함)를 수용하게끔 하였다. 이렇게 과거의 흔적 위에 현재의 삶을 반영하는 것이 치유의 두 번째, 역사의 치유다.

세 번째 치유: 문화의 치유

단절된 공간은 도시의 일부로 받아들여지기 위해 가시적, 의식적으로 주변 도시와 연결되어야 하고 주변 도시의 맥락 속에서 재구성되어야 한다. 용산공원 부지는 워낙 방대해 이를 둘러싼 주변 도시는 다양한 캐릭터를 가지고 있다. 따라서 공원과 도시의 접점에서 서로의 특성을 흡수하고 반영하여 도시와 공원이 상호작용하도록 하는 것이 중요하다. 또한 인접해 있는 넓은 도로들에 의해 공원으로의 접근성과 가시성이 떨어지는 만큼 이에 대한 보완 역시 필요하다. 따라서 '만남'을 상징하는 보행자 다리(오작교)를 공원과 도시 사이의 곳곳에 설치하

그림5. 공원과 도시의 만남을 상징적으로 보여주는 오작교

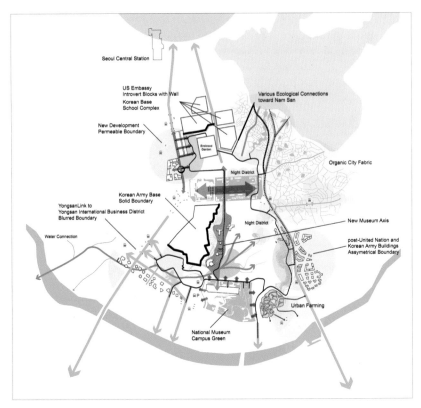

그림6. 도시와 공원의 상호작용

여 사람들이 쉽게 공원으로 접근하고 공원을 인식할 수 있도록 하였다. 이렇게 공원과 도시의 인터페이스를 증대시킴으로써 많은 사람들이 공원을 이용할 수 있게 되고 이로써 공원에 지속가능한 문화가 생기게 하는 것, 이것이 세 번째 치유인 문화의 치유다.

공원이 탄생하기까지

설계 공모전이 디자인의 큰 방향을 제시하는 과정이었다면 공모전이 끝난 지금부터는 실제 공원이 지어지기 위한 구체적인 틀을 만들어가는 여정이 시작된다. 좋은 공원이 만들어지기 위해서는 다양한 요소들이 고려되어만 한다. 전 세계

유수의 공원들을 표면적으로만 보면 단순하기 그지없어 공원 조성을 무척 쉽게 생각하는 경향이 있지만 공원을 조성하는 과정은 절대 일차원적이지 않다. 다양한 분야가 협력하는 공원의 디자인에서부터 공원을 이용할 사람들에 대한 이해 그리고 공원이 만들어지고 난 후의 관리와 운영에 대한 전략까지, 이 모든 것이 다차원적으로 함께 고려되어야만 좋은 공원으로 거듭날 수 있다.

공원의 디자인

공원 조성 과정에서 가장 중요한 점은 공원의 기반이 되는 체계(프레임워크)를 만드는 것이다. 올바른 공원의 체계가 잡히기 위해서는 그를 위한 상세한 가이드라인이 제시되어야 한다. 특히 용산공원과 같이 규모가 큰 공원은 한 번에 지어지기가 어렵고 오랜 시간 동안 여러 단계를 거쳐 완성될 수밖에 없다. 이 경우 설계가 이루어지는 시점은 현재이지만 실제 지어지는 시기는 미래이므로 그 때의 환경과 사정이 지금과 다를 수 있다. 따라서 기본적인 디자인 콘셉트는 유지하되 상세한 가이드라인에 기반한 유동적인 디자인으로 불확실한 미래의 상황에도 유연하게 대처할 수 있어야 한다. 디자인 가이드라인은 다양한 전문분야와의 협력을 통해 도출해내며 셀프 크리틱self-critique 과정에 전문가 집단뿐만 아니라 미래의 공원 이용자들을 참여시켜 그들과 협업하며 의견을 수렴하고 디자이너의 독단을 줄임과 동시에 시민들이 원하는 공원상을 담아야 한다.

이벤트와 시민 참여

또한 다양한 이벤트를 통해 공원에 대한 인식 향상과 사람들의 참여를 이끌어내야 한다. 공원에서의 이벤트는 사람들로 하여금 지속적으로 공원을 인지하도록 만들어 그에 대한 관심을 증진시킨다. 또한 사람들은 이벤트를 기획하고 이에 참여함으로써 공원에 대한 주인의식을 갖게 된다. 무엇보다 사전 이벤트를 통한 여러 가지 문화 콘텐츠의 실험은 설계가로 하여금 사람들이 공원에서 필요로 하는 문화적 공간과 프로그램을 자연스럽게 설계에 반영할 수 있게 한다. 미국 뉴욕 항New York Harbor에 있는 거버너스 아일랜드Governors Island의 경우 공원 설계가 시작될 무렵부터 해마다 여름 시즌 무료로 배를 운행하면서 사람들을 이끌었다. 또한 웹사이트[1]와 블로그[2]를 통해 공원의 디자인에 대해 정기적으로 업데이트를 하고 이벤트에 대해서 알려왔다. 그 결과 관광객은 꾸준히 증가했고, 2012년 여름 공원의 공사가 한창임에도 불구하고 많은 사람들이 방문했다. 사람들은 새로이 조성될 공원에서 더욱 더 다양한 이벤트를 즐길 수 있음을 알고 공원에 대해 한층 더 기대를 하고 적극적으로 이용할 준비를 하고 있다. 공원이 있어 삶과 문화가 생기는 것이 아니라 이용하는 사람과 그들의 삶, 그들이 만들어 내는 문화가 있어 공원이 이를 뒷받침해주는 것이라는 실존주의적 접근 방식이 필요하다.

관리와 운영

공원의 관리와 운영에 대한 전략 또한 중요하다. 제대로 관리가 되지 않은 공원은 혐오스러울뿐더러 슬럼화 되어 범죄의 온상이 되기 십상이다. 또한 지속적으로 사랑 받는 공원을 만들기 위해서는 공원의 운영 전략이 필요하다. 대부분의 국가에서 공원은 시나 국가의 공적인 소유물이므로 국민의 세금으로 관리·운영비를 충당한다. 하지만 예산을 배정 받는 과정에서 공원의 관리·운영비는 늘 다른 중요한 일에 밀리기 일쑤여서 국가의 예산만으로는 어려움이 많다. 뉴욕의 하이라인High Line이나 센트럴파크Central Park와 같이 성공적인 공원을 보면 관의 예산 외에 시민들이 자발적으로 만든 민간단체[3]를 통해 기부금을 모으고 이를 통해 공원 관리·운영 예산의 상당 부분을 충당하고 있음을 알 수 있다. 용산공원도 이러한 선진적인 공원의 관리·운영 전략이 필요하며 이는 공원 디자인과 맞물려 진행될 것이다.

미래지향적 공원

이런 과정을 통해 조성될 미래의 용산공원은 어떤 공원이 되어야 하는가? 단절된 자연, 역사 그리고 문화의 치유를 통해 이 공원이 백 년, 이백 년 지속되는 공원이 되게 하려면 어떻게 해야 하는가? 도시와 사회의 구조 속에서 공원은 어떤 역할을 담당할 것인가? 우리가 생각하는 용산공원의 바람직한 미래상은 다음과 같다.

생태적 자생 그리고 사회적 자생

먼저 용산공원은 자생하는 공원이 되어야 한다. 절·성토의 균형, 식생의 다양성, 토착종의 도입, 에너지의 효율적인 관리 등을 통해 스스로 순환하는 시스템이 공원에 안착되어야 한다. 또한 합리적인 물 순환 시스템과 우수의 적극적 이용, 신재생 에너지의 도입을 통해 공원이 이 지역의 그린 인프라의 일환으로 자리매김해야 한다. 자생하는 공원은 물리적·생태적 자생에 그치지 않는다. 사람들이 끊임없이 공원을 찾고 이용함으로써 공원의 사회적 자생을 이끌어야 한다. 공원에서 일어나는 이벤트 참여, 문화·예술 활동, 생산 활동, 공원 관리 참여 등 공원을 적극적

그림7. 용산공원의 비전

으로 이용하고 공원의 유지와 발전을 위해 자발적으로 노력할 수 있도록 그 기반을 마련해야 한다. 높은 시민의식이 요구되는 부분이지만 설계가와 운영진의 시민들에 대한 동기 부여, 그들의 관심을 끌기 위한 노력 또한 중요하다.

교육적, 문화예술적 공원

이와 더불어 용산공원은 각종 교육 프로그램을 통해 끊임없이 시민들에게 공원을 알리고 우리의 자연, 역사 그리고 문화를 후세에 전하는 장이 되어야 한다. 공원은 단순히 즐기고 마는 곳이 아니라 도시의 구성 매체로서 지속적으로 우리 사회에 메시지를 던지는 역할을 해야 한다. 또한 재생에너지, 신기술 등을 공원에 접목시켜 늘 발전하는 공원의 상을 보여주어야 한다. 공원에 예술과 문화를 담당하는 큐레이터를 두어 각종 예술 작품을 기획 · 전시하고 관리 · 감독하도록 하는 것도 중요하다. 공원이 예술과 문화의 장이 되는 것은 많은 사람들이 이의 혜택을 누릴 수 있도록 함으로써 '공공성'이라는 공원 본연의 모습을 장소, 땅에만 그치지 않고 그 성격을 예술, 문화 등 상위 개념으로 업그레이드 시킨다.

건강한 공원

현대를 살아가는 사람들의 가장 큰 관심거리는 육체적, 정신적으로 건강한 삶의 영위다. 이는 미래에도 마찬가지일 것이다. 점점 더 문명이 발달하고 정보가 늘어날수록 삶의 스트레스 지수는 높아지기 때문이다. 따라서 용산공원은 급변하는 사회 속에서 사람들이 건강한 삶을 살아갈 수 있도록 도와주는 삶의 쉼터가 되어야 한다. 공원 내에서 텃밭을 일구고 여기서 경작된 유기농 농작물을 공원 내 레스토랑이나 푸드 키오스크에서 즐길 수 있는 시스템을 제공하고 공원 내의 촘촘히 연결된 조깅, 자전거, 트래킹 코스를 통해 체계적인 운동을 할 수 있게 하며 숲 속 휴양림과 명상센터 등을 통해 정신적인 피로를 정화할 수 있도록 도와줌으로써 용산공원은 삶에 대한 긍정적 에너지가 도시로 퍼져나갈 수 있게 하는 촉매제 역할을 할 것이다.

다음 세대를 위한 용산공원

한국의 공원은 불과 10여 년 만에 비약적인 발전을 했다. 지난 시대의 공원이 도시의 화장술로서 수동적인 역할을 했다면 현재의 공원은 다양한 시민 문화를 소화하는 한 단계 발전된 모습을 보이고 있다. 하지만 겉모습만 바뀌었을 뿐 도시의 필수적인 구조로서의 역할과 담론을 생성하고 있지는 못하고 있다. 다음 세대를 위한 공원은 여기서 한 발짝 더 나아가야 하지 않을까. 서두르지 않고 근본적인 대책을 기반으로 국민들과 함께 만들어나가는 공원. 용산공원이 이렇게 다음 세대를 위한 공원의 첫 관문이 될 것으로 기대해 본다.

---

1 http://www.govisland.com/html/home/home.shtml
2 http://govislandblog.com/
3 하이라인의 경우 프렌즈 오브 더 하이라인(Friends of the High Line)이, 센트럴파크의 경우 센트럴파크 컨서번시(Central Park Conservancy)가 공원의 관리와 운영에서 큰 역할을 담당하고 있다.

용산공원,
그 평범함과 특별함

이상민

서울에서 태어나 서울에서만 자란 필자에게도 용산기지는 서울에 존재하지 않는 곳이나 마찬가지였다. 서울 한가운데 있지만 갈 수 없고, 근처를 지나가도 가까이 접근하거나 들여다 볼 수 없으며, 지도에도 나타나 있지 않은 곳이 바로 용산기지였다. 그런 용산기지가 부대 이전과 함께 공원으로 변신하여 우리에게 그 모습을 드러낼 예정이다. 그리고 2012년 4월, 드디어 용산공원의 밑그림이 그려졌다.

> 당선작 "Healing: The Future Park"는 자연과 역사, 문화의 치유를 주제로 하여 한국의 대표적인 경관인 산, 골, 연못을 현대적으로 재현하였으며, 남산에서 한강까지 이어지는 남북의 강한 축을 재구축하였다. 특히

작품의 전체적인 틀뿐만 아니라 주변 도시 맥락과의 관계를 고려한 점이 높이 평가되고 있다.[1]

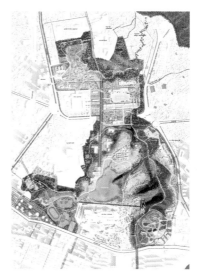

그림1. 미래를 지향하는 치유의 공원("Healing: The Future Park", West8+이로재 외)

"미래를 지향하는 치유의 공원", 용산공원 설계 국제공모의 당선작 제목이다. 당선작을 보고 받은 첫인상은 낯선 것 같지만 어디선가 많이 본 듯한 평범한 풍경이었다. 대부분 설계 공모전이 시작되면 새롭고 특별한 안이 나오길 기대한다. 하지만 막상 당선작을 보면 실망하는 경우가 많다. 평범하고 무난해 보이는 설계안이기 때문이다.[2] 그런데 어쩌면 당선작이라는 것을 알고 더 특별함이나 새로움을 기대하기 때문에 상대적으로 그 기대에 못 미쳐 평범하게 느끼는 것일지도 모르겠다. 또 한편으로 생각해 보면, 많은 이해관계가 얽혀있는 프로젝트의 경우 모두가 만족하고 합의할 수 있는 지점은 특별함보다는 평범함(또는 무난함)이 더 적합한 것 같다. 특히 불특정 다수가 이용하는 공원이야말로 평범함이 가장 적절한 해답일지도 모르겠다. 이런 측면에서 이번 공모의 당선작은 특별한 용산에 평범하고 무난한 안을 제시했다. 그렇다면 당선작 "Healing: The Future Park"(West8+이로재 외; 이하 "Healing")가 과연 어떻게 평범하고 어떻게 특별한 지 살펴보자.

평범함 속의 특별함: 설계안으로서의 용산공원

우선 당선작의 패널과 설계 설명서는 간결하고 분명하다. 설계안의 표현 방식도 우리에게 익숙하여 새롭지는 않지만 그렇다고 너무 과장되지도 않아 담담하게 설계안을 보여주고 있다. 또한 설계안의 전반적인 내용도 설계 개념부터 공간

구성, 단계별 계획까지 모범 답안을 작성하듯 지극히 일반적이고 전형적인 설계 과정에 따라 구성하였다. 하지만 당선작이 제시한 실질적인 용산공원의 설계 내용은 매우 논리적이고 설득력 있게 짜여 있어 그 자체로 특별해 보인다.

설계 개념과 전략

설계 개념은 설계를 풀어나가기 위한 출발점이자 중요한 열쇠이다. 이 열쇠를 얼마나 잘 선택하느냐가 설계의 성공을 좌우한다고 해도 과언이 아니다. 이러한 점에서 당선작의 설계팀이 제시한 개념인 '치유'는 탁월한 선택이었다. '치유'라는 표현은 현재 용산이라는 땅에 가장 적합한 처방인 동시에 현대의 공원이 도시에서 갖는 의미와도 일맥상통한다. 또한 요즘 인기 있는 토크쇼의 이름으로도 사용되고 있을 정도로 시대적인 요구와도 잘 맞는 주제어다.

특히 '치유'는 추상적이고 은유적인 표현이지만 아주 명확하게 당선작이 추구하는 설계의 방향을 제시하고 있다. 그리고 그것을 공원 설계에서 풀어내기 위한 구체적 전략으로 '자연의 치유', '역사의 치유', '문화의 치유'를 제안한다. 자연의 치유는 용산 부지가 그 긴 세월동안 잃어버린 생태계 또는 생태적 특성을 치유하고자 하는 것으로, '삼천리금수강산'이라는 조금은 촌스러워 보이는 표현을 사용하고 있다. 역사의 치유는 아프고 부끄러운 과거지만 그것의 극복을 위해서는 회피하기보다는 정면으로 맞닥뜨려 그것을 치유하자는 의도로, 과거의 건축물들을 일부 그대로 보존하고 일부는 그 흔적들을 마당으로 활용하는 방법을 통해 새로운 공간으로 조성하고자 한다. 마지막으로 문화의 치유는 도시와 단절

그림2. "Healing"의 설계 전략 중 하나인 '역사의 치유', 직면과 노출

되었던 용산을 공원이라는 장치로 탈바꿈시켜 다시 도시와 연결시키기 위한 여러 가지 방안을 제시하고 있다.

주제별 전략 계획

당선작은 세 가지 치유의 전략 이외에 미래의 용산공원에서 중요하게 다루어야 할 주제로 지속가능성, 웰빙, 사회적 참여, 교육, 문화와 예술 등 다섯 가지를 제시한다. 이는 용산공원이 앞으로 다가올 변화에 유연하게 대처할 수 있도록 마스터플랜을 뒷받침할 수 있는 전략 계획으로 준비된 것이다. 이는 최근 설계를 보여주는 내용과 형식이 변화하면서 기존에 중요하게 다루어졌던 부문별 계획이 사라지고 대신 설계를 전개해나가는데 핵심이 되는 주제 중심으로 접근하는 경향이 반영된 것으로 볼 수 있다. 이 다섯 가지 주제들은 용산공원의 공간 구성과 프로그램 곳곳에 담겨 있으며, 이 주제들 역시 당선작의 설계 개념인 치유와 마찬가지로 최근의 시대적 흐름을 잘 반영하는 키워드들로 구성되어 있다.

공간 구성과 프로그램

새로운 설계안을 접했을 때 가장 주목하는 부분은 설계 개념과 공간 구성이다. 일반적으로 실제 부지의 조건을 수용하면서 어떻게 설계 개념을 공간에서 구현했는지, 그리고 그 안에 어떤 프로그램을 담았는지에 따라 설계안이 차별화되기 때문이다. 당선작은 용산공원을 크게 여섯 개의 단위 공원으로 나누었는데, 기본적으로 부지가 가지고 있는 조건과 한계 때문에 '용산공원 정비구역 종합기본계획'에서 제시된 구상과 크게 다르지 않다. 여섯 개의 단위 공원은 생태축 공원ecological spine park, 문화유산 공원heritage garden park, 관문 공원gate park, 생산 공원productive park, 놀이 공원U-eco play park, 세계문화 공원global culture park으로, 이 공원들은 전체 용산공원 안에서 일부가 서로 중첩되기도 하고 동시에 별개로도 존재한다. 또한 각 단위 공원들은 각기 그 특성을 가장 잘 구현할 수 있는 곳에 위치하며, 앞에서 설명한 다섯 가지 주제들을 적절하게 담을 수 있는 프로그램으로 구성된다.

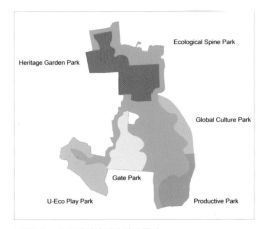

그림3. "Healing"의 여섯 개의 단위 공원

생태축 공원은 용산공원 전체 부지의 척추와 같은 역할을 하며, 각 단위 공원들을 연결한다. 문화유산 공원은 한국, 일본 그리고 미군 부대의 유산들을 보여주는 공간으로, 네 개 영역으로 다시 구성된다. 관문 공원은 기존의 남북축을 따라 전쟁기념관과 국립중앙박물관을 연결하는 공간으로, 생산 공원은 최근 각광받고 있는 도시 농업을 공원에 도입하여 공원 내에서 농작물을 경작하고 수확한 생산물을 활용할 수 있는 공간으로 조성된다. 이촌역과 연결되는 지점에 위치하는 놀이 공원에는 각종 스포츠 필드가 조성되며, 세계문화 공원은 젊음의 문화를 담을 수 있는 활동적 프로그램과 함께 명상 프로그램을 접할 수 있는 공간이 조성되고 동시에 매력적이고 건전한 야간 공원 문화를 형성하기 위한 방안이 제시되었다.

단계별 계획

다른 대형 공원들처럼 용산공원은 오랜 시간을 두고 단계별로 조성해 나가는 것이 중요한 과제 중 하나로, 당선작은 이러한 과정을 미래의 공원과 도시가 함께 성장해 나가는 과정으로 이해하고 3단계로 나누어 계획하고 있다. 먼저 1단계 (2017-2019)에서 지하철로 연결이 용이한 곳, 그리고 이미 주변이 개발된 곳부터 공원 조성이 시작된다. 특히 각 단위 공원의 일부 공간들이 포함되며, 다른 한편에서는 토양 정화 작업도 시작하여 다음 단계를 준비한다. 2단계(2020-2023)에서는 1단계 개발 지역을 일반인에게 먼저 오픈하고, 나머지 작업을 진행한다. 특히 공원의 중심인 산과 호수의 공사를 시작한다. 마지막 3단계(2024-2027)는 용산공원의 대부분이 공개되는 시기로, 용산과 남산을 연결하는 그린웨이 공사가 시

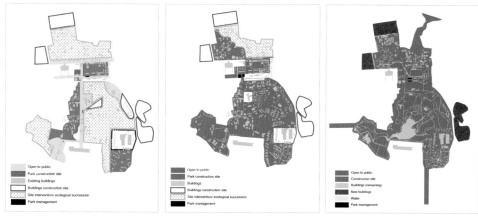

그림4. "Healing"의 단계별 계획

작되고, 이태원로가 지하화되어 공원이 연결되면서 미래의 용산공원이 어느 정
도 완성된다.

특별함 속의 평범함: 미래를 지향하는 한국적인 공원

용산공원 당선작은 '치유'라는 특별한 개념 이외에 '미래'와 '한국적인 것'이
라는 키워드에 무게를 두고 설계 과정에서 많은 고민을 한 것으로 보인다. 이 두
가지는 매우 중요하고 특별한 키워드다. 하지만 실제 당선작에는 이것들이 의외
로 일상적으로, 평범하게 다루어지고 있다.

미래를 지향하는 공원

오랜 시간에 걸쳐 만들어지는 공원인 만큼 당선작은 미래의 공원, 공원의 미래
를 강조하고 있다. 하지만 미래의 공원, 또는 용산공원의 미래 모습을 당선작에
서 상상할 수는 있으나 현실적으로 이 공원이 어떻게 지속될 것인지에 대해서는
지극히 일반적인 대안 제시에 머무르고 있다. 공원을 잘 만드는 것도 중요하지
만 그에 못지않게 핵심적인 것은 공원을 잘 이용하고 유지·관리하는 운영 방안
이다. 그리고 공원의 운영은 결국 공원의 미래와 직접적으로 연결된다. 하지만

설계가나 설계안을 심사하는 사람들도 운영의 중요성에는 동감하지만 실제로 설계나 심사 과정에서 운영의 측면이 중요하게 다루어지지는 않는 것이 현실이다. 물론 문제의식은 가지고 있겠지만 공모전에 참가하는 설계가들도 공원의 경영 전략 또는 운영 전략을 어떻게 설계안에 담아야 하는지에 대해서는 상대적으로 고민이 적었던 것으로 보인다. 이것은 비단 용산공원만의 문제는 아니다. 최근 들어 많은 도시 공원에서 운영과 관리에 대한 중요성이 갈수록 부각되고 있지만 국내 설계 공모전에서는 좋은 설계안 도출에만 집중하고 있어, 이 부분이 간과되는 경우가 대부분이다. 하지만 점차 공원 설계가 전략적 설계 방식으로 바뀌고 있는 상황에서 공원의 운영 또는 경영 전략은 더욱 중요하게 다루어져야 하며, 특히 용산공원처럼 장기간에 걸쳐 조성되는 대형 공원의 경우에는 공원의 운영 또는 경영 전략이 반드시 필요하다. 만약 이러한 전략이 부재하다면 앞으로 공원의 지속성을 확보하기 어려우며, 결국 공원의 미래도 존재할 수 없게 될 것이다.

한국적인 공원

당선작 설계팀의 한 디자이너는 용산공원을 설계할 때 "가장 한국적인 것이 무엇일까"라는 질문에서 시작하였다고 한다.[3] 아마 이러한 질문과 고민은 국내보다는 해외에서 참가하는 설계팀들이 보다 많았을 것이라 짐작할 수 있다. 그리고 이러한 고민의 흔적은 당선작 곳곳에서 묻어나온다. 삼천리금수강산, 오작교 등은 최근 국내 설계에서는 의도적으로 사용하지 않는 전통과 관련된 추상적이고 개념적인 단어와 모티브들이다. 어찌 보면 한국인의 감수성 또는 정서에 대해 알아야 한다는 약간의 강박관념 같은 부담이 있었을 것이라 생각해 볼 수 있다. 다행히도 당선작은 자칫 추상적인 개념어들의 나열로 끝날 수 있는 것들을 적정한 수준에서 잘 극복하였지만, 그것은 너무 평범해서 과연 당선작이 가장 한국적인 것을 찾은 것인지는 의문이다. 그리고 여전히 장소의 맥락을 읽고 이해하는 것은 중요하지만 그것이 꼭 한국적인 것이어야 하는지, 그것이 지금의 용산공원에 과연 필요한 것인지, 그리고 공원에서 가장 한국적인 것이라는 것은 또 무엇인지, 물음표를 뗄 수 없다.

평범하고 특별한 용산공원

용산이라는 부지 자체도 그렇지만 이제까지 용산이 겪어온 역사도 남다르다. 그 래서 용산은 공원이라는 평범하고 일상적인 도시의 공간으로 재탄생하여도 특별한 공간이 될 수밖에 없다. 또한 용산공원 설계 국제공모의 당선작은 시대적 이슈들을 잘 반영한 어휘들을 사용하여 매우 간결하고 명쾌하게 설계 방향을 제시하고 있다는 점에서 특별해 보인다. 하지만 아직까지도 용산공원의 모습은 희미하고 가야 할 길은 멀다. 이제 당선작을 바탕으로 기본설계가 진행되면 점차 용산공원은 구체적인 모습을 드러낼 것이다. 아마도 당선작의 특별한 설계 내용들을 평범한 공원 조성 프로세스를 통해 어떻게 현실의 공간으로 구현하느냐가 앞으로의 큰 숙제일 것이다. 하지만 이 과정이 잘 진행되어야만 그 과정 속에서 용산의 치유가 제대로 시작될 수 있다.

　용산공원은 이 시대의 공원이기도 하지만 미래 공원이다. 공원을 만드는 과정 속에서 참여하는 많은 사람들은 물론이고 공원을 기다리는 사람들도 공원에 대해 미래 지향적 사고를 가져야 할 것이다. 그래야 '평범하고 특별한' 용산공원을 만날 수 있을 것이다. 그리고 그 다음에 한국적인 공원에 대해 다시 생각해 보자.

1 편집부, "용산공원 설계 국제공모", 월간 『환경과 조경』 2012년 6월호, p.82.
2 여기서 평범하다 또는 무난하다는 표현에 대해 오해가 없었으면 한다. 이것은 우수하지 않다는 의미가 아니라 이제까지와 다르게 과격적이거나 특별하기보다는 익숙하고 일반적임을 의미한다.
3 최혜영, 라펜트(www.lafent.com)와의 인터뷰 중에서, 2012년 5월 2일자.

그들은
왜 산수화를 그렸을까

김영민

2012년 4월 23일, 용산공원 설계 국제공모의 최종 당선작에 "Healing: The Future Park"(West8+이로재 외; 이하 "Healing")가 선정되었다. 이로써 어떤 이에게는 꿈이었고 어떤 이에게는 아쉬움이었으며, 어떤 이에게는 기회였고 어떤 이에게는 오래된 사명이었던 용산공원이라는 치열한 경쟁의 축제는 끝이 났다. 그리고 며칠 뒤 West8의 홈페이지 첫 화면이 용산공원 공모전의 조감도로 바뀌었다(그림1). 빛바랜 한지에 그려진 산수화 같은 느낌의 이 조감도는 곧 세계의 저명한 건축 전문 사이트들에 등장했으며 블로그와 소셜 미디어를 통해 퍼져나갔다. 사람들은 이 하나의 이미지를 통해 용산공원을 이야기하기 시작했다. 그런데 정작 이 조감도는 West8의 패널에도, 보고서에도, 심지어 공모전 공식 홈페이지에서도 찾아볼 수가 없다. 어떻게 된 일일까? 아마도 설계자는 당선이 된 이후에 많

은 이들이 용산공원하면 가장 먼저 떠올릴 이 조감도를 그렸을 것이다. 왜 굳이
당선이 되고 나서 이 한 폭의 산수화를 그려야 했던 것일까?

그림1. West8이 산수화 풍으로 그린 용산공원 조감도

과연 용산은 치유의 대상인가

"경관을 생각한다는 것은 곧 대상지를 생각한다는 것이다"[1]라는 줄리아 처니악Julia Czerniak의 말처럼 설계의 첫걸음은 대상지를 읽고 이해하는 데에서부터 시작된다. 어느 대상지가 특수하지 않으며 사연이 없겠냐마는 용산만큼 복잡한 층위들이 얽혀있는 땅도 드물다. 그 복합적인 물리적 층위만큼이나 다양한 정치적, 사회적, 문화적 이해관계와 의견들이 얽혀있는 용산과 같은 대상지를 다루기 위해서 설계가는 복잡하게 엉킨 의미의 실타래를 하나씩 조심스럽게 풀어나가야 한다. 어떠한 가닥들은 잘라버려야 할 때도 있고 어떠한 가닥들은 서로 이어 붙여야 할 때도 있다. 이러한 과정 속에서 대상지에 대한 태도는 결국 설계의 개념으로 발전된다.

당선작의 제목이자 설계 개념인 '치유'는 대상지에 대한 설계가의 태도를 명확히 보여준다. 사전적으로 치유는 병이 들거나 문제가 있는 상태를 낫게 하는 행위를 지칭한다. 이 개념이 문학적인 비유에 불과하든, 실천적인 설계의 전략이든, 이미지 형성을 위한 표현이든 간에, 치유는 기본적으로 대상지가 바람직하지 못한 부정적인 상태에 있다는 전제를 가정하고 있다. 즉 설계가에게 용산은 건강하지 못한 상처의 땅이었다. 물론 이와 같은 해석이 틀렸다고는 할 수 없다. 용산은 결코 자랑스럽다고는 할 수 없는 역사의 한 부분이며, 많은 이들이 이 땅을 역사의 상처로 인식하는 것은 엄연한 사실이다. 그러나 용산의 과거가 치유되어야 할 부정적인 모습만을 갖고 있는 지는 의문이다.

용산은 오늘날 서울에서 가장 이질적인 도시 구조와 문화를 지닌 땅이다. 중요한 점은 그 이질적인 물리적 구조가 서울이라는 거대 도시의 조직에 동화되지 않고 반세기동안 독립된 체계로서 작동해 왔다는 사실이다. 역사적이고 상징적인 가치 판단을 잠시 유보한다면, 한 도시 내에 독립된 도시의 구조로서 존재해 왔던 용산 미군기지는 세계 어디에서도 찾아보기 힘든 흥미로운 도시적 관계를 만들어내고 있다. 또한 미군이라는 주체가 만들어낸 용산의 이질적 문화는 그와는 또 다른 다양한 종류의 이질성을 생산하는 원동력이 되어 왔다. 용산이라는 땅에서 태어나고 성장한 이태원이라는 공간은 항상 사생아 취급을 받아 왔다.

그러나 오늘날 이태원은 그동안 한국 사회가 억압하고 학대해 왔던 동성애, 다민족 문화, 타자의 종교 등 소수자들의 문화가 표출될 수 있는 유일한 공간으로 발전했으며, 이는 서울, 더 나아가 한국의 문화적 다양성을 발전시킬 토양을 제공해 왔다. 용산이 지닌 상처와 잠재성은 배타적인 속성이 아니다. 현재 이 땅이 지닌 무한한 잠재성 자체가 바로 대상지의 부정적인 과거와 특징들에서 잉태되었다. 우리가 용산이 질병에 걸려있다는 설계가의 진단을 받아들인다 하더라도, 이 질병은 치유되어 제거되어야 할 대상이라기보다는, 마치 외부에서 침입한 균이 한 생명체의 진화를 촉발하는 촉매제의 역할을 하는 예처럼, 대상지의 긍정적 변화를 유도할 공생체일지도 모른다. 오히려 용산이 지니고 있던 상처의 원인들이 모두 치유되어 버리면 오히려 이 땅은 고유한 잠재성을 잃어버리게 될지도 모른다.

이러한 용산의 까다로운 맥락을 잘 이해했던 국내의 설계사가 주도한 팀들의 안을 보면 대상지에 대한 태도의 차이가 명백히 드러난다. 신화컨설팅은 외세에게 억압되어왔던 한국의 과거와 새로운 해외 이주민들의 문화와 갈등이 존재하는 한국의 현재를 병치하면서 용산을 한국 사회의 과거와 현재가 화해할 수 있는 문화적 다양성이 공존하는 장소로 본다.[2] 조경설계 서안은 설명서에서 우리와 깊이 연결되어 있는 내재적인 경관들을 지닌 땅인 용산기지가 제거의 대상이 아니라고 말하면서 역사에 대한 가치 판단을 보류한다.[3] 해외사가 주도한 James Corner Field Operations의 안을 보더라도 논란의 여지가 될 만한 용산의 역사적 상징적 층위는 건드리지 않고 주관적 판단을 배제한 채 대상지를 'Openings'라는 개념을 통해 구조적으로 접근하고 있다.[4]

물론 용산이라는 대상지가 지닌 복합적 층위들 중에서 부정적인 측면에 초점을 맞추고 이를 해결하는 치유의 과정으로 설계의 기본적인 방향을 설정한 West8의 선택이 옳지 않았다고 단언할 수 있는 근거는 없다. 또한 대상지에 이분법적 가치를 부여하고 그 중 한 가지 입장에 무게 중심을 실은 이 안은 오히려 모순의 모호한 경계에 놓여있는 복합적 가치들 속에서 길을 잃지 않고 명확한 대안을 제시할 수 있다는 전략적 장점도 가지고 있다. 그럼에도 현 상태에 대한 부정에서 출발했다는 사실은 이 땅의 잠재성을 충분히 발현시키지 못하는 위험성은 물론, 이미 발현되고 있는 긍정적 가능성들을 무화시킬 위험성이 도사리고 있음을 의미한다.

치유를 위해 대수술이 필요하였는가: 삼천리금수강산

설계에 객관적인 정답은 없다. 대상지에 대한 적절한 해석이 좋은 설계안을 잉태할 훌륭한 자양분을 제공해 주는 것은 사실이지만, 그렇다고 대상지에 대한 깊은 이해가 반드시 좋은 안으로 연결되는 것은 아니다. 오히려 많은 경우에 대상지에 대한 과도한 집착이 설계의 전개를 방해하기도 한다. 때문에 대상지에 대한 태도와 해석이 적절했는가에 대한 논의보다 더 중요하게 살펴보아야 할 점은 '치유'의 개념이 전개되어 일관된 설계 전략으로 발전되고 구현되는 과정이다. 설계 설명서를 보면 당선안의 기본 개념인 '치유'는 '자연의 치유healing for nature', '역사의 치유healing for history', '문화의 치유healing for culture'의 세 가지 개념적 전략으로 구체화되고 있다.[5]

첫 번째 전략인 '자연의 치유'는 경관의 회복을 말하고 있다. 그리고 이때 회복하고자 하는 구체적인 물리적 실체는 지형이다. 사실 지형의 회복은 정도와 접근 방식에는 차이가 있지만 모든 안들이 공통적으로 채택하고 있는 주제이다. "Openings: Seoul's New Central Park"(James Corner Field Operations+삼성에버랜드 외; 이하 "Openings")는 기존 지형의 전체적인 틀을 그대로 유지하고 전략적으로 지형들을 조작함으로써 새로운 프로그램을 담는다.[6] "Yongsan Park Towards Park Society"(조경설계 서안+M.A.R.U. 외; 이하 "Park Society")는 지형을 적극적으로 복원하지는 않지만, 충분한 시간을 갖고 원래의 지형을 드러내고 지형에 따라 공원의 새로운 틀을 도입한다.[7] "Yongsan Park for New Public Relevance"(신화컨설팅+서안 알앤디 디자인 외; 이하 "Public Relevance")와 "Multipli-City"(씨토포스+SWA 외)의 경우 남산을 포함하는 광역적 체계를 회복하기 위해 대상지의 훼손된 지형을 복원하고자 한다.[8,9] 그리고 당선작은 용산기지의 숨겨진 경관과 '삼천리금수강산'이라는

표현으로 대표되는 한반도의 정체성의 회복을 이야기한다.[10]

특이한 점은 설계자가 회복하고자 하는 대상이 기존의 물리적 지형과는 무관한 한국적 경관의 관념적 심상이라는 사실이다. 설계자의 말을 직접 빌리자면, 이는 일종의 '환영Illusion'이다.[11] 설계자는 대상지의 숨겨진 경관을 발현시키기 위해 기존의 지형을 제거하고 원지형의 논리를 따라서 새로운 지형을 도입한다. 이와 같은 지형의 조작은 그 막대한 비용과 실현 가능성의 문제를 따지지 않더라도, 설계의 다른 전략들과 상충되면서 안 자체를 자기 모순에 빠지게 만드는 치명적인 문제를 야기한다. 당선작은 생태적으로 지속가능한 공원을 지향하지만,[12] 새로운 지형을 만들어내기 위해서는 지난 반세기 동안 대상지에 자리 잡은 기존의 식생과 생태계를 모두 파괴할 수밖에 없다. 지형을 새롭게 만들어야 하는 한, 그 어떠한 생태적 논의도 설득력을 잃게 된다. 또한 두 번째 설계 전략인 '역사의 치유'에서는 기존 건물을 다시 활용하는 방안들이 제시되고 있으나, 전면적으로 새로운 지형을 도입하기 위해서는 기존의 건물들을 보존하기는 불가능해 보인다.[13] 이 지점에서 설계자는 하나의 전략을 구현하기 위해 다른 전략을 포기해야 하는 모순적 상황에 봉착하게 된다.

물론 공모전의 목적은 설계의 개념과 공원의 방향 제시이며, 이 단계에서 구체적 실현의 방법들까지 완벽하게 고려할 필요는 없다. 백번 양보하여 새로운 지형 도입의 실현 가능성이나 내부적인 모순의 해결을 이후의 과제로 남겨둔다 하더라도, 이 제안은 다음과 같은 질문에 대답하여야 한다. 왜 회복의 대상이 원지형이 아니라 관념적 지형이어야 하는가? 그리고 과연 설계자가 제시한 지형이 한국인의 마음 속에 있는 한국적 경관의 원형에 가까운가? 설계자는 산수화와 고지도를 살펴봄으로써 한국인의 자연에 대한 보편적인 정체성을 발견하고자 한다. 그러나 대상지의 변천 과정에 대한 분석조차 제시하고 있지 않은 상태에서, 용산과는 상관없는 장소를 배경으로 한 산수화, 그리고 대상지와는 전혀 다른 스케일의 고지도가 새로운 지형을 도입하는 설득력 있는 근거가 되기에는 논리적 비약이 심하다(그림2).

또한 관념적 개념을 물리적 실체로 구현하는 과정에서 설계자는 한국적 경관

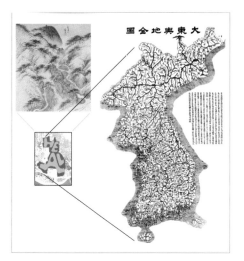

그림2. "Healing: The Future Park"(West8+이로재 외)의 산수화와 대동여지도(이하 별도의 작품명 표기가 없는 경우는 모두 당선작의 패널과 보고서 이미지임)

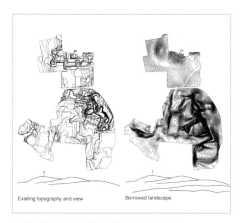

Existing topography and view

Borrowed landscape

그림3. 용산공원의 새로운 지형과 차경의 개념

new topography

cut and fill

그림4. 용산공원의 새로운 지형과 조작 방식

을 피상적이며 자의적으로 해석하고 있는 듯 보인다. 한국적인 지형을 만들기 위해 기존의 테라스형 지형을 연속된 언덕으로 바꾸겠다는 제안을 보면 과연 설계자가 한국의 경관을 제대로 이해하고 있는가라는 의구심을 들게 한다.[14] 얼마나 많은 한국의 산수화가 한국의 경관을 이 안처럼 컴퓨터 모델링을 통해 만들어진 유선형의 언덕들로 묘사하고 있으며, 얼마나 많은 한국인이 한국의 정체성을 영국식 정원에 대한 묘사를 연상시키는 매끄러운 지형들에서 찾을 것인가?(그림3, 4) 오히려 당선작이 제시한 새로운 지형보다는 훼손된 대상지의 지형이 경작지와 마을, 그리고 야산이 함께 어울리는 한국의 경관에 더 가까워보인다. 과거의 지형도와 용산기지의 개발 과정이 기록된 지도 자료들을 살펴보면, 건물을 위한 부분적인 지형의 조작이 있었던 것은 사실이지만 지금의 대상지에는 기존 지형의 원형이 거의 그대로 남아있음을 알 수 있다.[15] 고밀도의 개발이 이루어진 기지 외부의 도시 지역에 비해서 개발 밀도가 상대적으로 낮은 용산기지는 개발 이전의 서울의 원지형이 더 많이 보존되어 있다.

다른 안들이 오히려 용산 내부의 지형은 소극적으로 조작하거나 거의 그대로 보존하는 전략을 택하고 있는 것도 이러한 이유 때문일 것이다. 전략이나 구조적 차원에서 West8의 지형에 대한 접근 방식은 국내 설계사가 주도한 안들에 비해 많은 허점을 드러내는 것은 사실이다. 그러나 West8의 한국성에 대한 이해가 피상적이며 설계의 개념과 전략들이 황망하다고 평가내리기에는 아직 이르다. 이후 보여주는 일련의 이미지들에서는 설계가의 한국성에 대한 해석이 예리하며 그 제안들은 놀라운 설득력을 지닌다.

치유를 위한 다른 처방은 옳았는가: 마당과 오작교

두 번째 제안인 '역사의 치유'는 미군기지 내의 시설물들, 그 중에서도 특히 건물들을 활용하는 전략이다(그림5).[16] 이미 수많은 건물들이 점유하고 있는 대상지의 특성상 공모전의 모든 안은 어떠한 방식으로든 기존 건물들에 대한 전략을 제안해야 했다. 하지만 이미 보존되어야 할 역사적 건물들과 공원의 건폐율까지 기본 지침에 상세히 제시된 상태에서 건축과 관련해서는 혁신적인 안이 나오기는 힘들었다. 공모전에서 모두가 다루어야 할 필수적인 과제이지만 차별화되기 힘든 전략은 승부처가 되지 않는다. 때문에 모든 안들에서 건물 활용에 대한 전략은 큰 차이점을 찾기가 힘들다. 당선안의 건물에 대한 전략 역시 2009년에 실시된 용산공원 아이디어 공모전의 2등작 중 하나였던 "진화하는 역

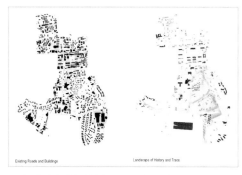

그림5. 용산의 기존 건물과 도로, 그리고 보전 요소

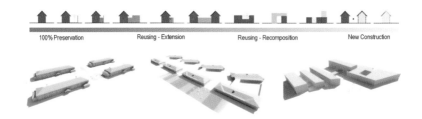

그림6. 당선작의 건물 재활용 전략

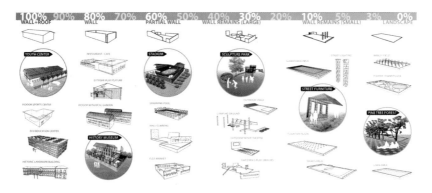

그림7. 용산공원 아이디어 공모전의 2등작 중 하나였던 "진화하는 역사(Evolving History)"의 건물 재활용 전략

사(Evolving History"의 아이디어와 기본적인 방향은 같다(그림6, 7).

그래도 다른 안들과 다른 "Healing"만의 특징이 있다면, 그것은 건물이 해체되고 남은 자리를 '마당'으로 활용한다는 점이다(그림8).[17] 마당의 개념을 도입한 또 다른 안이 있다. "Yongsan Madangs"(그룹한 어소시에이트+Turenscape 외)는 제목에서부터 알 수 있듯이 '마당'을 가장 핵심적인 설계 개념으로 전면에 내세운다. "Healing"과 "Yongsan Madangs" 모두 다양한 프로그램을 담을 수 있는 전통적인 일상의 오픈스페이스였던 마당의 개념에서 출발하고 있다. 설계안의 중심 개념으로서 마당의 개념을 도입하고 있는 "Yongsan Madangs"의 전략이 당연히 당선작인 "Healing"보다 정교하며 체계적이다. "Yongsan Madangs"는 대상지 전체에 1,408개의 마당을 도입하고 각 마당들의 기능과 성격을 여덟 가지로 구분하여 서로 다른 특징들이 결합되는 마당의 코딩 시스템을 제시한다(그림9).[18] 위계와 중요도가 다르기 때문에 "Yongsan Madangs"의

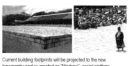

Current building footprints will be projected to the new topography and re-created as "Madang", social platform. This Madang will give the Korean identity while it contains the memory of the site.

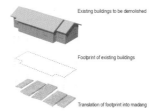

Existing buildings to be demolished

Footprint of existing buildings

Translation of footprint into madang

그림8. 당선작의 마당

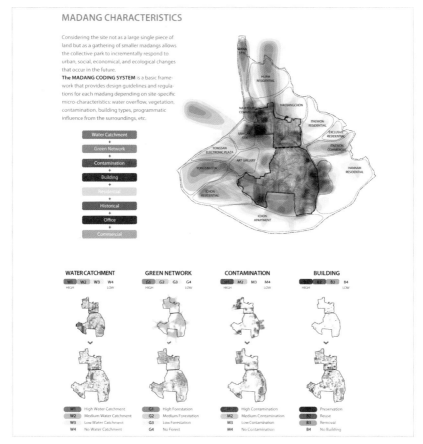

MADANG CHARACTERISTICS

Considering the site not as a large single piece of land but as a gathering of smaller madangs allows the collective park to incrementally respond to urban, social, economical, and ecological changes that occur in the future.

The MADANG CODING SYSTEM is a basic framework that provides design guidelines and regulations for each madang depending on site-specific micro-characteristics: water overflow, vegetation, contamination, building types, programmatic influence from the surroundings, etc.

Water Catchment
+
Green Network
+
Contamination
+
Building
+
Residential
+
Historical
+
Office
+
Commercial

WATER CATCHMENT
W1 W2 W3 W4
HIGH — LOW

GREEN NETWORK
G1 G2 G3 G4
HIGH — LOW

CONTAMINATION
M1 M2 M3 M4
HIGH — LOW

BUILDING
B1 B2 B3 B4
HIGH — LOW

W1	High Water Catchment	G1	High Forestation	M1	High Contamination	B1	Preservation
W2	Medium Water Catchment	G2	Medium Forestation	M2	Medium Contamination	B2	Reuse
W3	Low Water Catchment	G3	Low Forestation	M3	Low Contamination	B3	Removal
W4	No Water Catchment	G4	No Forest	M4	No Contamination	B4	No Building

그림9. "Yongsan Madangs"(그룹한 어소시에이트+Turenscape 외)의 마당 코딩 시스템

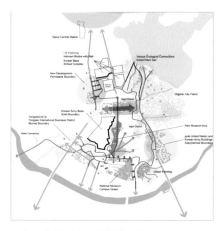

그림10. 용산공원과 도시의 상호 소통

마당과 "Healing"의 마당을 일대일로 비교할 수는 없겠지만, 그 핵심적인 차이만을 비교한다면 다음과 같다. "Yongsan Madangs"의 마당은 공원의 전체를 총괄하는 시스템이다. 따라서 공원의 모든 가능성을 담아내는 공간이 되어야 한다. 반면 "Healing"의 마당은 공원 내에 산발적으로 존재하는 부분적 요소이다. 이 마당은 전통과 현대를 모두 아우르는 한국적 정체성을 담기 위한 공간이다.

세 번째 '문화의 치유'는 엄밀히 말해 문화보다는 도시적 연결을 다루고 있다(그림10).[19] 다른 안들을 살펴보면 "Yongsan Madangs", "Multipli-City", "Connecting Tapestries from Ridgeline to River"(CA조경기술사사무소+Weiss/Manfredi 외; 이하 "Connecting Tapestries")처럼 적극적으로 주변의 도시 조직을 조작함으로써 공원과 도시와의 통합을 시도하는 제안들이 있는가 하면, "Park Society"나 "Openings", "Sacred Presence Countryside in Citycenter"(동심원조경기술사사무소+Oikos Design 외; 이하 "Sacred Presence")처럼 종합기본계획의 지침을 크게 벗어나지 않는 범위에서 현실적으로 접근하는 제안들이 있다. 당선작은 후자의 그룹에 속한다. 구조적인 측면에서 공원과 도시의 연결 방식은 다른 안들과 큰 차이가 없지만, "Healing"에는 '오작교'라는 특별한 구체적 요소가 등장한다(그림11).[20] 견우와 직녀의 설화를 직접적으로 반영한 다리 디자인에서 쉽게 짐작할 수 있듯이, 오작교 역시 한국적 경관을 재현하고자 하는 설계안의 설계 개념을 구체화하기 위한 요소이다. 전통 설화를 직설적으로 차용한 접근 방식에 대해서는 한국적 정체성에 대한 해석이 세련되지 못하다는 비판의 여지가 있을 수 있겠지만, 반대로 이러한 직접적 해석은 일반 대중들이나 외국인들에게도 설계가가 의도한 한국성의 개념을 쉽게 이해시킬 수 있다는 장점도 지닌다. 상징적 측면 외에도

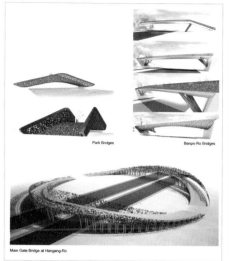

그림11. 두 가지 유형의 오작교

그림12. 다리의 연결 위치

기능적으로 오작교는 공원과 도시를 연결할 가장 현실적인 대안이 될 수 있는 가능성을 지닌다(그림12). 오작교는 세 가지 형태로 제시되는데, 대형 오작교는 한강대로를 건너기 위해 서쪽에 하나가 배치되며 복잡한 지형 차이가 생기는 녹사평대로와 이태원로가 만나는 동쪽의 교차로에 다른 하나가 배치된다. 그리고 다리 형태의 중형 오작교는 공원과 도시의 경계에서 높이 차이가 발생하는 동쪽 곳곳에 놓이며 소형 오작교는 공원 내의 동선을 위한 다리다. 보행교는 접근이 어려운 공원과 도시의 경계를 연결하는 가장 효율적이면서도 경제적인 수단이면서, 동시에 오작교의 강한 형태와 쉬운 상징성은 공원의 입구에 강한 정체성을 부여해 준다.

왜 인상만이 남게 되는가

당선작은 세 가지 치유의 개념을 제안한 후, 계획도와 다섯 가지의 실천적인 주제를 제시하고 있다. 세 가지 치유가 개념적인 설계의 전략이었다면, 계획도는 구체적인 공간의 구성을 설명하고 있으며 미래를 위한 공원의 다섯 주제에서는

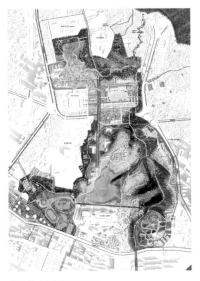

그림13. 당선작의 계획도

공원이 담고자 하는 구체적인 내용과 운영의 전략들을 이야기하고 있다. 우선 계획도를 살펴보면, 생태축 공원, 문화유산 공원, 관문 공원, 세계문화 공원, 놀이 공원, 생산 공원 등 여섯 개의 단위 공원으로 용산공원을 나누는 종합기본계획을 그대로 따르고 있다 (그림13).[21] 계획도의 프로그램은 종합기본계획과 거의 일치하기 때문에 몇몇 형태적인 특징들을 제외하고 공간의 관계나 구성에 있어서 새로운 내용은 찾기가 힘들다(그림14, 15).[22] 공원의 내용 부분에 해당하는 미래를 위한 공원의 다섯 가지 주제는 지속가능성 sustainability, 웰빙well-being, 사회적 교류social engagement, 교육education, 예술art and culture로 구체화된다.[23] 이 다섯 가지 주제의 구체적인 사항들도 특별히 주목할 만한 내용은 없어 보인다. 다른 공원에서 사용된 전략들을 그대로 가져왔다고 해도 무리가 없을 정도로 상식적인 수준에서 제시되고 있는 제안들은 다른 안들

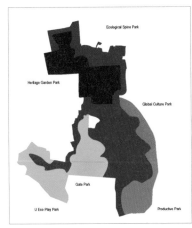

그림14. 당선작의 단위 공원

그림15. 종합기본계획의 단위 공원

과 비교해 보아도 매우 피상적이며 치밀하지 못하다. 당선작이 제시하고자 하는 설계의 핵심은 공원의 공간과 구조에 대한 텍스트를 통해서는 제대로 파악되지 않는다. 텍스트들은 무미건조하며 논리적 근거도 빈약하다. 그러나 설계가가 '인상impression' 이라고 이름붙인 일련의 이미지들은 텍스트와는 반대로 생기가 넘치며 어떤 면에서는 충격적이라고 할 정도로 신선하다. 이 공원의 잠재력은 텍스트와 다이어그램이 아니라 이미지를 통해서 드러나고 설명된다.

이미지는 설계가가 의도한 설계의 실체 혹은 가장 현실에 가까운 모습을 보여주는 중요한 매체다. 그러나 대상지가 거대할수록, 설계의 전략이 복잡해질수록, 프로세스의 논리가 더 중요해질수록 이미지는 부차적인 매체가 된다. 용산이라는 거대한 의미의 복합체를 다루다 보니 대부분의 안들에서 이미지는 논리 속으로 묻혀 버리거나 서로 비슷해져 버렸다. James Corner Field Operations 의 안에서는 최근의 다른 공모전에서 이미 소모된 이미지들이 다시 사용되고 있어 이 안이 용산인지 마곡인지 아니면 영국의 퀸 엘리자베스 공원인지 모를 정도다. 모든 안들에서 반복적으로 등장하는 소나무 숲, 잔디 광장, 벼룩시장의 이미지들 역시 이 장소가 우리나라의 다른 공원이 아닌 용산이라는 사실을 특별히 각인시켜 주지는 않는다. 종종 이미지들은 이곳이 용산임을 상기시키기 위해 남산과 서울타워, 만초천, 그리고 보존된 붉은색 벽돌 건물들을 간간이 보여준다. 하지만 비슷한 각도와 비슷한 색감을 가진 그 이미지가 신화컨설팅의 것이었는지 씨토포스의 것이었는지 그룹한의 것이었는지는 곧 기억이 나지 않는다. 그런데 West8의 이미지들은 다르다.

생태축 공원에서 한강을 향해 공원을 바라보는 당선작의 이미지는 조감도이면서 조감도가 아니다(그림16).[24] 조감도는 말 그대로 새가 하늘에서 내려다 본 그림이기 때문에 비현실적이다. 그러나 이 이미지는 산등성이의 전망대에서 사람의 시선으로 본 그림이기 때문에 공원의 전체적 구조를 보여주면서도 보는 이를 끌어들이는 현실감을 유지하고 있다. 구도나 느낌보다 중요한 점은 이 이미지가 단순히 새로운 공간을 설명하는데 그치지 않고 공원과 공원 밖의 용산, 그리고 용산을 너머서 한강과 한강 이남의 서울과의 관계를 보여준다는 것이다. 분명히

그림16. 생태축 공원의 전망대

전망대에서 이 경관을 바라보는 이의 시선은 공원에 향하지 않고 저 멀리 관악산을 향한다. 공원과 한강, 도심지, 관악산이 만들어내는 서울의 중첩된 경관을 볼 수 있는 곳은 이곳, 용산공원 밖에는 없다. 따라서 이 이미지는 누가 봐도 용산일 수밖에 없다. 또한 이미지 한 장으로 당선작은 그동안 수없이 강조되어왔던 북악산과 남산 그리고 한강과 관악산을 이어주는 경관축이 어떻게 공원의 일부가 되는가를 명확히 보여주고 있다. 그 어떠한 안도 이보다 더 효과적으로 서울의 새로운 경관축을 설명해주지 못한다. 이와 동시에 이미지는 설계가가 한국적 경관을 구현하는 중요한 전략으로 제시한 차경의 수법을 완벽하게 설명한다. 설계 설명서의 텍스트만을 읽어보면 과연 설계자가 차경이라는 개념을 제대로 이해하고 있는 지 의구심이 들 정도로 설명이 엉성하다. 그러나 이미지는 완벽하게 한국의 차경 수법을 보여준다. 텍스트와 다이어그램으로만 설명을 하려 했다면 여러 장의 보고서 분량을 소모해야 하는 복잡한 층위의 내용을 설계가는 한 장의 이미지를 통해 이야기하고 있다.

생태축 공원의 어느 정자에서 생산 공원을 가로질러 한남동을 바라보는 이미지와 세계문화 공원에서 이태원과 메인 포스트를 바라보는 이미지도 이와 동일한 구도를 지닌다(그림17, 18).[25] 두 이미지 모두 조감도이면서도 사람의 시선을 유지하고 있다. 단순히 공원의 내용을 설명하는 것이 아니라 공원과 도시와의 관계를 이야기한다. 서울에서 용산공원에서만 볼 수 있는 경관을 그려냄으로써 유

그림17. 생산 공원의 전망

그림18. 세계문화 공원과 이태원

일무이한 용산의 장소성을 보여준다. 그리고 이 모두를 차경의 수법으로 담아낸다. 이 때 가장 중요한 점은 세 이미지들이 동일한 구도 속에서도 전혀 다른 시선, 공원과 도시와의 관계, 장소성, 차경을 통한 경관의 구성을 이야기하고 있다는 사실이다. 때문에 이 일련의 이미지들은 의미 없는 반복이 아니라 텍스트로서는 설명할 수 없는 공간들의 미묘한 차이와 느낌까지도 담아내는 감각적이면서 동시에 논리적인 매체로 작동한다.

조감도 형태의 이미지들이 공원의 공간과 도시와의 관계를 복합적으로 설명하는 매체였다면, 당선작에는 또 다른 종류의 이미지들이 등장한다. 그 중 하나는 특별한 디자인의 요소를 설명하기보다는 이 안이 구현하려는 한국적 경관의 보편적 심상을 보여주는 이미지들이다. '자연의 치유'라는 전략을 설명하면서 설계자는 숲이 우거진 산과 계곡의 이미지들을 함께 보여준다. 숲은 다른 모든 안에서도 등장하는 이미지다. 그러나 다른 안의 숲은 적송과 떡갈나무로 우거져 있음에도 불구하고 우리의 자연이 아닌 외국의 숲처럼 보이는 반면, West8의 이미지에서는 한국적인 냄새가 물씬 풍긴다. 이 차이점은 나무 수종

그림19. 숲의 이미지

이 아니라 이미지에 담겨있는 사람들의 행태에서 나온다. 다른 모든 안에서 예외 없이 사람들은 평평한 숲을 평화롭게 산책하고 있다. 반면 West8의 안에서 사람들은 등산을 한다. 이곳에서는 심지어 힐을 신은 여성도 산을 올라야 한다 (그림19, 20). 한국의 숲은 평지가 아니다. 산이다. 그리고 한국인들은 숲을 소요하지 않는다. 숲 속의 산을 오른다. 이는 단풍놀이의 설악산이 되었든 동네 뒷산의 약수터가 되었든 한국인이라면 누구

그림20. 생태축 공원

에게나 익숙한 숲에 대한 경험이다. 특히 등산로 옆의 계곡에서 삼삼오오 더위를 식히는 아주머니들의 모습은 한국인이라면 누구나 가족들과 산행을 갔을 때 한번쯤 경험했을 기억을 떠올리게 한다(그림21).

그림21. 계곡의 야유회

당선작의 이미지들은 이러한 일상적 경험의 공감대를 넘어서 한국인의 내면에 자리 잡은 문학적 심상도 끌어낸다. 불타는 듯 붉게 물든 진달래의 능선을 오르는 이미지에서는 김소월의 진달래꽃이 보이기도 하고 문순태의 철쭉제에 등장하는 철쭉이 만발한 지리산이 보이기도 한다(그림22).[26] 하얗게 꽃 핀 억새풀의 바다에 외롭게 떠 있는 빈 마당의 이미지에서 누군가는 이현보의 어부가를 떠올리며 누군가는 메밀꽃 필 무렵의 밤 풍경을 생각한다(그림23).[27] 한국인이 아니라면 결코 이해하기 힘든 이러한 복합적인 한국적 정서를 설계가는 놀라울 정도로 정확하게 이미지를 통해 반영하고 있다.

이와는 다른 목적을 가진 이미지들도 있다. 설계가는 특정한 설계 요소를

그림22. 철쭉의 언덕

그림23. 억새 들판과 마당

그림24. 트위터 길

그림25. LED 계곡

그림26. LED 폭포

보여주는 이미지들을 제시하는데, 대표적으로 숲속의 마당, 오작교, 가로등 같은 예를 들 수 있다. 이 중에서 공원의 야경을 묘사한 이미지들에 주목할 필요가 있다. 어두운 숲속에서 빛나는 푸른색 LED의 길, 푸른색 빛이 흐르는 빛의 계곡과 폭포, 오로라와 같은 빛이 새어나오는 숲속의 야외 수영장 (그림24, 25, 26, 27).[28] 자연과 첨단 기술이 병치된 이 초현실적인 이미지들은 놀라움을 선사하며 눈길을 사로잡는다. 용산공원이 아닌 다른 어떤 곳에서도 존재하지 않을 법한 이 이미지들의 놀라운 점은 가장 이질적인 한국성을 결합시키고 있다는 것이다. 한국의 자연은 가장 원초적인 한국성을 담고 있다. 동시에 LED와 같은 테크놀로지는 가장 현대적인 한국적 문화를 반영한다.

결합될 수 없을 것 같던 이 두 층위의
한국성을 교배시켜 설계가는 공원의
새로운 경관으로 구현한다. 그러나
이는 단순히 놀라움을 주기 위한 장
치는 아니다. 이 테크놀로지와 결합
된 자연이라는 혼성체는 이태원의
문화를 공원으로 끌어들이기 위한
수단이다. 이태원이라는 용산의 가
장 중요한 문화적 정체성이 본질적

그림27. 야외 수영장

으로는 밤의 문화이며, 낮의 문화가 점유하는 공원과 밤의 문화인 이태원을
결합시키기 위해서 지금까지 존재하지 않았던 새로운 장치를 도입하려는 설
계가의 관찰과 처방은 예리하며 창의적이다.

왜 그들은 산수화를 그렸는가

서로 다른 의도를 지니고 다른 요소들을 담은 당선작의 이미지들에서 공통적으
로 등장하는 주제가 있다. 바로 한국성이다. "Healing"의 기본 개념과 전략들을
다시 살펴보아도 이 한국적 정체성의 구현이라는 목표는 일관되게 나타난다. 이
안의 기본 개념은 '치유'이고, 이는 지형을 회복하려는 '자연의 치유', 건축물
의 재활용 문제를 다룬 '역사의 치유', 그리고 도시적 연결의 해법을 제시한 '문
화의 치유'로 분화된다. 그러나 이 안이 궁극적으로 치유하고자 하는 대상은 자
연도, 역사도, 문화도 아니다. 그것은 바로 한국적 경관으로 표현되는 한국성이
라는 관념이다.

그런데 한국성을 치유하는 과정은 대상지의 현재 상태에 대한 부정에서 시
작된다. 설계가는 100년 동안 한국의 땅이면서도 한국이 아니었던 용산기지에
서 그 어떠한 한국성도 발견하지 못했던 것일까? 아니면 한국적 정체성을 찾기
위해서 이 땅의 이질적인 정체성은 제거되어야만 했던 것일까? 기존의 건물들

은 해체되어 한국적 마당이 되어야 하고, 용산이라는 장소와는 관련성을 찾을 수 없는 견우와 직녀 설화의 오작교가 새로운 도시의 연결 고리로 새롭게 도입된다. 심지어는 한국적 경관을 만들기 위해서는 대상지의 지형도 완전히 새로워져야한다. 쉽게 뇌리에서 잊히지 않는 이미지들에서도 남겨진 몇몇 건물들을 제외하면 3만 명의 미군과 그 가족들이 반세기 동안 살아왔던 기억과 흔적들은 대부분 지워졌다. 오랫동안 용산을 지키고 있던 리기다소나무와 아까시나무는 자생 수종인 적송과 떡갈나무로 바뀌고 용산이라는 땅에는 존재하지 않았던 폭포와 절벽들이 새로 만들어진다. 새로운 용산공원은 우리가 경험해오던 한국적 일상의 경관과 닮아있지만 용산기지의 현재와는 너무나도 다른 모습이다. 이미지들은 누가 보아도 용산이다. 그러나 그 장소성은 공원 너머의 도시와의 관계들을 통해서만 드러난다. 용산공원 내부에서 용산기지는 지워져 있다.

한국성의 회복이라는 당선작의 주제가 용산공원을 위한 최선의 대안이었는지 그리고 그 주제를 설계로 구현하기 위한 설계가의 접근 방식과 전략이 옳았는지에 대한 판단을 내리기는 사실상 불가능할지도 모른다. 왜냐하면 용산을 위한 객관적인 정답이 존재할 것이라는 가정 자체가 잘못 되어있으며, 이는 결국 선택의 문제로 귀결되기 때문이다. 그러나 선택에 대한 옳고 그름의 여부를 떠나 당선작이 완벽하지 못했다는 것은 자명해 보인다. 당선작의 설계 개념 전개 과정이나 구체적인 전략들은 허술하기 짝이 없다. 내용면의 논리적 비약과 모순을 일일이 지적하지 않고 패널이나 보고서의 형식적 구성만 보더라도 이러한 문제는 너무나 쉽게 드러난다. 패널과 보고서를 비교해 보면 설계의 가장 중요한 틀이 되는 치료의 전략들의 명칭은 물론 그 내용들도 서로 다르며, 보고서의 후반부에 등장하는 공원의 구체적인 주제와 그것을 설명한 내용들도 정확하게 일치되지 않는다.

설계안의 논리적 허점에도 불구하고 당선작이 이미지에서 보여주는 공간과 그것을 통해 표현하는 감성이 훌륭하다는 사실은 부정하기 힘들다. 특히 일상적인 경험으로서 한국성에 대한 이해는 예리하며 많은 공감을 불러일으킨다. 그리고 자연과 테크놀로지와 같은 서로 다른 한국성을 결합시키는 방식은 혁신적이다. 그러나 각각의 이미지들은 파편적으로만 제시되며 그 이미지 속의 공간들은 하나의 공원의 이미지를 만들어내지 못한다. 각 이미지가 전달해주는 메시지의 정교함과 신선함에도 불구하고 계획적인 측면의 논리적 허술함이 이들을 하나로 묶어주는 명확한 심상을 만들어내는 것을 방해한다. 구체적인 경험의 차원은 견고하고 창의적이지만 개념적인 계획의 차원은 허점투성이인 이 안은 반쪽짜리 안일 수밖에 없었다.

설계가는 미완의 안을 완성시키기 위해 공모전이 끝난 이후에라도 용산공원 전체를 담아낸 산수화를 그려야 했다. 이 산수화는 이미지다. 그러나 부분의 이미지가 아닌 구조의 이미지이며 전략의 이미지다. 이 이미지에서 설계가는 단 한 가지만을 이야기한다. 한국적 경관의 재현. 그렇기 때문에 한 폭의 산수화가 주는 메시지는 강력하다. 각기 다른 공간들을 하나의 장소로 완결시킨다. 여러 가지 경험과 심상들을 하나의 인상으로 묶는다. 파편화된 개념들을 하나의 관념으로 종합한다. 이와 함께 설계 개념을 전개하며 나타났던 모순들을 무화시킨다. 물론 이 안에 오류들은 해결되지 않은 채 여전히 남아있다. 그러나 이 강력한 이미지는 논리보다는 감성의 영역에 속하기 때문에 논리적인 허점을 하찮은 것으로 만들어버리는 힘이 있다. 일반적으로 이러한 이미지의 힘을 감동이라고 부른다. 이 감동은 더 나아가 대상지의 과거와 현재로부터 단절된 새로운 경관을 오히려 이 땅이 지닌 본연의 모습으로 착각하게 만든다. 왜냐하면 그 본연의 실체는 그 땅에 있는 것이 아니라 우리의 감수성 속에 내재되어 있는 기억이며 향수이기 때문이다. 이 산수화 한 장으로 비로소 이 안은 완성된다.

누구의 용산공원인가

어찌되었건 용산공원의 그림은 완성되었다. 항상 논란의 대상이었던 용산공원은 최종안이 선택된 이후에도 논란의 대상이다. 그리고 어떠한 결정이 내려지든 앞으로도 용산공원은 계속해서 논란거리를 제공할 것 같다. 지금까지 용산공원과 이 공모전을 둘러싼 모든 논란의 본질은 주체의 문제로 귀결된다. 용산을 점유했던 주체, 용산을 점유해야 할 주체, 용산공원을 설계해야 할 주체, 당선 안을 선택했던 주체, 그리고 용산공원의 미래를 만들어나가야 할 주체. 그렇다면 이제 도대체 용산공원의 주체는 누가 되어야 하는가?

주체에서 권력이 생겨난다. 권력을 지닌 주체는 권력에서 배제되는 타자를 상정해야만 한다. 용산공원의 주체가 있는 한 용산공원의 타자 역시 반드시 존재해야 했다. 용산의 주체에 대한 논쟁은 결국 누구를 이곳의 주체로 설정하며 누구를 타자로 배제해야 하는가의 선택의 문제였다. 용산을 되찾는 과정은 그곳에서 살아왔던 미군들을 타자로 만들기 위한 투쟁이었으며, 용산을 공원화하기 위한 노력은 자본이라는 주체를 배제하기 위한 치열한 싸움이었다. 국내사와 해외사에 대한 논란은 결국 어느 한쪽을 타자화하기 위한, 그리고 설계의 주체로서 조경과 건축의 역할에 대한 논쟁 역시 그 누군가를 타자화하기 위한 논의였다. 이런 관점에서 볼 때, 당선안의 '치유'라는 개념도, 한국적 경관을 재현하려고 했던 노력도, 그리고 산수화를 다시 그려야했던 이유도 모두 용산의 주체를 다시 설정하고 그 누군가를 타자화하기 위한 선택의 전략이었다. 이 안이 추구하는 한국성은 결국 한국적이지 않은 특질들을 이곳에서 끊임없이 추방시킴으로써 완성된다.

그동안 용산의 주체를 결정하기 위한 오랜 싸움을 통해 용산은 공원이 되기로 결정되었다. 이제 용산공원을 위해서 용산공원을 가능하게 했던, 이 주체는 사라져야 한다. 지금까지 주체와 타자 사이의 치열한 전투의 장이었던 용산이라는 땅에 만들어질 이 공원은 배제의 논리를 통해서 만들어져서는 안 되기 때문이다. 하지만 이는 주체의 상실을 의미하지는 않는다. 오히려 모든 이가 주체가 되는 의미에서 특정 주체의 소거이다. 주체가 소거될 때 비로소 용산공원은 한국성과 이질성, 해외 설계사와 국내 설계사, 조경과 건축, 공무원과 시민단체, 인근 주민과 외국의 관광객을 모두 포괄하는 '우리'의 공원이 될 수 있다.

1 Julia Czerniak, "Looking back at Landscape Urbanism: Speculations on Site", 김영민 역, 『랜드스케이프 어바니즘』, 도서출판 조경, 2007, p.121.

2 신화컨설팅+서안알앤디 디자인 외, "Yongsan Park: New Public Relevance", 용산공원 설계 국제공모 설계 설명서, 2012, p.3.

3 조경설계 서안+M.A.R.U. 외, "Yongsan Park: Towards Park Society", 용산공원 설계 국제공모 설계 설명서, 2012, p.4.

4 James Corner Field Operations+삼성에버랜드 외, "Opennings: Seoul's New Central Park", 용산공원 설계 국제공모 설계 설명서, 2012, p.14.

5 West8+이로재 외, "Healing: The Future Park", 용산공원 설계 국제공모 설계 설명서, 2012, p.3.

6 James Corner Field Operations+삼성에버랜드 외, pp.10-11, 16.

7 조경설계 서안+M.A.R.U. 외, pp.10-11.

8 신화컨설팅+서안알앤디 디자인 외, p.7

9 씨토포스+SWA 외, "Multipli-City", 용산공원 설계 국제공모 설계 설명서, 2012, pp.25-26.

10 West8+이로재 외, p.4.

11 앞의 글.

12 앞의 글, pp.22-24.

13 앞의 글, pp.6-7.

14 앞의 글, p.4, 21.

15 Ministry of Land, Transport and Maritime Affairs, General Basic Plan for the Creation and Zoning of the Yongsan Park, Ministry of Land, Transport and Maritime Affairs, 2011, pp.23-30.

16 앞의 글, pp.6-7.

17 West8+이로재 외, p.7.

18 그룹한 어소시에이트+Turenscape 외, "Yongsan Madangs", 용산공원 설계 국제공모 설계 설명서, 2012, pp.25-26.

19 West8+이로재 외, pp.8-9.

20 앞의 글, p.9.

21 앞의 글, pp.10-11.

22 Ministry of Land, Transport and Maritime Affairs, 2011, pp.78-90.

23 West8+이로재 외, p.20.

24 앞의 글, pp.12-13.

25 앞의 글, pp.12-15.

26 앞의 글, p.36.

27 앞의 글, pp.44-45.

28 앞의 글, p.33.

네 장의 청사진에 대한
상상적 감상

이 명 준

그림1. 르네 마그리트, 〈인간의
조건〉, 1933.

*"당신에게 그 그림들을 묘사해 보이겠습니다. 나의 묘사
는 약간의 상상력과 취향만 있으면 공간 속에 현실화시킬
수도 있고, 화폭에서 본 것처럼 대상들을 위치시킬 수 있
는 묘사가 될 것입니다."*

- 드니 디드로, 『살롱』(1765)의 서문 중에서

들어가며

당신에게 네 장의 그림에 대한 저의 감상을 말하려 합니다. 이 그림들은 용산공
원에 대한 청사진으로, 가로 420.5센티미터, 세로 237.8센티미터의 직사각형
프레임으로 이루어져 있고 다음과 같은 세부 요소들로 구성되어 있습니다. 작은
포유동물이 웅크리고 있는 듯한 모양을 한 용산공원의 지도에 다양한 형태와 색
을 덧입힌 직사각형의 '큰 그림' 하나, 그 주위로는 큰 그림의 세부 장면들을 상

상한 '작은 그림' 들, 이 청사진이 나오기까지의 작가의 개념을 묘사하는 다이어 그램이라는 '도형' 들, 그리고 이를 설명하는 '텍스트' 들. 이 네 장의 그림들은 자신이 제시하는 용산공원의 모습이 더 훌륭하다고 관람객을 유혹하고 있었습니다. 그림들이 일렬로 도열해 있는 광경을 멀리서 바라보았을 때, 이들은 거의 유사한 형태로 보였습니다. '용산공원 정비구역 종합기본계획' 에서 제시한 단위 공원 덩어리들은 경계를 지우면서 분열되어 재조합되고 때로는 다른 경계를 형성하기도 하면서 저마다의 형태를 이루고 있었지만, 대부분의 그림들이 공원의 북동쪽에 위치한 남산으로부터 공원 부지의 척추를 이루는 둔지산으로 내려와 아래쪽의 한강으로 이어지는 산줄기를 부각시키고 있었고, 둔지산에서 흘러내려오는 물줄기는 부지의 남측에 위치한 국립중앙박물관과 면해 있는 부근에 호수를 형성하고 있었습니다. 이런 까닭에 저는 이 그림들이 특징이 없는 유사한 것들이라 단정했던 것입니다. 하지만 가까이에서 보니 각 그림은 서로 다른 자신만의 청사진을 그려내고 있다는 사실을 알아차릴 수 있었습니다. 그리고 그들은 자신이 제시하는 용산공원의 특징을 큰 그림과 작은 그림들에 의존하여 조직하고 있다는 사실도 말입니다. 큰 그림은 회화의 성격이 짙은 반면, 작은 그림은 회화의 성격과 더불어 (롤랑 바르트의 어법을 변형하자면) 거기에 무엇인가가 실재하리라는 것을 담보하는 존재적 특성도 지니고 있습니다. 이 둘 모두 가상의 이미지, 말하자면 일종의 상상도입니다. 하지만 유사한 형태처럼 보이던 공원들이 이 가상 이미지들의 감상을 경유하여 보다 명확히 제 머릿속에 구축되는 과정이 흥미로웠기에 저는 그 경험을 약간의 상상력을 동원하여 당신에게 전하고자 합니다.

첫 번째 그림에 대하여

그림이 도열된 벽으로 다가가 처음으로 보게 되는 그림은 명도와 채도가 높은 색채로 이루어져 있어서 첫눈에 보기에 다른 그림들보다 시선을 빼앗는 효과가 있습니다. 중심이 되는 큰 그림을 프레임의 중앙 조금 왼쪽으로 위치시키고, 오른쪽의 남는 공간을 가상의 이미지들로 가득 채운 뒤 왼편 여분의 공간에 도형들을 가지런히 놓으면, 이것이 이 작가가 그린 그림의 구성이 됩니다. 명료하고 간결한 구성입니다. 이 작가는 둔지산을 공원의 주요 생태적 골격으로 삼아 부각시키고 산의 안쪽을 파고들어 프로그램을 안치시켜 놓았습니다. 프로그램이 일어날 공간들은 반듯한 직선으로 이루어진 반면 둔지산의 등고선은 구불구불한 자유곡선입니다. 짙은 녹색을 바탕으로 뚜렷하게 그어진 흰 등고선은 장 뒤비페Jean Dubuffet가 즐겨 사용하던 유기적 형태의 선을 떠올리게 합니다. 프로그램의 성격에 맞게 채택된 가시성이 높은 색들이 진한 녹색 판의 여기저기에 산재되어 공간의 구획이 비교적 명확해 보여서인지, 이 큰 그림은 모자이크화처럼 보입니다. 잠깐 시선을 왼편으로 돌려 보세요. 몇 개의 도형들이 일렬로 줄지어 있습니다. 큰 그림의 선을 어떻게 긋게 되었는지, 이 공원은 장차 어떤 모습으로 진화할 것인지에 대한 설명적인 도형들입니다. 캔버스 앞에는 이 작품의 설명 책자가 놓여있습니다. 수계나 지형 등 땅의 물리적 특성에서 출발하여 새로운 생태계를 구축하고자 하는 과학적 방법이 명쾌하게 보입니다.

다시 큰 그림을 보세요. 저는 다소 현란한 이 모자이크화는 시각적으로 화려하여 뚜렷한 가시성을 보이지만, 한편 평면성이 지나치게 부각되어 보인다는 약점도 있다고 생각합니다. 말하자면 이 모자이크화를 보고 저는 공간의 고저를 상상하기 힘들다는 것입니다. 이 청사진을 공간적으로 상상하기 위해서 오른편에 그려진 작은 그림들의 도움을 얻어 봅니다. 이 그림들은 프로그램이 일어날 공간을 근접 거리에서 포착한 상상도가 대부분입니다. 멀리 바라보기가 아니라 가까이에서 일어나는 활동을 부각시킨 그림이라는 것입니다. 각 그림은 명시적 색상을 통해 큰 그림을 지시하고 있어서 공간의 활동과 그 위치를 금방 대응시킬 수 있습니다. 그런데 뭐랄까, 이 작은 그림들은 여느 다른 공원의 상상도라고 하여도 무방할 정도로 진부합니다. 다른 공원의 현황 이미지의 후경에 남산의 풍경 사진만 살짝 끼워 넣은 것 같은 느낌마저 듭니다. 성의가 없는 그림입니다. 귀를 기울이면 사람들의 수다소리와 새소리도 들릴 법 하지만 이 그림의 풍경에 동참하고 싶은 욕구는 전혀 들지 않습니다. 저는 Ecological Garden이라 표제

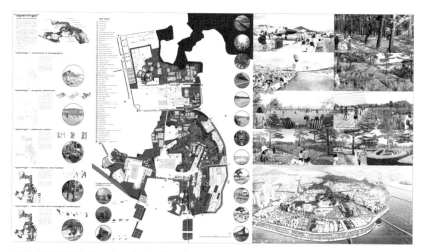

그림2. 첫 번째 그림, "Openings: Seoul's New Central Park" (James Corner Field Operations+삼성에버랜드 외)

가 붙은 작은 그림에서 곤충 채집기를 들고 있는 어린 소년에게 여기가 용산공원이 맞느냐고 넌지시 묻습니다. 아무 대답을 들을 수 없습니다. 제 뒤에 이 그림을 보려고 기다리고 있는 관람자가 있기에 다음 그림으로 이동하겠습니다.

두 번째 그림에 대하여

첫 번째 그림 옆에 약간 둔해 보이는 색상의 두 번째 그림이 걸려 있습니다. 정중앙을 큰 그림이 차지하고 있고 양편으로는 작은 그림들과 도형들로 다소 산만하게 이루어져 있습니다. 둔지산 덩어리가 공원 부지의 반 정도를 점거하여 주인공처럼 자리하고 있고 나머지 부분은 산이 아닌 다른 하나로 읽히는 이 그림은 이원적 구조를 취하고 있습니다. 남산과 하나처럼 이어져 보이는 둔지산은 채도가 낮은 짙은 녹색의 거대한 찰흙 덩어리처럼 보이는데, 찰흙을 높이에 따라 순차적으로 쌓아올린 듯합니다. 중첩된 찰흙은 그림자를 드리워 자연스럽게 산의 고저를 드러내고 있고, 다른 한 부분은 형형색색의 찰흙으로 건물들의 군집을 이룹니다. 왼편 맨 위의 다이어그램을 보니 나머지 한 부분은 다양한 활동들이 일어날 사회적 구역으로, 둔지산이라는 생태적 구역으로 관입하게 됩니다.

이 청사진에선 어떤 일들이 일어날까 궁금해져 큰 그림 안의 텍스트를 읽어봅니다. 다양한 활동들이 일어나지만 추상성이 짙은 작명법입니다. 미래 공원, 사회 공원이라는 이름이 그 공간의 성격을 드러내는 것 같지는 않습니다. 게다가 각 공원의 하부 프로그램들도 다양한 성격들의 무질서한 뭉치처럼 보일 뿐입니다. 그 중 산수 공원이라 명명된 공간이 궁금해집니다. 산수라는 말이 한국의 특성을 적절히 드러내는 개념인지는 깊이 생각해 봐야할 문제이지만 첫 번째 그림에서 한국적 특성이라고 할 만한 어떤 것이 없었기에 저는 산수라는 말에 호기심이 생깁니다. "평범해, 산 말고는." 이 그림을 보고 있는 사람이 옆 사람에게 던지는 말소리가 들립니다. 동감입니다. 듬직하게 놓인 이 산이 저를 이 청사진의 풍경 속으로 들어가도록 부추깁니다. 그림의 왼편 상단에 위치한 부감 이미지를 참고합니다. 이 그림은 산수 공원의 호수에서 둔지산과 남산 쪽을 바라본 상상도인데, 저는 호수에 놓인 다리쯤에 들어가 보기로 합니다. 큰 그림을 보고 미루어 짐작했던 것과 다르게 이 산은 그리 육중하지는 않습니다. 다만 둔지산의 흐름이 호수 이쪽까지 흘러 내려와 산자락이 가깝게 느껴지도록 합니다. 멀리 남산으로부터 둔지산까지 산세가 이어져있는 듯해 보이는 흐름이 이 작가가 염두에 둔 산수가 아니었을까 생각해봅니다. 나머지 작은 그림들은 공원에 남겨져

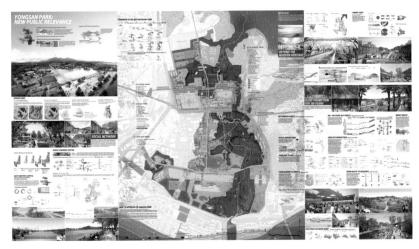

그림3. 두 번째 그림, "Yongsan Park for New Public Relevance" (신화컨설팅+서안알앤디 디자인 외)

활용될 건축물들이 중심이 되는 그림이 대부분입니다. 건축물의 활용을 구체적으로 시각화 하고 있지만 공원의 분위기는 느껴지지 않는 설명적인 그림들이라 생각되니 다음 그림으로 넘어가도록 합시다.

세 번째 그림에 대하여

이제 당신은 세 번째 그림 앞에 서 있습니다. 이 그림은 큰 그림을 캔버스의 오른쪽 끝으로 밀어내고 나머지 왼편은 세로 삼단으로 구획하여, 몇 개의 작은 그림과 이보다 많은 도형들로 가득 채워놓았습니다. 전체적으로 잿빛이 첨가된 이 그림은 얼핏 보기에 차분한 인상을 줍니다. 큰 그림을 캔버스의 오른쪽 끝에 위치시킨 이 그림의 구성은 왼쪽부터 오른쪽으로 읽게 하려는 의도로 짐작되는데, 그럼에도 오른 쪽의 큰 그림이 먼저 제 시선을 빼앗습니다. 마블링을 떠낸 것처럼 보이는 곡선에 은은한 색채를 덧입혀 놓은 이 그림은 차분하지만 동시에 생기 없어 보이기도 합니다. 흐릿한 등고선을 중첩해놓은 둔지산은 덧칠된 유화물감이 마른 것 같아 보입니다.

"나는 이 부지에 손을 대지 않았습니다." 이 그림은 웅변합니다. 용산공원의

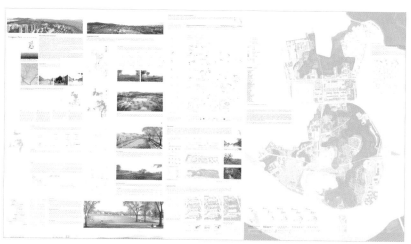

그림4. 세 번째 그림, "Yongsan Park Towards Park Society" (조경설계 서안+M.A.R.U. 외)

현황과 별반 다를 바 없어 보이기 때문입니다. 건축물과 산 모두 부각되지 않게 처리되어 한 장의 빛바랜 지도처럼 보이고, 그래서인지 큰 그림 안의 텍스트들이 가독성을 갖게 됩니다. 오히려 이 캔버스에서는 큰 그림이 아니라 큰 그림 왼편 위쪽에 레고 조각을 흩뿌려 놓은 것 같은 도형들이 인상적입니다. 이 작가는 이미 하나의 도시 체계가 갖춰진 공원 부지에 되도록 적게 손을 대고 기존 건축물들의 사회적 분배를 면밀하게 프로그램화하여 궁극적으로 공동체를 지향하는 공원을 표방하고자 합니다. 그래서인지 이 그림은 공원으로 경계 지워진 부지 안에 자연을 가득 채우고자 하는 강박을 보이지 않는데, 이런 전략이 저는 흥미로워 보입니다. 기숙사, 유스호스텔 등 용산 부지의 여러 건물을 이용한다고 상상해보세요. 이것이 이 그림의 감상의 즐거움입니다.

이곳의 풍경은 어떤 모습으로 펼쳐질까 궁금하여 작은 그림들로 눈길을 돌립니다. 흐린 날씨의 풍경을 포착한 것 같아 보이는 색감이 권태롭고 생기가 없어 보입니다. 아무 인기척 없이 조용합니다. 이 그림의 전략과 맞지 않아 보입니다. 역동적인 상황을 예상했었기 때문입니다. 그대로 멈춰있을 것만 같은 이 풍경은 지지하고 싶지 않습니다.

네 번째 그림에 대하여

마지막 그림 앞입니다. 네 번째 그림은 캔버스의 중앙쯤에 큰 그림을, 왼쪽엔 도형들과 작은 그림 몇 점을, 그리고 오른편엔 작은 그림들을 배치하고 있습니다. 오른편에 놓인 작은 그림들의 색감이 짙은 까닭인지 시각의 집중도가 오른쪽으로 치우칩니다. 그러니 큰 그림과 작은 그림들을 먼저 봅시다.

큰 그림에서 먼저 시선을 사로잡는 부분은 둔지산입니다. 서예 붓으로 힘차게 몇 획 그은 것 같습니다. 농담이 드리워져 산 이쪽저쪽의 풍경을 상상하게 합니다. 산 어딘가에서 시작했을 물길이 산을 따라 계곡을 형성하며 흘러내려 공원 중앙부의 구불구불한 곡선형의 호수로 모아집니다. 산이 호수를 품고 있는 형상처럼 보입니다. 이 작가는 산을 상당히 변화시키기로 작정한 것 같습니다.

산을 인위적으로 변형시키는 기법에 대해 당신은 고개를 저을 수도 있겠지만, 청사진을 상상하는 관점으로만 본다면 산의 풍경을 풍부하게 조직하는 이 표현이 흥미롭게 보입니다. 산을 뒤덮고 있는 나무의 표현을 보세요. 점을 찍어 놓은 듯한 표현은 조르주 쇠라Georges Pierre Seurat의 그림에 보이던 점묘법의 필치와 유사합니다. 가까이에서 보면 점들의 오돌토돌한 질감이 느껴질 정도입니다. 이 점들이 단위 공원 사이의 경계를 흐릿하게 하여 단위 공원 간의 접합부를 자연스럽게 봉합하고 있습니다. 점을 많이 찍을수록 농담이 짙어지므로 자연스럽게 고저차를 상상할 수 있습니다.

큰 그림 오른편에 제시된 작은 그림들로 시선을 돌려보세요. 맨 위에는 계곡에서 사람들이 노니는 풍경이 연출되어 있습니다. 우리나라 사람들이 계곡을 즐기는 전형적인 모습이라 생각되어 경쾌해 보입니다. 사람들의 활동이 만들어내는 잡다한 소음과 어우러지는 계곡물의 소리가 들립니다. 그림 뒤편으로는 바위를 깎아 살짝 접은 듯해 보이는 구조물을 따라 계곡물이 흘러내리고 있는 모습이 연출되어 있습니다. 작은 그림들을 아래로 훑어보면 대부분이 한 편의 산수화를 연상시킨다는 사실을 당신도 단박에 알아차릴 수 있습니다. 중간 즈음에 놓인 그림을 보세요. 왼쪽 아래편으로부터 시작되어 그림의 후경으로 뻗는 판상형의 두터운 돌 구조물이 명확하게 부각되어 있고, 멀리 저편으로 흐릿한 서울의 풍경이 펼쳐집니다. 뿌연 공기가 감싸고 있는 듯한 풍경이 아스라한 분위기를 발산합니다. 레오나르도 다 빈치도 원경을 뿌옇게 처리하는 이른바 공기 원근법으로 신비로운 효과를 만들어냈습니다. 다른 작가들이 심도를 깊게 하기 위해 소실점을 설정하는 선 원근법을 강조한 것과는 다르게 말입니다. 이 그림을 안고 있는 특유의 분위기가 공기의 온도까지 느껴지도록 합니다. 오른쪽 아래편에 두 스님이 걸어가고 있습니다. 저는 그 그림에 들어가 스님들과 함께 걸어봅니다. "아름다운 풍경입니다." 넉넉한 웃음으로 옆의 스님에게 말을 건넵니다. 아침 해가 채 떠오르기 전 무렵의 청량한 공기가 피부에 스며들고 멀리 보이는 풍경은 마치 꿈을 꾸는 듯합니다. 겸재 정선의 〈인왕제색도〉를 떠올리면 됩니다. 자동차 경적소리는 새의 지저귐에 적절히 섞여 귀에 거슬리지 않습니다. 불

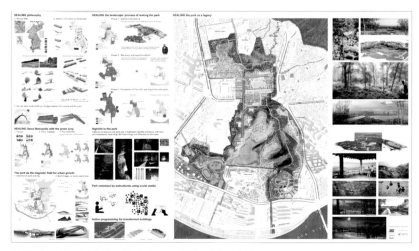

그림5. 네 번째 그림, "Healing: The Future Park"(West8+이로재 외)

현듯 돌 구조물 끝에 걸터앉은 연인들에게 시선이 가더니 그 구조물이 더 궁금해집니다. 풍경에서 이탈하여 저는 큰 그림 앞의 책상에 놓인 책자를 들춰봅니다. 흥미로운 그림 몇 점이 더 있습니다. 이 작은 그림들을 포괄하는 제목이 '인상impression'인 것으로 보아 이 작가는 한국 산수화의 인상을 재현하려 하는 듯했습니다. 인상이라 이름 붙여진 작은 그림들은 대체적으로 풍경을 감상하는 순간을 그려내고 있습니다. 풍경은 원경에 흐릿하게 제시되어 있고 풍경을 감상하는 자리는 이쪽으로, 대형 수목이나 건축물의 기둥으로 프레임의 양 옆이 장식되어 있습니다. 이 작은 그림들의 부제는 '그림 같은 풍경을 멀리서 감상하기' 정도로 생각하면 될 것입니다. 그리고 대부분의 경우 구조물은 명확하게 부각되어 있습니다. 이 구조물은 부지에 있던 건축물의 단면을 부지에 투영한 뒤에 건축물의 밑단을 남겨놓거나 변형 후 재구축하여 투영면을 물질로 채움으로써 건축물의 흔적을 만들어 냅니다. 작가가 마당이라 부르는 이 흔적은 지표적 기능을 넘어서 물질적 실체로 구축되어 있다는 점에서 시각성이 전제되어 있습니다. 바꾸어 말하자면, 물질의 구축을 통해 이 작가는 공원의 시각성을 조직합니다. 매끈한 선으로 늘씬하게 그려진 다리가 보입니다. 가까이에서 보면 이 다리는 새 무리의 형상들로 어지럽게 뒤덮여 있습니다. 견우와 직녀 이야기의 오작교를 글자 그대로, 즉 까마귀와 까치가 놓은 다리를 형상화하되, 그 구조의 외곽선은 작가의 예술적 감각을 거쳐 나온 결과물입니다.

책자의 앞 페이지를 보니 '삼천리금수강산'이라는 어구가 적혀있습니다. 둔지산 표현의 모티브입니다. 둔지산은 용산공원에 한반도 산줄기를 변형하여 형상화한 것으로, 아마도 이 작가는 용산공원의 지형도에서 백두대간의 형상을 떠올렸나 봅니다. 사실 용산공원을 한반도와 동일시하여 둔지산과 백두대간을 일대일로 대응시키는 것은 지나치게 단순한 사고입니다. 그렇더라도 시각적 구현을 강조하는 이 작가의 전략에는 부합해 보입니다. 삼천리금수강산은 어떤 풍경일까 궁금해져 큰 그림 안의 중앙 호수 근처로 들어가 봅니다. 듬직한 덩어리가 아닌 굽이치고 유려한 산세가 마치 움직일 것만 같이 펼쳐집니다. 다른 작가들과는 다르게 산을 변형하는 위험을 감수하고도 다채로운 경관을 구축하고자 하는 작가의 의도가 성취되고 있습니다. 작가는 책자에서 이렇게 말합니다. "우리는 시각적이고 생태적으로 기능하는 한국 경관의 환영illusion을 만듦으로써 한반도의 정체성을 회복하려 합니다." 맞습니다. 다른 작가들의 것과 비교하자면, 이 그림은 생태적인 것보다 시각적인 것에 보다 치중하여 공원을 그려냅니다. 거의 모든 작은 그림의 후경에 산세가 몽환적으로 표현되어 있고 마당을 비롯한 구조물은 뚜렷하게 부각되어 있어 그림의 분위기, 다시 말해 인상을 만들어내고 있습니다.

작은 그림들은 다양한 시간대를 그려냅니다. 작가가 포착하는 시간은 지속이 없는 정지된 순간입니다. 이 작가는 공간의 특성에 맞는 다양한 시간대들을 선택하여 각 공간을 특색 있는 분위기로 연출합니다. 이를테면 이태원에 인접한 공원 오른편을 묘사한 그림을 보면, 엘이디LED에서 뿜어 나오는 빛이 주변의 공기에 흡수되는 환상적인 광경을 연출합니다. 오른편 하단 끝에 위치한 마지막 작은 그림을 보세요. 겨울에는 공원 중앙의 호수가 스케이트장으로 변합니다. 시원스레 솟아있는 달은 별의 자취마저 지워버리고, 달빛은 멀리 보이는 산 등과 하늘의 경계를 구분하면서 원경에 흩어지듯 뿌려집니다. 산 등을 적시고 남은 달빛은 호수 저편의 나무에 내려앉고 이쪽 스케이트장까지 밀려와 있습니다.

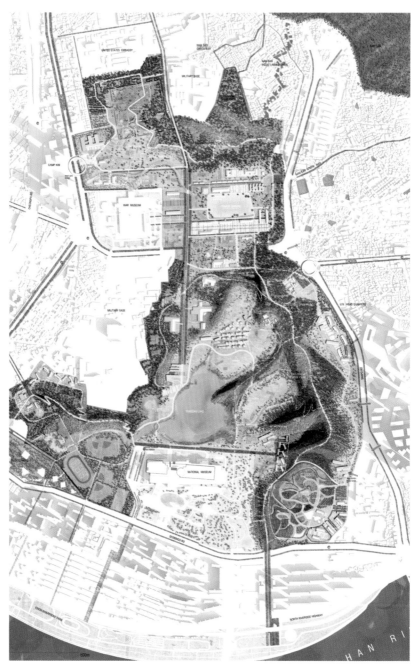

그림6. 네 번째 그림의 '큰 그림'

나오며

제 이야기를 듣고 네 장의 그림을 머릿속에 떠올려 보세요. 어느 청사진이 가장 흥미롭습니까? 저로서는 눈앞에서 그림이 사라졌을 때 뇌리에 가물거리는 잔상을 남기는 그림이 있다면, 그것이 가장 인상적인 그림입니다. 그리고 이 잔상이 작가가 그려내는 공원의 인상 혹은 분위기라고 말하고 싶습니다. 당신은 이렇게 반문할 수도 있습니다. 분위기를 만들어내는 가상의 그림이 실제 공간을 담보하는가? 물론 이 그림의 분위기가 그대로 용산공원에서 경험되리라는 섣부른 단정은 하지 맙시다. 저 역시 분위기를 만들어낸 요체인 그림들에 현혹되었다는 사실을 인정합니다. 단지 저는 공원이 실제 공간에 만들어지기 이전까지는 그림으로만 존재할 수밖에 없고, 그 그림은 넓은 캔버스를 펼쳐놓고 가시적인 형상을 그려낸 창작품이라는 점에서, 조경이 회화와 똑같은 것은 아니지만 어느 정도는 회화와 같은 것이 될 수 있다고 말하고 싶은 것입니다. 그리고 저는 청사진의 분위기가 실제 공간에서 체험될 것이라는 믿음도 어느 정도는 갖고 있습니다. 그러니 이렇게 바꾸어 질문해야겠습니다. 당신은 어느 그림이 용산공원의 미래의 모습에 가장 어울릴 분위기라고 생각합니까?

지역적 정체성의 경관적 재현,
그 한계와 가능성

서영애

용산공원, 한국의 대표선수

'4대문 안 역사문화도시 보전 및 재생을 위한 심포지엄'에서 안창모는 서울이라는 도시 자체를 세계문화유산으로 제안했다.[1] 세계문화유산에 등재된 도시들은 대개 중세 이후에 형성된 유럽의 역사 도시이거나 대항해시대 이후에 형성된 식민 도시, 혹은 아시아, 아프리카 및 중동의 고대 도시와 불교 문명권의 도시들이다. 과연 서울이 가진 세계적인 문화유산으로서의 가치란 무엇일까? 같은 심포지엄에서 정석은 서울만의 특별한 매력으로 산과 강, 언덕이 많은 자연 지형을 가진 도시라는 점, 자연의 질서를 존중하면서 사람들의 자율적인 질서가 존중되는 계획 철학이 있는 도시라는 점을 꼽았다.[2] 이상구는 서울의 입지 형태, 즉 땅의 형상은 그 자체가 우리 도시 형태의 유전인자이고 그 독특함은 서울의 성격을 규정하는 매우 중요한 특징이라고 강조했다.[3] 이러한 서울의 한 가운데 위치한 용산에 대형 공원이 조성된다. 유일한 분단국가에서 타국의 군사기지였던 장소가 개방되어 공원화된다는 점, 압축적 성장과 변화를 보인 서울이라는 대도시에서 유례를 찾기 힘든 거대한 규모의 장소라는 점에서 태생적으로 용산공원은 이미 특별하다.

1980년대 말부터 1990년대 초까지 용산공원의 논의들은 자주(한국성), 민주(개방성), 통일(화합성)의 이념을 구현하고자 하는 상징적인 주제공원의 성격이 강했다. 이후 1990년대 중반부터 다양한 토론회와 워크숍 등의 논의를 거쳐 시민 생태공원, 즉 서울의 대표적인 녹지축의 연결고리가 되어야 한다는 논리로 변화했다. 2004년부터 수렴된 전문가들의 논의[4]를 살펴보면 원래의 자연, 지형, 수계를 되찾고 특히 남산과 한강을 잇는 자연생태공원의 성격을 강조하고 있다. 일본의 임학박사 혼다 세로쿠本多靜六와 임학사 다무라 츠요시田村剛에 의해 1917년 작성된 최초의 남산공원 계획인 '경성부 남산대공원 설계안京城府 南山大公園 設計案'은 "경성이라는 도시가 사대문 내에는 개발용지가 없으므로 장래 용산 방향으로 확장될 것이 명백하다. 이에 남산공원 설계의 대 방침으로서 남산 성곽 외 용산에 이르는 일대를 편입한다"라고 제언하고 있다.[5] 당시에 실현되지 않았지만 서울의 중앙공원으로서 남산과 함께 용산의 가능성과 잠재력을 일찍이 규정한 것으로 해석된다.

2010년 12월의 '용산공원 정비구역 종합기본계획'(이하 종합기본계획)[6]에 의하면 용산공원의 비전은 "자연과 문화, 역사와 미래가 어우러지는 열린 국가 공원"으로 설정하고 역사성과 장소성, 생태적 가치, 도시적·문화적 잠재력을 가진 공원을 조성하는 것을 목표로 하고 있다. 공원의 구조로 "용산공원은 우리나라를 대표하는 국가 도시공원으로, 해외의 목가적 풍경을 단순 모방하기보다 우리 국토의 고유하고 대표적인 풍경을 경관적으로 구현해야 할 것이며 우리나라의 대표 경관 중 숲, 들, 호, 내, 습지 등 다섯 가지로 유형화하고 이를 통해 한국적 경관을 재현하도록 함"이라고 명시하고 있다. 이 밖에도 경관계획의 세부 내용으로 국가적 상징성을 갖는 대표 경관을 조성하고 지역적 정체성을 회복해야 한다고 규정하고 있으며, 남산과 한강을 연결하는 생태 및 경관축의 설정 등 구체적인 방법들을 제시하고 있다. 한국을 대표하는 공원으로서의 가장 중요한 가치는 "지역적 정체성을 한국적 경관으로 재현"하는 것이라고 요약할 수 있다. 공원조성·관리계획 책임연구원으로 종합기본계획에 참여한 김아연은 참신한 아이디어나 독창적인 디자이너의 감각을 중시하는 타 공모전과의 차별성을 강조하며 용산공원의 경우는 국가 공원으로서의 정체성을 확보하는 것이 가장 중요하다고 설명했다. 정체성을 드러내기 위한 한국적 경관의 재현이란 단순한 단위 건물이나 시설의 조형성만으로는 부족하며 디자이너와 공원의 이용객들이 서울의 지형적 특성이나 한국의 산수문화를 이해해야 한다고 했다. 아울러 어디에서나 수월하게 산이나 강을 접할 수 있듯이 그러한 한국적 경관을 디자인 요소로서 받아들이고 자연적인 조건과 사람들과의 관계가 만들어내는 경관이 중요하다고 덧붙였다.[7]

기본계획에서 강조하듯, 한국의 대표적인 경관 요소는 산수다. 중국으로부터 받은 오악신앙의 영향으로 산은 '신앙'의 대상이었다. 일찍이 산은 우리 민족에게는 신성한 장소이자 이상향에 대한 관념이 존재하는 장소였다.[8] 서양 유토피아의 지리적 위치가 주로 섬이나 도시적 환경을 지향하는 것과는 달리 한국의 이상향들이 산에 분포하는 것은 산악 지형의 특성이 반영된 명산 문화의 한 현상이기도 하다.[9] 산에 대한 하위 위계 공간으로 이도원은 큰 강의 유역을 꼽는다.[10] 큰 유역 안에 작은 유역들이 나뉘고 나누어져서 작은 골짜기가 된다. 산과 함께 강과 유역은 경관을 넘어 생활 터전이기도 하다. 우리에게는 무척이나 익숙한 산수 경관은 한국적 정체성을 가진 고유한 경관이다. 예로부터 한국인들은 빼어난 산수와 함께 풍류를 즐겼으며 경관을 향유하는 방식 또한 다양했다. 개화기에 한국을 방문했던 허버트Hulbert는 그의 저서 『The Passing of Korea』에서 한국인의 공원과 자연에 대한 자세에 대해 "한국인들은 공원이나 공공의 장식물 또는 휴식시설에 별로 관심이 없으며, 그림같이 아름다운 계곡을 낀 산허리를 거닐면서 자연의 아름다움을 즐기는 것을 좋아 한다"라고 했다.[11] 군이 인위적으로 만들지 않아도 충분히 아름다운 산수와 함께 문화와 일상이 어우러졌기에 가능했다.

　공모전의 출품작들은 지역적 정체성의 경관적 재현에 대해 어떤 태도를 가지고 있는가? 해묵은 전통 논란으로부터 얼마나 자유로운가? 공원과 지역적 정체성을 논하는 일은 어떤 방법으로 가능한가? 특정한 주제를 구현하기 위한 틀과 그것이 작동하는 방식들과의 연관 관계를 탐색할 수 있다면, 또는 새로운 접근 방법이 시도되었다면, 그것들을 비교하고 재현 가능성을 점쳐 볼 수 있을 것이다. 참여한 팀들이 인식하고 있는 대로 용산공원은 완성된 결과물보다는 공원이 만들어지는 과정이 중요한 프로젝트다. 이 글에서는 지역적 정체성의 경관적 재현이라는 다소 추상적인 주제를 구현하기 위해 각 출품작들이 어떤 태도와 시선으로 설계의 실마리를 풀어나갔는 지 살펴보고자 한다. 개념 전개 양상을 탐색해 봄으로써 주제를 풀어나가는 방식에 대해 고민해 보는 계기가 될 수 있을 것이다.

재현 양상: 개념 전개를 중심으로

상징적 지형의 복원으로서 재현

첫 번째 유형은 한국의 대표적인 우세 경관인 산과 산수문화를 지형의 복원을 통해서 재현하고자 하는 시도다. 훼손된 지형의 회복은 종합기본계획과 설계 지침에서 강조한 대로 대부분의 작품에서 언급하고 있지만, 다음의 두 작품은 지형 회복을 통해 적극적으로 새로운 경관을 창조하거나 산수문화의 회복이라는 개념을 통해 설계의 단초를 열어 가는 방법을 취하고 있다. "Connecting Tapestries from Ridgeline to River"(CA조경기술사사무소+Weiss/Manfredi 외; 이하 "Connecting Tapestries")는 한국의 문화적 · 생태적 정체성을 표현하는 가장 강력한 경관은 산이며, 태백산맥이 한반도에 지배적인 경관임을 인식하고 이를 재현하고자 했다. 이 작품은 대상지의 우세한 전망요소인 남산과 한강을 연결하는 새로운 경관을 대담하고 강력하게 재현하여 산이 문화적이고 생태적으로 활용되는 점을 대상지 내에 투영하고자 했다.

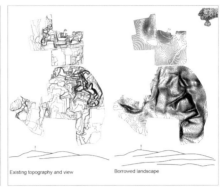

그림1. "Connecting Tapestries from Ridgeline to River"(CA조경기술사사무소+Weiss/Manfredi 외)의 남산에서 이어지는 강력한 지형을 표현하는 개념

그림2. "Healing: The Future Park"(West8+이로재 외)의 기존 지형을 토대로 한 새로운 지형의 조작

Existing topography and view

Borrowed landscape

당선작인 "Healing: The Future Park"(West8+이로재 외; 이하 "Healing")는 삼천리 금수강산이라 불렸던 한국적 자연경관을 대상지에 복원하는 방식을 취하고 있다. 훼손된 자연과 역사, 문화를 치유하는 개념으로 한국적 경관을 복원, 재현하고자 한다. 랜드마크적인 제스처, 백두대간을 염두에 둔 지형의 재현을 통해 보다 직접적이고 가시적인 서울의 상징으로서 용산을 계획했다.

이상의 두 작품과 같은 재현 방식은 강력하게 주제를 드러내 다른 작품에 비해 강한 인상을 남길 수 있다. 종합기본계획에서 제시하고 있는 한국적 경관에 대한 이해와 이를 재현하려는 노력도 보다 직접적이고 간명하다. 이렇게 큰 틀을 짜는 방식은 이후에 설계를 진행하면서 세부적인 설계의 변화에 용이하게 대응할 수 있다. 다만 두 작품에서 산과 물이라는 지형을 강조하다 보니 다소 과도하게 지형 변경을 시도한 면이 없지 않다. 자연에 순응하고 인위적인 조작을 최소화하던 한국적 조경관과 거리가 다소 있으며 유지관리 방법과 비용에도 무리가 따를 소지가 있다. 당선작인 "Healing"의 경우 전형적인 한국적 경관인 계곡과 들판에서 여가를 즐기는 스케치 컷을 제시하고 있는데, 향후 전통적인 한국적 지형과 현대 공원 문화의 접목을 어떻게 구현할 것인지에 대한 중요한 숙제를 남기고 있다.

전통적 개념이나 요소의 현대적 재해석

두 번째 유형은 한국인이 가진 보편적인 장소관을 포착하여 그 논의를 바탕으로 설계관을 펼쳐나가거나 전통적인 공간 요소를 주요 개념으로 도입하여 설계안을 구체화시킨 작품들이다. "Sacred Presence Countryside in Citycenter"(동심원조경기술사사무소+Oikos Design 외; 이하 "Sacred Presence")는 용산을 장^{field}이라는 기본 기제로 인식하고, 경험을 체험할 수 있는 장으로서 민주주의, 생태, 도시 문화를 상호보완적 매개로 삼아 지역적 정체성을 회복할 수 있다고 설명한다. 풍수와 산수 전통을 고려하고, 경관을 시로 인식하는 한국적 감성에 주목하고, 빈 공간에서 다양한 활동이 벌어지는 전통적 장소관을 한국적이라고 정의하고 있다.

"Yongsan Madangs"(그룹한 어소시에이트+Turenscape 외)는 마당이라는 전통적인 공간 요소를 활용하여 문화적 다양성이 펼쳐지는 장소로 발전시켰다. 다양한 규모의 마당이 여러 가지 기능으로 한데 섞이거나 독립적으로 작동하며 단순한 공간을 넘어 사회적 요구 등을 수용하는 장으로 활용되는 프로그램을 제시했다.

두 작품은 전통적 개념이나 요소를 현대적인 도시공원에 적용하는 방식에서는 유사하나 설계를 풀어나가는 방법과 완성된 설계 결과물에서는 큰 차이를 보인다. "Sacred Presence"는 전통적 장소관을 바탕으로 논리를 발전시켜 나

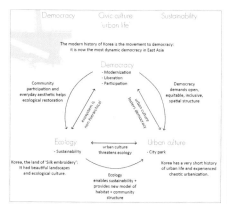

그림3. "Sacred Presence Countryside in Citycenter"(동심원조경기술사사무소+Oikos Design 외)의 '장' 개념을 설명하는 모식도

그림4. "Yongsan Madangs"(그룹한 어소시에이트+Turenscape 외)에 담겨 있는 마당의 디자인 가이드라인

가면서 공원을 만들기 위한 원칙들을 설정하고 완결된 형태로 제시하지 않겠다고 선언한다. 이러한 접근은 설계에 대한 분명한 철학과 원칙을 수립함으로써 오랜 시간 동안 설계 과정과 시공을 진행해야 하는 용산공원의 특성상 효과적일 수 있으나, 이를 구체화시켜 나가는 과정에 다양한 이해 계층이 관여하면서 그 해석이 일관되게 유지되느냐에 따라 결과물이 달라질 소지가 있어서 자칫 공허한 실험에 그칠 위험을 내포하고 있다. 이와는 반대로 "Yongsan Madangs"의 경우는 마당이라는 개념을 실제 공간에 적용하여 활동 프로그램까지 디테일하게 설정하는 등 구체적인 적용 방안을 제안했다. 그러나 다양하게 변주 가능한 한국적 공간인 마당에 대해 지나치게 디테일한 제안을 함으로써 역으로 제약 요소가 되거나 변화에 대처하는 유연함을 방해하는 요소가 될 소지가 있다.

땅이 가진 잠재력에 주목

세 번째 유형은 용산이라는 대상지의 잠재력에 주목하여 설계를 발전시킨 작품들이다. "Openings: Seoul's New Central Park"(James Corner Field Operations+삼성에버랜드 외; 이하 "Openings")는 대상지를 분석하는 단계에서 강, 산, 도시를 향한 의미 있는 조망점을 설정하고 기존 대상지의 지형적 특색을 드러내기 위해 비우고 제거하고 수정하는 방식으로 경관 구조를 재구성했다. 과도한 지형의 변경이나 프로그램의 도입보다는 땅의 가치를 드러내도록 한다는 의미에서 한국적인 경관 조성 방법을 취하고 있다. 새로운 것을 도입하기보다 잠재된 조건을 증폭시키겠다는 의도다. 그러나 남산의 조망, 한강으로의 열림 등 주변 맥락에 대한 심도 있는 노력의 흔적은 찾기 어렵다.

"Yongsan Park for New Public Relevance"(신화컨설팅+서안알앤디 디자인 외; 이하 "Public Relevance")는 남산의 원형 지형이 다섯 개 유역이라는 점에 착안하여 논의를 발전시켰는데, 다섯 개의 유역, 두 개의 네트워크, 두 개의 밴드를 결합시켜 이를 확장하는 방법을 취했다. 기본적인 출발점을 땅이 가진 원형의 특성에 두고 현재의 도시적 맥락을 결합시켜 발전시킨 것이다. 세부적인 공간 설계에서도

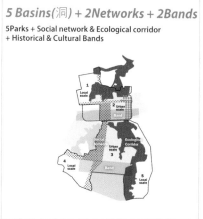

그림5. "Openings: Seoul's New Central Park"
(James Corner Field Operations+삼성에버랜드 외),
대상지 현황을 세 가지 요소로 해석

그림6. "Yongsan Park for New Public Relevance"
(신화컨설팅+서안알앤디 디자인 외), 땅과 도시의 맥
락을 통한 개념 설정

한국적인 경관이나 공간에 대한 재현을 시도했다. 산수공원을 계획하거나 전통
적인 마을 정원, 마을 숲, 과수원 등으로 이루어진 풍정원을 조성하여 한국의 전
통적인 경관을 재현하고자 했다. 대도시 한가운데 위치한 대형 공원 안에 조성
될 한국적 정원, 전통 마을이 민속촌과 다르려면 일상적인 활용 프로그램과 어
떻게 만나느냐에 따라 성공 여부가 달라질 것이다.

서울과 용산의 관계성으로 이해

네 번째 유형인 다음 두 작품에서는 용산을 서울과의 관계 속에서 그 맥락을 이
해하려는 개념이 특징적이다. 설계의 단초를 경관의 회복이나 재현이 아니라 대
상지의 성격 규명, 즉 대상지가 앞으로 공원으로서 취해야 할 지점에 대해 고민
하며 시작한다는 특성을 갖는다. "Multipli-City"(씨토포스+SWA 외)는 서울과 마찬
가지로 용산이라는 대상지 역시 대도시와 같은 성질을 갖고 있는 혼합체로 보았
다. 용산에 서울과 유사한 도시적 강도와 생태적 다양성이 혼재되어 있다는 특
성에서 출발하고 있다. 용산은 공원이지만 서울 속의 또 하나의 복합체로서 작
동한다. 프로그램이나 조닝보다는 도시의 강도와 생태적 환경, 지형의 회복 등

을 기본적인 땅의 틀로 설정하고 설계를 풀어나간다.

"Yongsan Park Towards Park Society"(조경설계 서안+M.A.R.U. 외; 이하 "Park Society")는 공원이 사회를 구성하는 중요한 개체라는 인식 하에, 희망하는 사회적 요소들을 공원을 통해 구현해 보겠다는 설계 의도로 출발한다. 지형, 수계, 건축물 외에 인프라스트럭처의 재활용을 통해 과도한 변화보다는 사회적인 산물로서의 공원을 위해 기능적인 면을 중시하고 그 과정에 주목하고 있다. 공원은 더이상 도시인의 유토피아가 아니라 도시 속 또 하나의 사회로 작동해야 한다는 것이다. 공원의 완성된 결과물보다는 공원의 기능과 역할에 초점을 맞춰 여러 층위의 사회적 제안과 프로그램을 제시하는 것에 주안점을 두고 있다.

두 작품은 설계 전개 방법이나 결과물 면에서는 차이가 있지만 한국적 경관

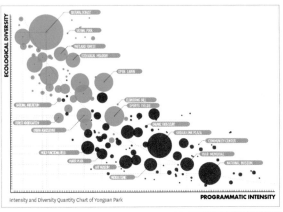

그림7. "Multipli-City"(씨토포스
+SWA 외)의 용산공원의 도시
적 강도와 생태적 다양성을 표
현한 그래프

그림8. "Yongsan Park Towards
Park Society"(조경설계 서안
+M.A.R.U. 외)의 공원의 사회적
기능에 대한 프로그램

이라는 측면보다는 지역적 특성과 가치에 주목했다는 점에서 다른 팀들과의 차별점이 있다. 개념의 출발을 서울 속의 용산이라는 대상지의 역할에 주목함으로써 공원이 가진 도시의 인프라스트럭처로서의 기능을 환기시키는 특징을 가진다.

용산과 공모전, 그 한계와 가능성

지역적 정체성이란 한국적 경관의 정체성, 즉 한국성의 문제로 확장해서 근원적으로 고민하며 시작해야 할 것이다. 최정민은 현대 한국 조경에서의 한국성이란 땅과 지역의 실제reality를 읽어내고 해석하는 틀이자 준거이고 설계의 논리적 토대가 된다고 말한다.[12] 거대 담론으로서의 한국성이 아니라 미시적 실천 전략으로서의 가능성이란 이 땅의 이러한 상황에서만 만들어낼 수 있는 독특한 장소성을 말한다. 그는 한국성을 '결정론적 개념'이 아니라 '생성적 개념'으로 이해하는 것이 미래를 짐작하는 데 도움이 될 것이라고 했다. 세계화란 지역화localization 과정을 내포한다는 아파두라이Appadurai[13]의 주장대로 각 출품작들이 지향한 가치는 지역적 특성에 대한 심도 있는 고민을 기반으로 하고 있다. 이는 본 공모전의 성과이자 특징이라고 요약할 수 있다. 조경진은 당선작인 "Healing"의 설계적 특징에 대해 한국의 산수, 숲과 들판, 논과 밭 등의 경관을 한국적 DNA로 인식했다고 분석한 바 있다.[14] 그는 한국인에게 오랫동안 익숙한 산과 계곡을 찾는 여가 문화와 서구에서 이식된 도시공원 문화가 자연스럽게 결합되어 지역적 차이로 귀환될 수 있는 가능성을 보여준 점은 용산공원 설계 국제공모가 달성해 낸 새로운 가치라고 평가했다.

최초의 국가 공원이 갖추어야 할 기본적인 틀을 위한 종합기본계획은 한국적 경관이나 지역성의 재현 방식에 대해 매우 상세히 제시하고 있다. 너무 많은 정보와 제한 요소들은 공모전에 참여하는 디자이너에게는 오히려 창조적이고 주체적인 상상력을 펼치기에 제약이 될 소지가 있다. 동등하게 주어진 재료를 활용하여 어떤 요리를 내놓느냐는 온전히 요리사의 몫이다. 위에서 네 가지 유형으로 분류해 본 설계 결과물들은 한국적 경관이라는 합의된 주제에 대해 지형, 개념, 땅, 도시 등의 키워드를 주 재료로 삼고 있다.

지형적인 면에서 대부분의 팀들이 남산과의 관계에 대해서 매우 적극적인 방법으로 연계를 꾀하고 있다. 남산 자락의 복원이라는 종합기본계획에서 더 나아가 남산과 용산은 하나라고 선언하거나("Public Relevance") 지형의 극대화를 통해 새로운 경관을 창조하기도 했으며("Connecting Tapestries"), 한국적 산수를 적극적인 개념으로 활용하기도 했다("Healing"). 대부분의 출품작들은 분석 단계에서 남산을 비롯한 용산의 원형을 연구하고, 공원을 미래에 남산과 연계된 녹지체계로 인식하고 있으며, 단계적 지형 변화를 위한 프로그램을 제시하고 있다.

공모전에 참여한 팀들은 용산을 다양하게 해석하거나 희망했다. 회복해야 할 아픈 대상("Healing"), 문화와 생태를 잇는 고리("Connecting Tapestries"), 다이내믹한 활동이 일어나는 마당("Yongsan Madangs"), 시적이면서 민주적인 도시 공간("Sacred Presence"), 더 나아가 사회적인 욕구가 향유되는 희망의 땅("Park Society")으로 보았다. 한국적 공간 활용 방법으로는 비우기("Openings"), 다양하게 활용하기("Yongsan

Yongsan and Namsan are one.

The powerful message that Yongsan and Namsan were one rekindles the traditional Korean thinking and eco-centered philosophy of life which do not segregate man from the mountains (nature).

그림9. 출품작들은 대부분 남산과의 적극적인 연계를 꾀하고 있다. 남산과 용산은 하나라고 선언하고 있는 "Public Relevance" 의 디자인 로직

Madangs") 등을 시도했고, 한국 정원 양식을 재현하여 전통적 정원을 도입하거나 ("Public Relevance"), 오작교라는 전통적 요소를 도시와의 소통 장치로 재해석하여 재현하기도 했다("Healing").

출품작들은 거대한 담론에서 시작하여 미시적 공간 연출에 이르기까지 폭넓게 지역적 정체성과 한국적 경관에 대해 고민했다. 그러나 종합기본계획의 한계를 뛰어넘는 새로운 접근 방법에 의한 혁신적인 대안이라기보다는 모범적이고 규범적인 답안이라고 볼 수 있다. 한국적 경관을 대하는 태도라는 것은 누구나 수긍이 가능한 보편타당한 가치에 기반하고 있다는 점을 확인했을 뿐이다. 더욱이 한국적 경관을 해석하고 그것을 향유하는 프로그램에 대한 연결고리가 뚜렷하지 않았다. 그동안 전통의 재현에 있어서 음양, 오행, 천지인 등 범아시아적 철학이나 거대 담론을 설계 개념으로 설정하여 과도한 개념들이 실제 설계의 내용으로 발전하지 못하거나 표피적 수준에서 직설적 형태로 표현하는 데 그치고 있다는 비판을 받아 왔다.[15] 이번 공모전을 계기로 그 차이와 간극을 좁힐 수 있는 설계 방법에 대한 논의를 본격적으로 해야 할 것이다. 또한 외부에서 한국을 보는 방식이 시각적인 면에 치우치지 않았는가 하는 우려도 있다. 한국적 경관의 재현이 단순히 산수의 외형만을 재현하는 데 그치지 않고 산수를 향유하는 방식과 경관을 조망하는 문화적 전통으로 이해되어야 할 것이다. 특히 공원에 한국성을 부여하기 위한 전략으로 구성 요소의 특성만큼이나 중요한 것이 운영되는 프로그램이라는 주장[16]에 귀 기울일 필요가 있다. 설계란 좋은 프로그램이 잘 운영되도록 그 토대를 만들고 판을 짜는 과정이다. 그래서 어떤 방법이 그 판짜기에 가장 성공적인지를 현재 상황에서 단언하기는 쉽지 않다. 지역적 정체성의 경관적 재현이 과연 가시적인 산물인지 사회적이고 관념적인 내재적 요소인지에 대해서, 설계 개념과 접근, 전개 방식에 대해서 심도 있는 논의를 해야 할 시점이다.

임승빈은 경관에 대한 새로운 지평으로 신경관을 제안하면서 인간이 자연, 사회, 장소와 하나가 되는 지역성을 담아내는 경관이라고 정의했다.[17] 우리의 전통 속에 녹아 있고 생활화되어 있는 경관 철학과 경관 전통을 찾아내고 이를 창의적으로 발전시키는 것이 세계화를 이룰 수 있는 신경관주의가 추구하는 방향이다. 결국 경관의 창조와 재현이란 설계 철학이 바탕이 되고 시간이 지나면서 쌓여가는 인간 생활과 밀접한 산물일 것이다. 용산공원 설계 국제공모는 무엇이 한국적 경관인가에 대한 논의를 공론의 장에서 시작한 계기가 되었다는 점에서 큰 의미를 지닌다. 우리가 공원을 만들면서 서구적 형태와 의미의 모방이 아니라 한국적 공원이어야 한다는 생각을 하기 시작한 지는 불과 얼마 되지 않았다. 한국만의, 서울만의, 용산만의 공원을 우리는 가지게 될 지도 모른다. 용산은 이미 꿈의 무대에 등장해 있고 가장 한국적인 것이 가장 세계적인 것이 될 것이다.

영화 〈미드나잇 인 파리Midnight in Paris〉(2011)의 우디 앨런Woody Allen은 한 도시의 매력을 시각화하는 탁월한 재주를 가진 감독이다.[18] 그가 재현한 뉴욕, 바르셀로나, 파리는 설령 그 도시에 한 번도 가보지 않은 사람일지라도 마치 익숙한 장소인 듯한 착각을 불러일으킨다. 서울 역시 세계문화유산의 가치를 가진 매력적인 도시다. 우디 앨런이 서울을 배경으로 영화를 만든다면 어디가 등장할까? 남산, 한강, 북한산, 경복궁, 명동, 강남역, 동대문 시장, 홍대, 그리고 용산공원? 상상만으로도 멋진 영상이 펼쳐진다. 한때 우리는 역사를 어느 날 갑자기 바로 세울 수 있다고 믿는 시절이 있었다. 국민의 합의를 거치지 않은 채 일제 강점기의 시설들을 빠른 시간에 없애거나 전 국민이 보는 앞에서 과시하듯 폭파시키기도 했다. 그렇게 하면 훼손된 우리의 자존심이 살아나는 것이라고, 긴 시간 파괴했던 생태계에게 덜 미안한 것이라고 위안했다. 눈에 보이지 않는다고 일제 강점기라는 역사가 지워지지 않으며, 거슬리는 건물을 치웠다고 경관이 온전히 복구되는 것도 아니다. 외인아파트 폭파 이후에도 남산의 조망을 방해하는 대형 건조물들이 새롭게 세워지고 있고, 경복궁을 가리던 총독부 건물을 치운 대신 다른 치장을 광화문 주변에 하기 시작했다. 서울은 자랑하고 싶은 '명품'이 아니라 그 자체로 가치를 가진 '유산'인 점을 잊고 있었다. 용산이 가장 용산다운 이유는 역사와 함께 차곡차곡 쌓인 기억과 시간을 함께 해 왔기 때문이다.

1 안창모, "역사문화도시, 서울 세계문화유산을 꿈꾼다", 『4대문 안 역사문화도시 보전 및 재생을 위한 심포지엄』 자료집, 2010, pp.21-48. 세계유산이란 유네스코가 1972년 채택한 '세계문화 및 자연유산 보호에 관한 협약'에 따라 전 인류가 공동으로 보존하고 후세에 전수해야 할 탁월한 보편적 가치가 있다고 인정한 유산을 말하며 문화유산, 자연유산, 복합유산으로 나뉜다.

2 정석, "서울 4대문 안 역사보전계획 왜 필요한가?", 『4대문 안 역사문화도시 보전 및 재생을 위한 심포지엄』 자료집, 2010, pp.51-58.

3 이상구, "한양도성, 현대도시 서울의 공간적 토대", 『동아시아 각국 수도의 근대적 변이』 심포지엄 자료집, 2012, p.98.

4 대한국토·도시계획학회+한국조경학회, 『용산공원 공원화 구상』, 국무조정실, 2005, pp.71-77.

5 京城府, 『京城府 南山大公園 設計案』, 1917, p.2.

6 국토해양부, 『용산공원 정비구역 종합기본계획』, 2010, pp.60-65. pp.115-118.

7 2012년 7월 30일 인터뷰 내용.

8 유가현, 『조선시대 사대부 원림으로서 동에 관한 연구』, 서울대학교 박사학위논문, 2012, p.26.

9 최원석, "한국 이상향의 성격과 공간적 특징: 청학동을 사례로", 『대한지리학회지』 44(6), 2009, p.750.

10 이도원, 『전통마을 경관요소들의 생태적 의미』, 서울대학교출판부, 2004, pp.2-28.

11 H. B. Hulbert, *The Passing of Korea*, N.Y., Reprinted by Yonsei Univ. Press, 1969, p.249.

12 최정민, 『현대 조경에서의 한국성에 관한 연구』, 서울시립대학교 박사학위논문, 2008, p.3, 151.

13 A. Appadurai, *Modernity at Large Cultural Dimension of Globalization*, University of Minnesota Press, 1996. 차원역 외 역, 『고삐 풀린 현대성』, 현실문화연구, 2004, p.37.

14 조경진, "용산공원 설계 국제공모를 넘어서: 당선작의 성공적인 진화와 효과적인 활용을 위한 제언", 『용산공원 설계 국제공모 당선작 활용을 위한 국제 심포지엄』 발표자료, 2012.

15 이상민, 『설계 매체로 본 한국 현대 조경설계의 특성』, 서울대학교 대학원 박사학위논문, 2006, pp.95-110.

16 정욱주, "스튜디오 101, 설계를 묻다 - 정체성: 개성, 전통 그리고 한국성", 월간 『환경과조경』 251호, 2009, p.170.

17 임승빈, "신경관의 지평과 과제", 『신경관 심포지엄: 경관한류의 가능성 탐구』 자료집, 2012, pp.19-37.

18 그의 전작 〈맨해튼(Manhattan)〉(1979)에서는 뉴욕의 일상을, 〈내 남자의 아내도 좋아(Vicky Cristina Barcelona)〉(2009)에서는 바르셀로나의 풍경을 매력적으로 재현시켰으며, 〈미드나잇 인 파리 (Midnight in Paris)〉에서는 파리의 하루를 미술관, 가로, 다리, 공원 등을 스케치하며 시작한다.

우리는 용산공원에서
용산의 역사를 기억하게 될까

박희성

용산에는 왜 미군기지가 있을까

2012년 봄, 드디어 용산공원의 모습이 결정되었다. 공원 조성의 계기가 된 한·미 정상간 용산 미군기지의 이전 합의가 2003년 5월에 이루어졌으니, 무려 10여 년만의 결실이다.

　용산공원이 들어서는 부지는 한국전쟁으로 인해 미국에 내주었던 땅을 다시 반환받는 의미 있는 곳이자, 서울이 한강 이남까지 팽창하면서 변방이었던 곳이 서울의 중심으로 변모한 지역이다. 그리고 공원으로서는 보기 드물게 대규모 면적을 확보하고 있는 곳이기도 한데, 그 면적은 여의도(2.9km²)에 버금가는 2.4km²에 달한다. 어느 하나도 그 의미가 가벼울 수 없는 용산공원은 당연하게도 여러 입장과 관계가 얽혀 있어 공원으로의 목표 설정과 개발 방향 도출에 많은 시간과 노력이 필요했다. 그 결과 공원 설계의 지침으로 최종 결정된 용산공원의 비전은 포괄적이다. 설계 지침서에 명기된 "자연과 문화, 역사와 미래가 어우러지는 열린 국가 공원"은 사실 공원이 가져야 하는 모든 요소를 다 요구하고 있는 것이나 진배없는데, 이것은 국가 공원이라는 다분히 권위적인 표제를 생각했을 때 어쩌면 예상했던 결과인지도 모른다.

게다가 용산공원을 국가 공원으로 표명한 순간 공원 조성에 대한 목표 또한 보편적일 수밖에 없다. 이번 공모전에서 제시한 용산공원의 목표를 살펴보면, 첫째는 역사성과 장소성을 승화시켜 창조하는 공원을 만드는 것이고, 둘째는 생태적 가치를 복원하는 건강한 공원을 만드는 것이다. 마지막은 녹색 국토 환경과 미래의 도시 문화를 창출하는 공원을 조성하는 것이다. 이 가운데 생태적 가치의 반영과 도시 문화의 창출은 '지역'에 근거한 것이라기보다는 21세기가 요구하는 공원의 성격에 가까워, 국가 공원을 넘어 국제적인 대표성을 요구하는 부분이다. 그러나 용산공원이 미래 세대에 계승할 가치가 있는 문화 자원이 되어야 한다고 생각한다면, 좀 더 지역적인 입장에서 바라볼 필요가 있다. 용산공원이 한국 서울의, 용산에 있는 공원일 수 있게 하는 것은 무엇일까? 필자는 그 출발을 공모전에서 제시한 첫 번째 목표인 역사성과 장소성에서 찾아보려 한다.

용산은 대체 어떤 땅이었을까? 1860년경 김정호가 제작한 것으로 알려진 '경성오부도京兆五部圖'는 도성과 부근의 지리를 제작한 것으로, 산과 물의 흐름, 도로, 주요 지명을 비교적 정확하게 파악할 수 있다(그림1). 이 지도에서 용산은 한강 지류인 만초천 동북쪽에 있는 산줄기로 표시되어 있고, 정조의 장남 문효세자의 무덤인 효창원孝昌園과 선혜청宣惠廳의 별창고別倉庫였던 만리창萬里倉, 군사 물자를 관장하던 군자감軍資監이 나란히 위치해 있다. 그런데 오늘날 용산공원이 들어설 지역은 정확히 말하자면 이곳이 아니라 남산에서 뻗어 나온 산줄기를 따라 남쪽으로 이어진 곳, 그리고 한강 지류인 만초천이 서쪽으로부터 흘러드는 곳이다. 지금은 행정구역상 이 일대가 모두 서울특별시 용산구지만, 굳이 구분하자면, 조선시대의 용산 지역은 구용산, 근대 이후부터 용산구로 합병된

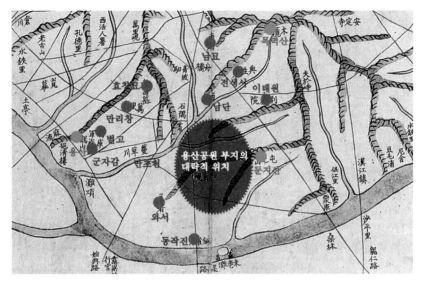

그림1. 경조오부도(京兆五部圖, 대동방여전도(大東方輿全圖)) 일부, 19세기, 서울대 규장각 소장

남산의 남쪽 지역은 신용산이다.

어쨌거나 이곳 용산 일대는 예로부터 강과 산이 어우러져 훌륭한 경관을 가진 명승지였고 한강(東雀津)과 도성(崇禮門)을 최단으로 연결하는 지역 가운데 하나였기 때문에 자연스럽게 팔도조운의 물자 집결지가 되었다. 또 조선의 도성 한양과 관련지어 보면, 용산은 도성의 남쪽 교외지역(南郊)이면서 도성과 경기京畿의 접점에 해당하는 성저십리城底十里 지역이고 시흥에서 군포를 거쳐 수원으로 향하는 왕의 남행南行길이 통과하는 지역이었다. 그리고 성 밖에 통상 숙박시설을 두었듯, 이곳에도 이태원梨泰院이라는 역원驛院이 있었다.

환경 조건에 의해 자연스럽게 만들어진 용산의 장소성과는 별도로, 용산은 도성과의 관계 속에서 특별한 장소적 성격을 갖는다. 동아시아 문명권의 도성 구조가 대체로 그러하듯, 도성 한양은 통치자의 권위와 도성의 위상을 일치시키는데 주력하였고 『주례』에 근거한 상징적 공간 질서를 갖추었는데, 용산 지역에 기우제를 지냈던 '남단南壇'이 있는 것은 이러한 맥락에 근거한 것이다. 그밖에도 기와와 벽돌 제작을 관할하는 와서瓦署, 궁중의 제향과 빈례賓禮, 사여賜與에 쓸 가축을 길렀던 전생서典牲屬와 같은 관청이 두루 있었다. 즉, 조선시대의 용산은 동, 서, 북쪽 성저십리 지역과 마찬가지로 도성과의 관계 속에서 존재하는 지역이었다.

용산은 도시 기능으로서의 각종 도시 시설과 도성의 위상 확립에 필요한 상징 시설이 복합적으로 어우러진 공간이지만 한편으로는 군사시설과도 특별한 관계를 맺고 있다. 어떤 이유에서인지(당연히 지리적 이유일 것이라 생각되지만), 용산에는 예로부터 군사 지원 시설이 특히 많이 분포했었다. 13세기 말에는 고려를 침략한 몽골군의 병참기지로 이용되었고 임진왜란 때는 왜군이 효창공원 부근에 보급기지를 설치하였다. 병자호란 때는 청군淸軍이 주둔하여 군량미를 강제 징수하기도 하였다.

청일전쟁(1894년 6월~1895년 4월)이 시작되자 일본군이 이 지역에 배치되었으며 러일전쟁 때는 일본이 지금의 용산역 서쪽에 열차 수리공장을 건설하면서 이 일대를 군용지로 수용한다는 일방적인 통첩을 보냈다. 을사조약 이후 일본군은 이 지역에 군사시설을 건설하였고, 1908년에는 최근까지 있었던 육군본부와 국방부, 미8군 지역 등에 걸친 300여만 평을 강제 징발하여 군사기지화하였다. 그리고 그들의 주도 하에 본격적인 용산의 도시 개발이 시작되었고, 1945년 해방 이후에는 주한 미군사령부와 미8군사령부가 주둔하면서 미군과 그곳의 거주자들에 의해 개발되었다. 고려시대의 몽골군, 조선시대의 왜군과 청군, 식민시기의 일본군을 거쳐 현재의 미군에 이르기까지 외국군이 주둔하고 있는 용산은 분명 우리의 땅이지만 오랜 시간 이방인들이 머문 낯선 곳이다.

용산공원에 담고자 한 역사적 시선들

이쯤 되면 일단 '미군기지가 어떻게 용산에?' 라는 상황이 어느 정도 이해가 된다. 그리고 용산이란 땅이 거쳐 온 궤적은 한성에서 경성, 그리고 수도 서울로 변모하는 일련의 시대적 흐름에 숨겨져 있는 한반도의 고달팠던 역사의 단편을 보여줌을 알게 한다. 그만큼 용산과 외국인, 용산과 군사시설의 관계는 역사적으로 의미하는 바가 크다. 도성 한양과 관련한 용산이 기념비적이고 상징적이라면, 군사시설로서의 용산은 과거의 일이지만 현재 진행되고 있는 사실이며 그런

점에서 미군기지가 주는 역사적 의의는 결코 가볍지 않은 용산의 역사성¹이다.

한편 이번 공모전에서는 미군 부대가 주둔하고 있는 현실적인 문제로 인하여 설계 참여자에게 제대로 된 현지 답사와 조사의 기회를 제공하지 못하였다. 대신 공모 지침서를 통해 보존해야 할 대상을 분명히 명시하고 이들의 계획 방향도 비교적 상세히 제시하였는데, 예를 들어 메인 포스트 남쪽에 있는 남단南壇 등 발굴 조사에 준한 유물을 보존하는 일, 둔지산의 능선이나 만초천 지류와 같은 경관적 원형을 회복하는 일, 그리고 기존의 역사 건축물들을 보존하고 재활용할 수 있는 방안을 설계하는 일 등이 그것이다.

하지만 설계 면적이 거대해지고 항공사진 등의 지리 정보가 훌륭히 제공된다 하더라도 아날로그적 감성으로 대지가 건네는 기운을 교감하는 것은 설계가의 직관을 자극하는 중요한 기회다. 아쉽게도 설계가들은 이번 공모전에서 이런 기회를 제공받지 못했고 보존의 대상을 지침서를 통해 일괄적으로 받아들여야 했다. 그러므로 용산공원에 대한 역사성은 이미 수동적 수용으로 예견되었는지도 모른다. 그리고 이러한 아쉬움은 결국 '용산'의 특수성보다는 '국가'라는 대표성을 요구한 공원의 기본 방향에서 비롯된 것이라 하겠다.

그럼에도 불구하고 용산의 과거와 역사 자원에 대하여 얼마나 진지하게 반추하고 디자인하였는가 하는 입장에서 보면 이번 용산공원 설계 국제공모에 응모한 작품들을 크게 세 가지 정도의 경향으로 정리해 볼 수 있을 것 같다.

첫째, 용산의 역사성에 무게를 두기보다는 공원으로서의 가치에 집중한 경우다. 예컨대, "Openings: Seoul's New Central Park"(James Corner Field Operations+삼성에버랜드 외; 이하 "Openings")는 대상지 안팎에 흩어져 있는 여러 역사적 흔적을 가볍고 경쾌하게 공원의 프로그램에 활용하였다. 또 기존의 건물들은 재처리·재사용·재활용하는 안을 제안하여 "Openings"의 설계 전략 가운데 하나인 "지속 가능성"의 목표를 수행하고자 하였다. 심각할 것도 없고 감성적일 것도 없이, 철저한 타자의 시선에서, 더도 덜도 없이 지침서에서 제공한 정보만큼 용산의 역사를 이해하였으며 필드 오퍼레이션스 스타일의 디자인 프로세스로 합리적이고 간결하게 공원의 형태를 제시하였다.

"Connecting Tapestries from Ridgeline to River"(CA조경기술사사무소 +Weiss/Manfredi 외; 이하 "Connecting Tapestries")는 "우리의 디자인은 대담하고 명확하다"고 선언한 바대로, 우리에게 익숙한 여러 전통 요소에서 디자인의 영감을 받아 '과감하게' 짜깁기tapestry하였다. 태백산맥과 같은 백두대간의 생태계, 창덕궁과 해인사 등의 한국 건축 공간, 그리고 저수지와 경작지와 같은 한국의 농경지 등 여러 경관 아이콘을 고려하였지만 마스터플랜에서는 오히려 도식화된 지형이 인위적으로 도드라져 주변 지형과 자연스럽게 어울리지 못한다. 한국적 경관인 경작지에서 따온 설계 모티브가 공원 지형의 틀을 잡고 있지만 스케일이 과하고, 형태는 두고 내용을 변용하다 보니 정작 공원에서는 용산의 역사성은 물론이거니와 한국성도 쉽게 환기되지 않는다. 또한 문화적 랜드마크로서 남단과 국립중앙박물관을 잇는 산책로는 매우 강렬하다. 산책로는 권위적이고 남성적인 강한 축의 형태로 설계되었는데 이 또한 그들이 영감을 받았다는 한국의 지형이나 상징성에서는 쉽게 연상되지 않는다. 건축물과 같은 역사유산 보존의 경우에는 "Openings"의 설계안과 같이 재활용 전략과 연결시키고 있다. 그러나 보존과 적응적 재활용, 변경과 선별적 재활용, 철거와 재활용이라는 보다 전문적이고 구체적인 원칙을 제안하였다. 이는 통상적으로 역사

그림2. 미군기지-한국전쟁-전쟁기념관-전투기로 이어지는 문화유산 정원은 직접적이고 단편적이다. 보라매공원과 차별은 있어야 하지 않았을까? "Openings: Seoul's New Central Park"(James Corner Field Operations+삼성에버랜드 외)

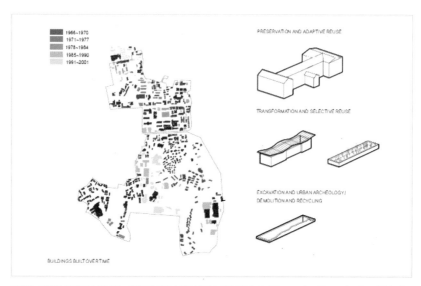

그림3. 국제적 기준에 부합하는 건물에 대한 보존 원칙을 제안하였다. "Connecting Tapestries from Ridgeline to River" (CA조경기술사사무소+Weiss/Manfredi 외)

자원이나 문화 유산을 보존할 때 세우는 원칙으로, 이들 기준에 준하여 계획한 것이 돋보인다.

　둘째, 용산이라는 땅에 새겨진 시간의 흔적으로부터 설계의 방향을 잡는 경우다. 이번 공모전의 당선작인 "Healing: The Future Park"(West8+이로재 외; 이하 "Healing")는 용산이야말로 전쟁과 점령이 반복되었던 격동의 한국사를 대변한다고 보았다. 여기서 특별한 것은 이러한 역사성을 기념하거나 상징하는 통상적인 방법 대신에 '치유'라는 콘셉트로 영리하게 설득하였다는 점이다. 그러나 아쉽게도 역사에 대한 치유의 대상은 건물에 한정되어 있으며 그나마 설계 아이디어로 제안할 수 있는 건물은 더욱 줄어든다.

> "기존 건물의 흔적은 새로운 지형, 사회적 플랫폼인 마당으로 재구성할 것이다. 이 '마당'은 용산의 역사적 의미를 기억하면서 새로운 한국의 정체성을 제시할 것이다."
>
> － "Healing: The Future Park"의 설계 보고서 중에서

"Healing"은 철거가 가능한 일부 건물에 대하여 우리의 고유한 '마당'으로 재구성할 것을 제안한다. 기존 건축물의 건평을 마당으로 재구성한다는 것인데, 마당으로 용산의 역사가 치유될 지는 여전히 의문이다. 치유의 대상인 고달팠고 고통스러웠던 기억이 공존하지 않는다면 마당은 그저 해맑은 커뮤니티 공간이 될 뿐, 설계자의 의도는 이용자에게 전달되지 않을 것이기 때문이다. 그런 의미에서 "Healing"에서 제안하는 역사의 치유는 안타깝게도 허공에 떠도는 메아리처럼 들린다.

이에 비해 "Yongsan Park for New Public Relevance"(신화컨설팅+서안알앤디 디자인 외; 이하 "Public Relevance")는 용산의 근대사를 깊이 있게 검토하고 근대 문화 유산과 공원이 공존할 수 있는 방법을 진지하게 고민한다. 이 팀은 시간을 통해 공간을 보고 용산공원의 물리적 맥락을 역사적 사실에 근거하여 다시 해석하고 있으며 무엇보다 각 건물에 대한 상세한 정보를 파악하고 보존과 활용에 대한 구체적인 아이디어를 제공한다.

> "사령부 일대 다섯 개 병영의 건물군과 가족주택단지는 배치와 지형을 함께 보전, 활용한다. 일제강점기가 시작된 현장으로서 조선총독 관저와 해방 후 임시정부수립과 관련한 미소공동위원회와 같이 기억해야 할 역사적 장소는 기억한다."
> - "Yongsan Park for New Public Relevance"의 설계 보고서 중에서

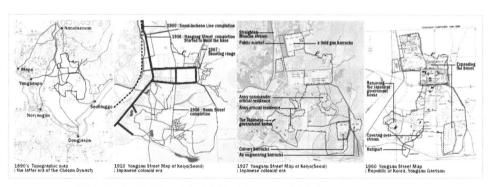

그림4. 대상지를 포함한 주변을 도시적 맥락에서 역사적으로 이해하였다. "Yongsan Park for New Public Relevance"(신화컨설팅+서안알앤디 디자인 외)

이들은 공원의 골격을 땅의 기억에 근거하여 이해하고 계획하고 있다. 폐쇄된 군 시설이 열리면서 도시와 새로운 관계에 놓이게 될 때 대응해야 할 네 가지 맥락을 제시하는 방식이 그것이다. 삼각지역과 녹사평역 간의 동서 방향 동선의 역할을 예측하고 대응하는 것에서부터 한국전쟁과 세계대전을 상징하는 각 공간, 즉 남북 방향의 축에 놓인 전쟁기념관과 동서 방향의 질서를 따르고 있는 사령부와 다섯 개 병영을 완충시켜 화해시키려고 하는 다소 과장된 공간 해석까지, 근대 유산을 도시에 흩뿌려 놓고 서로를 긴밀하게 연결시켜보려 하는 태도가 차별화 된다.

그리고 건물에 대한 보존 및 활용 계획도 상당히 구체적이다. 예컨대 현존하는 다섯 채의 병영 건물의 대지 레벨이 4m씩 차이 나는 점을 이용하여 건물 사이의 지하 공간을 계획하였다. 건물군의 문화재적 가치를 존중하면서도 기능적·공간적으로 다양한 프로그램을 수용할 수 있는 공간을 구체적으로 설계하여 제안함으로써 역사성을 강력하게 환기시킬 수 있는 장소로 거듭나게 될 것임을 이해시킨다.

주요 공간은 각각 역사적으로 의미 있는 건축물이 핵심적인 프로그램 및 경관과 긴밀하게 엮이면서 짜임새 있는 공간으로 거듭난다. 재활용과 재사용, 그리고 해체한 건물에 대한 활용 기준을 제시하되, 그 중 재활용 건축물은 다섯 개의 유역별 공원 주제와 가장 잘 연동될 수 있는 프로그램과 연계하여 그것이 공원과 상호작용할 수 있는 거점시설이 될 수 있게 제안하였다. 길잡이 역할이나

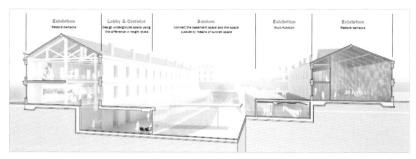

그림5. 일제시대 오바야시 사(대림조)의 조적조 건축물을 근대 문화 유산으로 보존하는 계획을 제안하였다. 건물의 가치를 제대로 알고 복원 계획을 세우는 것은 중요하다. "Yongsan Park for New Public Relevance"

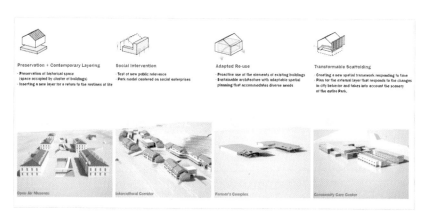

그림6. 건물의 활용 목표를 "땅이 갖고 있는 역사적, 시공간적 의미를 안고 미래 가치에 대응하는 능동적인 건축"으로 삼았다. "Yongsan Park for New Public Relevance"

편의를 제공하는 등의 소셜 네트워크의 기능은 재사용할 수 있는 건물을 사용하도록 기준을 잡았고 해체한 건물은 실내와 실외의 중간 공간으로서 공원의 장소적 특징, 완충적 기능을 담당하게 하였다.

그리고 한 가지 주목할 점은 이 설계안이 용산의 자족적인 도시성을 큰 잠재력으로 보고 있다는 점이다. 이러한 이해는 결국 최소한의 물리적 개입으로 이어지고 합당하게 대응할 수 있는 건축적 아이디어를 생산해 내는 것으로 연결되어 역사성이 충분히 환기되도록 하였다.

마지막으로는, 대상지의 현 기능을 공원의 기능으로 치환하고 현재의 자원을 미래의 역사 유산으로 활용한 경우다. "Yongsan Park Towards Park Society"(조경설계 서안+M.A.R.U. 외; 이하 "Park Society")는 "Public Relevance"와 마찬가지로 미군기지에 있는 많은 인프라에 주목하였는데, 무엇보다 이들은 지금의 용산 부지가 어떻게 만들어졌는지를 이해하기 위해 자연 환경과 문화의 궤적을 추적하는데 주력하였다. 예컨대, 이들은 군사 시설과 거주 시설, 생활 시설 등이 점유되는 과정을 살펴 자연에서 인공적으로 바뀌는 땅의 물리적 변화를 이해하였고 평지와 완경사지, 그리고 능선지 등 서로 다른 성격의 지형과 어떻게 맞물려 조직되었는지 살폈다. 또 필지 드로잉plot drawing으로 점유된 공간의 규칙성을 읽어나감으로써 공원의 단계별 계획에 응용하려 하였다. 즉, 우리가 대상지의 현황을 콜

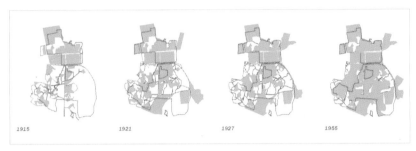

그림7. 오랜 시간을 거쳐 용산공원 부지는 자연이 인공적으로 점유되어가며 이것은 지형과 관계한다. "Yongsan Park Towards Park Society"(조경설계 서안+M.A.R.U. 외)

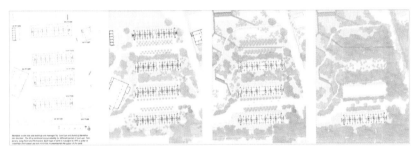

그림8. 기존 건물의 재사용을 통한 장소성 존중이 역사성의 환기를 유도한다. "Yongsan Park Towards Park Society"의 소셜 렌트 시스템

라주하고 몽타주하여 설계의 아이디어를 자연스럽게 생산하듯, 땅의 변화를 과정적으로 이해하면서 자연스럽게 공원의 기능으로 반전^{invert}시키는 가이드라인을 제시하고 있는 것이다.

여기에는 이미 분석의 기저에 영내 거주자의 입장을 이해하고자 하는 의도가 깔려있으며, 이것은 단순히 대상지의 현황을 알고자 하는 바를 넘어서는 것이다. 그들은 어떤 곳은 군사시설지로, 또 어떤 곳은 삶의 터전으로 만들면서 좀 더 편하고 쾌적한 방법을 강구하였을 것이다. 물론 환경 오염과 훼손 등의 윤리적 문제는 제대로 점검해보아야 할 문제겠지만, 적어도 땅을 마름질함에 있어서는 나름의 방식으로 합리적인 계획을 하였을 것이라 여기는 것도 무리는 아니다.

그리고 대상지에 대한 적극적 이해는 설계 전반을 관통하고 있는 '재사용 reuse'의 전략을 통해 '교육의 장'으로 전환하였다. 그리고 약 1,061개의 건물들을 활용하기 위해 제안한 소셜 렌트 시스템^{Social Rent System}은 본래 사회적 자원으로 활용하고자 하는 것이지만, 건물군에 의한 장소성을 존중하여 자연스럽게 역사성을 환기시키도록 유도한다. 건물의 보존을 '사용'으로 치환하여 임시 사용, 장기 사용, 영구 사용, 신축 사용의 매뉴얼을 만들고 초지, 정원, 농장, 숲, 물 등의 아이템으로 나눈 대지의 유형과 서로 맞물리게 하여 각각의 공간에 적합한 대지를 적용하고 있다.

사실 "Park Society"는 직접적으로 역사성 보존을 강조하고 있지 않으며 또

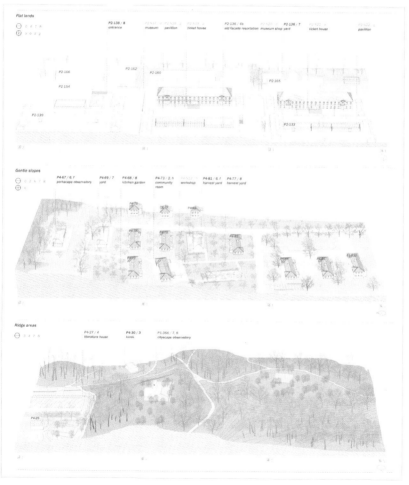

그림9. 지형, 건물의 보존 가치, 대지의 유형을 서로 고려하여 적절한 이용의 형태를 선택한다. "Yongsan Park Towards Park Society"

한 물리적 보존을 강요하지도 않는다. 그렇지만 대상지에서 파악하고 있는 많은 정보 덕분에 역사성에 대한 부분도 자연스럽게 수용하고 있다. 또 땅 위에 새로운 선을 새기는 대신 기존의 땅의 흔적을 그대로 수용하는 방법을 택함으로써 가장 직접적이고도 솔직한 역사성을 표현하려 했다. 이것은 우리가 통상적으로 이해하고 접근했던 방법, 즉 과거의 역사를 공간으로 기억하는 것과는 다른 것으로, 참신하고 과감한 디자인 프로세스임에 분명하다.

역사성의 관건은 대상지의 이해다

지침서의 요구 덕분이겠지만, 이번 용산공원 설계 국제공모에 출품한 여덟 작품은 공히 땅의 역사와 사건의 역사를 공원에 담으려 하였다. 그렇지만 알고자 함의 정도가 달랐고 그래서 이해의 깊이가 달랐다. 그리고 역사성을 디자인으로 풀어내는 방법이 달랐다.

어떤 것을 정답이라 할 수는 없지만, 분명한 것은 역사성을 강조한 안은 당연하게도 대상에 대한 이해가 남달랐다는 특징을 가진다. 즉, 충분한 시간의 현장 답사를 제공하지 못했다는 공모전의 태생적 한계가 있었음에도 구체적인 정보를 확보하여 대상을 충분히 이해하고자 했던 것이다. 반면 주어진 자료에만 의지하여 선언적이고 비약된 언어로 역사성 보존을 외치는 안도 있었다. 타성으로 접근한 수동적 반영도 있었고 정확한 정보 부족으로 인한 형식적 반영도 있었다.

용산공원을 바라보는 우리의 시선은 여전히 타자의 것이다. 미군 부지에 살고 있는 사람들, 살았던 사람들의 장소성에 대한 고려가 세심하지 못했고 역사 유물에 대한 가치 공유와 보존에 대한 고민은 그리 진지하지 않았다.

그리고 역사성 반영에는 대체로 건축물에 대한 부분만이 강조되었다. 경관의 보존, 길의 보존, 주요 공간의 보존, 자연의 보존 등은 거의 언급되지 않았고, 기념비적 측면에서 강조되는 용산의 역사성 또한 조경의 설계 요소로서는 대체로 강하게 드러나지 않았다. 이는 실제로 보존 가치가 없을 수도 있겠고 충분하지 않았던 현장 이해의 문제일 수도 있겠다. 그러나 '공원'에 대한 역사성 보존의 측면에서 나타난 이번 공모의 특징이자 아쉬운 점이다.

땅의 역사와 정체성을 드러내되, 과거에 머물지 않고 지속적으로 진화하는 창조적인 공원이야말로 용산공원을 용산의 공원이 되게 할 수 있다. 당선작은 앞으로 대상지 현황을 구체적으로 파악하고 이해하게 될 것이다. 세계적인 공원으로 비전을 제시하고 국가 공원으로서의 보편성을 갖추겠지만 용산만이 가지는 역사성도 효과적으로 보존해주기를 기대한다. 용산의 기억이 미래로 계승되고 역사 공원으로서의 가치도 간과하지 않았으면 한다. 용산공원에서는 용산의 역사를 기억할 수 있어야 한다.

---

1 역사(history, 歷史)가 인간이 거쳐 온 모습이나 인간의 행위로 일어난 사실, 또는 그 사실에 대한 기록을 말한다면, 역사성(historicity, 歷史性)은 독특한 역사적 특질이나 사회적 맥락의 특성을 말한다. 철학에서는 역사성을 인간의 탁월한 존재 방식을 특징짓는 것으로 보는데, 인간은 과거 속의 존재가능성을 의식적으로 회복하여 현재화하는 특징이 있으며 이것은 단순히 과거를 축적하는 식으로 존재하는 동식물과는 다른 일이라고 말한다. 인간은 역사를 원초적으로 이해하고 해석함으로써 자신의 존재 의미를 알게 되는데, 이것은 "역사는 현재와 과거의 끊임없는 대화"라는 에드워드 카(E. H. Carr)의 정의와 일면 상통하는 것이다.

이미지로서의
생태

류영렬

2006년에 『LAnD: 조경 · 미학 · 디자인』에서 서울시청 앞 광장 당선작에 대한 비평을 한 이후 6년 만에 조경 작품에 대한 비평을 한다. 그 당시에는 질 들뢰즈 Gilles Deleuze의 철학을 바탕으로 서울시청 앞 광장을 봤지만,[1] 이번에는 생태학자 의 눈으로 용산공원을 바라본다.

우선 용산공원 설계 국제공모 지침서를 자세히 살펴보자. 생태와 관련한 어 떤 요구 사항들이 있었을까? 관련된 몇 가지 주제문들을 나열해 보면 "생태적 가 치를 복원하는 건강한 공원", "산림녹지축과 하천습지축의 형성", "도시 미기후 조절을 위한 바람길 확보", "탄소 제로 Carbon zero 공원을 지향", "도시농업의 도 입으로 공원의 생산성 향상" 등이 눈에 띤다. 대부분 예측 가능한, 어찌 보면 진 부해 보이는 이 요구 사항들을 출품작들은 어떤 상상력으로 풀어냈을까.

이미지와 텍스트

출품작들의 '생태'를 분석하기에 앞서, 각 출품작의 설계 설명서에 담긴 텍스트의 숫자를 비교해 보았다. 생태를 계획과 디자인으로 풀어내기 위한 대표적인 두 매체는 이미지와 텍스트일 것이다. 필자는 텍스트에 주목했다. 필자가 기억하는 많은 공모전 출품작들은 화장술적 이미지에 가려 그 실체를 파악하기 어려웠기 때문이다. 뚜렷한 실체를 드러내는 텍스트가 설계 설명서에 담겨 있기를 기대했다. 여덟 개의 출품작들은 텍스트 숫자에 있어서 넓은 스펙트럼을 보였다. 〈표1〉은 설계 설명서에 담긴 단어 수를 나타낸다. 패널이 이미지 중심이라면, 설계 설명서에는 그 이미지를 풀어내기 위한 충분한 텍스트들이 있으리라 예상을 했다. 하지만 예상은 크게 빗나갔다. 당선작인 "Healing: The Future Park"(West8+이로재 외; 이하 "Healing")가 5,313단어로 가장 적은 텍스트를 사용한 반면, 가작인 "Sacred Presence Countryside in Citycenter"(동심원조경기술사사무소 +Oikos Design 외; 이하 "Sacred Presence")는 다섯 배에 달하는 24,572단어를 사용했다. "Healing"은 설계 설명서에 이미지가 가득하여 그 이미지에 담긴 생태를 해석하기가 어려운 반면, "Sacred Presence"는 무엇을 왜 어떻게 하려는지 충분한 설명이 담겨 있었다. 이제 텍스트에 담긴 생태로 떠나보자.

표1. 설계 설명서에 담긴 단어 수[2]

작품명(설계사)	단어 수
Healing: The Future Park(West8+이로재 외)	5,313
Yongsan Park for New Public Relevance(신화컨설팅+서안알앤디 디자인 외)	11,036
Openings: Seoul's New Central Park(James Corner Field Operations+삼성에버랜드 외)	5,563
Yongsan Park Towards Park Society(조경설계 서안+M,A,R,U, 외)	7,687
Multipli-City(씨토포스+SWA 외)	8,466
Sacred Presence Countryside in Citycenter(동심원조경기술사사무소+Oikos Design 외)	24,572
Yongsan Madangs(그룹한 어소시에이트+Turenscape 외)	10,265
Connecting Tapestries from Ridgeline to River(CA조경기술사사무소+Weiss/Manfredi 외)	8,942

탄소 제로 공원

지침서에 나온 대로, 용산공원 설계 국제공모는 탄소 제로 공원을 지향하고 있다. 탄소 제로 공원에서는 인위적인 온실가스 방출이 제한되며, 요구되는 에너지는 재생에너지를 통해 공급된다. 따라서 어떻게 인위적인 온실가스 방출을 없앨 것인지, 요구되는 에너지의 양은 얼마인지, 그 에너지를 어떻게 충당할 것인지 설계 설명서를 통해 보고 싶었다. 이 부분이 가장 잘 드러난 작품은 "Sacred Presence"이다. 공원 내의 기존 시설물들을 재활용하지 않을 경우 방출될 이산화탄소의 양을 예측하여 재활용의 필요성을 강조하였고, 공원 내 도시농업의 부산물과 음식물 쓰레기인 바이오매스를 이용한 에너지 생산, 태양전지와 태양열을 이용한 전기와 열에너지 생산, 지중열을 이용한 열에너지 생산을 제시하였다. 탄소 제로 공원을 만들기 위한 일련의 과정들이 체계적으로 연결되어 있으며, 무엇보다 중요한 것은 '정량화' 되었다는 점이다. 반면 다른 출품작들에서는 탄소 제로 공원을 달성하기 위한 체계적인 접근이 부족하였고, 재생에너지 사용을 나열식으로 제시한 경우가 대부분이었다. "Multipli-City"(씨토포스+SWA 외)는 태양열에너지를 이용하여 공원 운영에 필요한 에너지의 5%를 충당한다는 방법만 제시하였을 뿐, 나머지 95%에 대해서는 언급하지 않았다.

계산 과정은 제시되지 않았으나, "Sacred Presence"와 "Multipli-City"에서 흥미롭게도 공원 조성 후 식생이 흡수하게 될 탄소의 양을 정량화했다. 이는 탄소 제로 공원과 매우 밀접한 관련이 있다. 불가피하게 공원에서 방출되는 이산화탄소가 있는데 식생이 이를 흡수하게 된다면 간접적으로 탄소 제로 공원을 달성할 수 있기 때문이다. "Sacred Presence"는 2,250 ton biomass $year^{-1}$을 제시했고, "Multipli-City"는 500,000 ton CO_2 $year^{-1}$를 예상했다. 두 값의 단위를 tonC $year^{-1}$으로[3] 변환하여 비교하면, 전자는 1,125 tonC $year^{-1}$[4], 후자는 136,363 tonC $year^{-1}$로 "Multipli-City"가 약 백배 많은 탄소흡수량을 예측하였다. 누가 현실적인 것일까?

전 세계에서 가장 왕성하게 대기 중 이산화탄소를 고정시키는 지역은 아마존 열대림에서 자라는 어린 숲으로, 467 gC m^{-2} $year^{-1}$을 흡수한다.[5] 식생의 탄소 고정은 광합성과 식물호흡의 차이를 지칭하는데, 주로 어린 숲일수록 광합성과 식물호흡의 차이가 양의 부호로 큰 것으로 보고되고 있다.[6] 용산공원 전체 면적 (2,426,748m²)에 이 아마존 숲이 빼곡하게 자란다고 가정을 해보자. 이때 용산공원이 흡수하는 탄소의 양은 1,133 tonC year⁻¹이다.[7] "Sacred Presence"는 용산공원이 아마존 숲과 비슷한 양의 탄소 고정을 할 것이라 예상하였고, "Multipli-City"는 아마존 숲의 탄소 고정 능력의 100배(!)를 용산공원에서 기대했다. 물론, 공원에는 호수도 있고 건물도 있고 나무 이외의 토지 이용 면적이 상당히 클 것이다. 따라서 두 안 모두 탄소고정 능력에 대한 과대평가를 한 것으로 보이지만, "Multipli-City"는 과대평가의 정도가 너무 컸다.

녹지계획

모든 출품작들이 공통적으로 내세운 전략은 단계별 녹지계획이다.[8] 다운스뷰 공원Downsview Park, 그리고 프레시 킬스Fresh Kills 설계 공모전 이후로 널리 사용되고 있는 전략이다. 이 전략은 변화하는 주변 환경에 탄력적으로 대응할 수 있다는 장점이 있다. 반면, 공원·녹지가 예상한 대로 단계별로 진화할 지는 미지수다. 식생의 생태적인 변화를 예측하는 것도 힘들지만, 사회·경제적인 외부 변화가 공원의 미래에 끼칠 영향은 더욱 예측하기 어렵기 때문이다. 이 점에서, 네 가지의 시나리오에 따른 공원·녹지의 변화를 다르게 예상한 "Yongsan Madangs" (그룹한 어소시에이트+Turenscape 외)는 더 설득력 있게 다가온다.

구글 지도를 통해 용산 미군기지에는 상당히 넓은 식생지역이 존재함을 확인할 수 있었다. 미군 부지 내부는 각종 개발 압력에서 자유로웠기 때문에, 식생지역의 나무들은 제법 덩치도 크고 나이도 들었으리라 짐작된다. 따라서 식생지역에는 이미 여러 종들이 서식하고 있을 가능성이 높다. 또한 식생지역의 나무 그리고 토양에는 상당량의 탄소가 저장되어 있을 것이다. 기존의 식생지역에 대규모의 토목공사가 벌어진다면 종 다양성 및 축적된 탄소를 잃게 될 가능성이 크다. 여러 출품작들이 공원 전체를 갈아엎는 대규모의 토목공사를 제시한 것과 대조적으로, "Yongsan Park Towards Park Society"(조경설계 서안+M.A.R.U. 외; 이하 "Park Society")는 기존의 녹지 층을 점차 두텁게 만드는 전략을 제시했다. 기존의 녹지가 성장해나가는 전략은 용산공원이 지닌 생태적인 가치를 보존하고 향상시키는데 큰 도움이 되리라 생각한다.

"Sacred Presence"는 지속가능한 녹지계획에 대한 흥미로운 전략을 제시했다(그림1). 녹지의 목적과 용도에 따라 조성 속도를 다르게 분류한 것인데, 예를 들어 그늘 제공 등 공원 조성 직후부터 식재의 기능들이 필요한 지역에는 처음부터 닫힌 임관 구조를 조성할 것을 제안했다. 또 천천히 성장해도 되는 녹지에는, 다양한 수종이 경쟁을 벌이도록 내버려 둬서 적응성 · 탄력성이 높은 종이 성장할 수 있도록 하고 이 과정을 모니터링 할 것을 제안했다. 이 과정은 향후 이 지역에 새로운 식재계획이 필요할 때 종 선정을 하는데 도움이 될 것이다. 반면 손을 안대도 되는 지역은 그대로 놔둘 것을 제안했는데 대표적인 예로 아까시나무를 언급했다. 아까시나무 숲은 시간이 지남에 따라 참나무 숲으로 변할 것이라 예측했다. 필자가 보기에 탁월한 제안이다. 공원 조성 과정에서 대규모의 토목공사가 수반될 것이고 토양층의 영양물질도 상당량이 유실될 것이다. 나무의 성장에 가장 필수적인 영양물질은 질소다. 대기 부피의 78%가 질소(N_2)

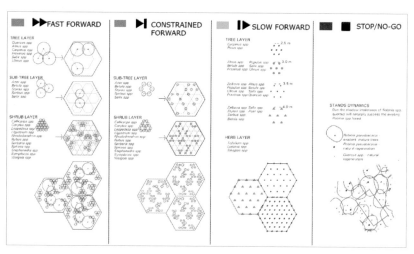

그림1. "Sacred Presence Countryside in Citycenter"(동심원조경기술사사무소+Oikos Design 외)의 식재 계획

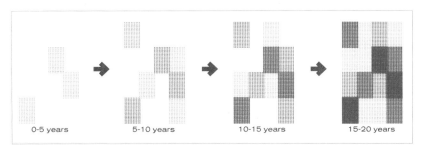

그림2. "Openings: Seoul's New Central Park"(James Corner Field Operations+삼성에버랜드 외)의 식재와 천이 모형

이지만, 정작 육상 생태계는 대기의 질소를 흡수할 수 있는 능력이 거의 없어서 질소가 생태계 성장의 제한 요소로 작용하는 경우가 많다. 아까시나무는 질소를 고정할 수 있다. 따라서 아까시나무는 공원 조성 후 영양물질이 부족한 토양에 질소를 공급하여 토양층을 비옥하게 만드는데 기여할 수 있다. 1960~70년대 헐벗은 국토가 현재의 울창한 산림으로 번성할 수 있게 해준 것도 아까시나무이다. 대다수 출품작들이 남산에 서식하는 우점종들을 용산공원에 도입할 것을 제안했다. 하지만 현재 남산에서 자라고 있는 우점종들이 새로 조성될 용산의 척박한 토양에서 적응하기가 어려울 수도 있다. 자연스러운 천이 과정을 통해 남산의 주요 수종들이 용산으로 전파되도록 유도하는 것이 지속가능한 방법으로 보인다.

녹지계획이 개념적으로 제시되어 해석하기 어려운 응모작들도 여럿 보인다. "Openings: Seoul's New Central Park"(James Corner Field Operations+삼성에버랜드 외; 이하 "Openings")는 식재와 천이 단계에 대한 다이어그램을 제시했는데(그림2), 왜, 어떻게, 어디에서, 이러한 과정이 진행되는지에 대한 설명이 부족했다. 구체적인 전략이 제시된 〈그림1〉과는 대조적이다. 〈표1〉에 나타나듯이 "Openings"는 두 번째로 적은 양의 텍스트를 사용했다. 따라서 텍스트로 설명된 "생태"도 매우 제한적이었는데 소개하면 다음과 같다. pathway matrix diagram에 의해 구획된 패치들을 통해 다양한 단계의 식재계획이 도입된다고 언급하였고, 경계의 가장자리의 다양성을 최대화 시키는 전략을 추구한다고 하였다. 한편, 남사면은 상대적으로 건조하여 소나무류를 심고, 상대적으로 습한 북사면에는 참나무류를 식재하는 것을 제안했다.[9] 이러한 일련의 텍스트들은 〈그림2〉의 다이어그램과 화학적인 결합을 이루지 못하였으며, 녹지계획과 관련한 실체를 파악하기 어려웠다. 〈그림2〉만 놓고 보면, 각 패치가 20년 동안 지속적으로 성장하는 것으로 보인다. 이는 다양한 교란 효과가 배제된, 현실에서 보기 어려운 예측이 아닐 수 없다.

수체계

설계 지침서에서 요구한 수체계는 다음과 같다. "공원을 소유역으로 나누어, 주요 결절지점에 저류 및 친수공간 기능을 담당하는 호pond와 이를 연결하는 내stream, 그리고 빗물 저장과 정화 기능을 하는 습지wetland를 조성"한다. 매우 구체적이며 생태적으로도 건전한 방법으로 보인다. 이 요구 사항을 계획 및 설계로 풀어내는 방식은 다양할 것이다. 그 중, 필자의 눈길을 끈 것은 "Multipli-City"의 안이었는데, 수체계 회복을 지형 회복과 결합한 흥미로운 아이디어를 제시하였다(그림3). 최초 용산 미군기지 조성 시 자연적인 지형을 깎아 건물들이 들어섰는데, "Multipli-City"는 과거 깎인 곳의 지형을 원상복귀 시키고 그 과정에서 파인 곳에 물을 채우는 방법을 제안했다. 토양에서 대부분의 유기물은 상층부O-horizon에 위치한다. 토양의 유기물은 토양 내 수분 함량과 영양물질을 증대시키며, 건전한 숲을 조성하는데 중요한 역할을 한다. 〈그림3〉을 보면, 높은 지역의 유기물이 지형을 따라 아래쪽으로 흘러내려와 축적되었을 가능성이 크다. 이렇게 축적된 유기물층을 깎인 지형을 복원하기 위해 상층부로 옮긴다면, 향후 식재될 나무들이 잘 적응하고 성장하는데 큰 도움이 될 것이다. 또한 땅을 판 곳에는 물길 혹은 연못을 도입할 것을 제안했다. 물길과 인접한 좀 더 높은 지형에 나무를 심는다면, 식생완충대의 역할을 하여 과도한 영양물질이 수체계로 유입되는 것을 방지할 수 있을 것이다.

"Sacred Presence"는 녹지계획과 마찬가지로 정량적인 데이터를 바탕으로

그림3. "Multipli-City" (씨토포스+SWA 외)에서 제시된 cut-fill 계획

생태적인 수체계 조성계획을 제안했다. 집중호우 발생 시 공원에서 보유해야 할 물의 양을 강수량과 유출량을 바탕으로 정량화 했으며, 토양 침투수의 양을 토양의 특성에 대한 지도를 바탕으로 예측했다. 집중호우가 발생할 경우 침수되는 지역을 예측하였고, 침수되는 모습 자체를 하나의 스펙터클한 경관으로 제안했다. 이는 범람원과 유사한 개념이다. 공원이 감당할 수 없는 물이 유입될 때는, 공원 내 물이 넘칠 수 있는 넉넉한 공간을 마련하는 것이 자연스러운 모습이 아닐까.

당선작으로 돌아와서

당선작인 "Healing"에 나타난 생태는 어떨까? 처음에 언급한대로, 출품작 중 가장 적은 텍스트를 사용했고(표1), 생태에 대한 설명 역시 매우 부족했다. 결국 이미지로 가득한 설계 설명서를 바탕으로 생태와 관련된 내용을 유추할 수밖에 없었다.

일단, 탄소 제로 공원과 관련하여 에너지부터 살펴보자. 여러 재생에너지를 도입한 다른 출품작들과 대조적으로, 당선작은 오직 지중열에너지를 이용하여 공원 내 필요한 모든 열과 에너지를 공급한다는 안을 제시했다. 지중열에너지는 냉난방을 위한 열에너지를 제공하는 수단으로 국내에서도 널리 사용되나, 전기를 생산하는 용도로는 국내에서 아직 도입된 사례가 없다.[10] 지중열을 이용해 전기를 얻으려면 고가의 발전기가 필요하다. "Healing"은 지중열발전소 설치에 750억원을 할당했는데, 이는 전체 공원 조성비용의 11%에 달한다. 공원에서 예측되는 전기 수요에 따라 지중열발전기를 설치해야 할 지 혹은 상대적으로 저

렴한 태양전지를 설치해야 할 지 판단하는 것이 합리적이라고 본다.

녹지계획은 매우 간략하게 이미지로 제시되었다(그림4). 향과 경사 분석, 그리고 계절별로 다채로운 색으로 가득한 팔레트 같은 식재계획도. 이 그림을 설명하는 짧은 문장 몇 개가 있으나, 〈그림4〉를 이해하는데 도움이 되지 않는다. 이 휘황찬란한 그림에 담겨있는 생태 프로세스는 무엇일까? 거대한 토목공사를 통해 조성될 새로운 지형 위에는 어떠한 식재계획이 이뤄질까? 어느 수종이 어느 곳에 식재될까? 궁금증은 커져만 간다.

"Healing"의 마스터플랜에서 가장 눈에 띄는 것은 거대한 호수다. 수체계 관련해서 당선작이 제안한 내용은 "어떻게 물을 공급할 것인가"이다. 지하철에서 지하용수를 공급, 이웃 도시에서 물을 끌어오기, 지하에 설치한 빗물저장탱크의 저장된 물 사용, 이렇게 세 가지 전략이 제시되었다. 모두 토목공사에 기반을 둔 전략으로, 생태적인 고려는 찾아보기 힘들다. 또한, 집중호우 시 공원이 "어떻게 물을 저장하여 유출량을 줄일 것인가"에 대한 내용은 전무하다.

전반적으로, "Healing"에는 생태와 관련하여 규모가 큰 것들(지중열발전기, 커다란 산 조성, 커다란 호수 조성)이 나열되어 있지만, 이것들이 어떻게 왜 생태적인지에 대한 설명은 찾아보기 어려웠다. 조감도를 바라볼 때의 화끈함(!)은 강렬하였으

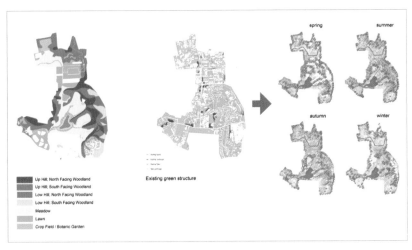

그림4. "Healing: The Future Park" (West8+이로재 외)의 녹지계획

나, 그 이미지 이면에 담겨 있어야 할 생태 과정들은 모습을 드러내지 않는다.
아쉽다.

이미지에서 프로세스로

생태는 프로세스다. 다소 과도한 양의 텍스트를 사용하여 생태 프로세스를 강조
한 "Sacred Presence"는 필자에게 희망을 안겨줬다. 그 많은 텍스트들을 함축하
여 생태 과정들을 아주 간략한 다이어그램[11]이나 이미지로 보여줬다면 금상첨화
였을 것이다. 한편, 생태를 여전히 이미지로 다룬 출품작들에서는 아쉬움도 느
꼈다. 이미지의 생태를 넘어, 프로세스의 생태로 가자.

1 류영렬, "사건 생성의 공간과 조경설계", 『LAnD: 조경・미학・디자인』, 도서출판 조경, 2006,
pp.326-339.
2 PDF 파일의 텍스트를 MS Word로 옮겨서 Word Count 기능을 사용하여 정량화했다.
3 tonC에서 C는 탄소(carbon)를 의미한다.
4 나무 바이오매스 중 탄소의 비율을 50%로 가정하였다.
5 Pan, Y. D., Birdsey, R. A., Fang, J. Y., Houghton, R., Kauppi, P. E., Kurz, W. A., Phillips, O.
L., Shvidenko, A., Lewis, S. L., Canadell, J. G., Ciais, P., Jackson, R. B., Pacala, S. W., McGuire,
A. D., Piao, S. L., Rautiainen, A., Sitch, S., & Hayes, D., "A Large and Persistent Carbon Sink in
the World's Forests", *Science*, 333(6045), 2011, pp.988-993.
6 Odum, E. P., "Strategy of Ecosystem Development", *Science*, 164(3877), 1969, pp.262-270.
7 467 gC m^{-2} year^{-1} × 2,426,748 m^2/10^6 = 1,133 tonC year^{-1}
8 이는 설계 지침서에 요구된 사항이기도 하다.
9 이는 "Multipli-City"의 안에도 제시된 내용이다.
10 손병후, "지열", 『2010 신재생에너지 백서』, 에너지관리공단, 2010, pp.486-512.
11 예를 들어 〈그림3〉과 같은 다이어그램이었다면 어땠을까.

공원의 경계와
확장성

유시범

최근의 조경 설계 경향 중 하나는 유연한 경계를 바탕으로 소통을 지향하는 것이다. 공원 설계에서도 도시와 공원의 소통을 중요한 전략으로 취한다. 주변 도시와의 명확한 경계를 통해 공원이 도시와 분리된 피난처의 역할을 하기보다, 도시의 기능이 공원 내로 유입되고 공원의 기능이 도시에서도 작동하면서 경계부가 유연해지는 경향을 보이는 것이다. 용산공원 설계 국제공모 출품작들은 비중에서 다소 차이가 있지만 공통적으로 경계부에 대한 전략을 제시하고 있다. 용산공원의 위치가 도시 서울의 한복판인 이유와 함께 대상지가 그동안 폐쇄된 형태로 있었다는 점도 그 이유로 작용한다. 도시와 공원의 소통이 경계부 전략만으로 되는 것은 아니지만 이질적인 요소가 만나는 경계부의 역할이 중요함을 간과할 수는 없다. 주변부와의 관계를 고려하는 출품작들의 이러한 경향은 설계자의 의도 이전에 2011년 10월 확정·고시된 '용산공원 정비구역 종합기본계획'에서 기초한 것으로 볼 수 있다.[1] 이와 관련된 항목은 세부 내용 중 공원의 구조에 대한 전략인 '유연한 경계와 도시로 확산되는 공원'에서 찾을 수 있다. 인접 도시의 조건에 대응하고 지속가능한 관계 형성을 위한 경계부가 필요하다는 전략이다.

'용산공원 정비구역 종합기본계획'의 기본구상에서 제안하는 것은 공원 주변부를 경계부와 인접부로 구분하여 각각의 지역적 특색을 고려한 전략을 세우는 것이다. 이 기본구상에서는 경계부를 직접적인 진입과 확산의 네트워크가 시작되는 곳으로 보고, 공원의 네트워크 확산을 고려하여 경계부에서 녹지 체계, 수 체계, 보행 체계가 연계될 필요가 있음을 지적한다. 또 인접부는 공원 네트워크를 시가지로 확산하는 연결점의 역할을 수행하는 곳이자 외곽 지역으로의 광역적 연계를 꾀하는 지점으로, 접근성 향상을 위해 보행 체계를 연결해야 할 뿐만 아니라 공원 주변부의 밀도 계획, 시각축 등을 고려한 개발이 유도되어야 한다고 제안한다.

공원의 확장성

용산공원에서 '확장성'을 중요하게 다루어야 하는 이유는 대형 공원이기 때문이다. 공원이 대형화되는 것은 그것의 영향을 받는 범위도 대형화됨을 의미한다. 용산공원에는 다양한 인접부가 있다. 당연히 많은 접점들이 생겨날 수밖에 없고, 그에 따른 다양한 연계 전략이 필수적이다. 수많은 인터페이스 공간들은 혼란을 일으킬 수도 있고 질서를 가져올 수도 있다. 아시하라 요시노부의 이론에 근거하면, 공원의 경계부는 공원의 내적 질서와 도시의 외적 질서가 만나는 공간이다.[2] 인터페이스 공간을 어떠한 질서에 편입시키는가는 확장성 논의에서 중요한 부분이다. 설계가는 기본적으로 내적 질서를 만드는 입장이다. 그렇기 때문에 용산공원은 가변적인 외적 질서에 대한 포용력이 요구되는 공간이다.

다양한 접점들 속에서 공원과 도시의 연계 전략은 다양한 방식으로 나타날 수 있다. 하지만 그 선택이 쉽지 않은 이유는 용산공원의 주변부가 단순하지 않기 때문이다. 지형의 왜곡을 비롯해 미군기지의 외벽, 국방부, 국립중앙박물관 등의 매스들은 공원의 확장을 가로 막는 잠재 요소이다. 공원의 확장성은 물이 낮은 곳을 찾아 흐르듯 퍼져나가는 것이 아니다. 수평적인 요소와 함께 수직적인 전략이 함께하는 그린웨이 시스템을 기반으로 공원은 확장력을 가질 수 있다.

용산공원의 전반적인 전략 가운데 공원의 확장성과 관련이 깊은 대목은 공원의 구조와 관련된 부분으로, 바로 이 글이 중점을 두는 지점이다. 공원의 구조는 국가적 상징성과 지역적 정체성의 경관적 재현, 남산에서 용산공원 그리고 한강으로 이어지는 생태·경관축 형성, 유연한 경계와 도시로 확산하는 공원을 목표로 한다. 전문가들은 용산공원이 외부로 확산될 수 있는 계획과 설계가 필요하다고 말한다. 또 한편으로는 주변부 계획을 통해 공원의 확장성 확보가 필요하다는 지적을 한다. 확산과 확장은 비슷한 말로 모두 주변과 공원의 관계를 말하고 있지만 그 의미는 조금 다르다. 확산은 어떤 병이나 기질 따위가 넓은 범위에 걸쳐 퍼져있거나 퍼지는 성질을 말한다. 공원을 예로 들어 설명한다면 동시대 공원이 가진 성격과 문화가 공원의 내외부로 퍼질 때 확산이라 말할 수 있다. 반면 사전적 의미의 확장은 물리적이며 가시적인 것을 말한다. 확장성은 확장 가능성, 연장성과 비슷한 맥락에 있다. 두 단어는 서로 영향을 주지만 그 의미는 다르다.

공원 설계에서 확장성이란 용어는 2008년 강북대형공원 마스터플랜 국제현상설계 공모전에서 가원조경기술사사무소가 사용한 적이 있다. 대형의 개념을 정립하는 과정에서 그 의미를 '그것은 단순히 단일 공원의 크기의 문제가 아니라 공원의 다양성과 확장성의 문제'라고 설명하였다. 다양한 스펙트럼의 프로그램으로 대지의 역량을 극대화하고 공원의 증식과 확장을 통해 대형 공원을 제안하는 안이었다. 그리고 2010년 5월 용산공원 정비구역 종합기본계획 기본구상 국제세미나에서 김아연은 외부와 연결되는 여러 곳의 게이트와 주변부의 지구단위계획을 통한 공원의 확장성 확보가 필요하다는 의견을 피력했다. 확장성은 다소 차이는 있지만 이미 우리가 사용하고 있고 알고 있는 용어이다. 이와 관련해 배정한은 2004년 다운스뷰 공원Downsview Park에 대한 글에서 공원의 안과 밖의 경계를 흐릿하게 함으로써 공원을 도시로 확장시키는 동시에 공원으로 밀려

들어오는 도시의 힘들을 기꺼이 받아들이는 설계안의 전략을 설명한 바 있다.[3]

공원의 확장성은 랜드스케이프 어바니즘 landscape urbanism 이론과도 관련을 맺는다. 랜드스케이프 어바니즘은 도시와 경관의 불확실성, 비종결성, 혼합성을 다룬다. 이것은 수평적 판, 생태성, 상상력 등의 요소로 설명할 수 있다.[4] 이 중에서 수평성은 현대 도시와 경관의 관계에서 작동하는데,[5] 랜드스케이프 어바니즘에서 수평성의 개념은 공간의 가능성을 위한 열린 시스템을 고려하는 것을 가리킨다. 공간의 물리적인 구조를 말하기보다는 공간에서 일어나는 행위나 특질의 연속적인 잠재성을 말하는 것이다.[6] 배정한은 또 다른 글에서 이 수평성이 행정중심복합도시 중앙녹지공간 국제설계공모에서 실험되었다고 평가하며 다음과 같이 말한다. "거대한 공지는 이 도시의 비위계적, 탈중심적, 민주적 성격을 구현하는 물리적 장치이자 도시의 성장과 발전을 이끌 수평적 판이라는 점에서 이른바 랜드스케이프 어바니즘의 실험실이라 할 만한 것이다."[7]

출품작에 나타난 확장성

필자의 유추와 짐작을 완전히 배제할 수는 없지만, 출품작들에 나타난 확장성은 현재를 기준으로 삼고 있다. 그리고 현재의 조건을 통해 예측 가능한 미래를 포함한다. 용산공원 내부의 확장 가능성을 언급하기도 하지만 용산공원과 인접한 도시 및 자연과의 관계에서 나타나는 공원의 확장성에 주로 중점을 두고 있다.

"Openings: Seoul's New Central Park"(James Corner Field Operations+삼성에버랜드 외; 이하 "Openings")는 대상지의 어수선함을 해결하기 위해 빛, 공간, 명료함에 초점을 둔다. "Openings"는 잠재되어 있는 조건을 증폭시키는 어휘이다. 이를 위한 전략으로 네 가지 레이어를 제시한다. 먼저 'Earthwork and Topography'를 통해 대상지의 지형을 조작한다. 그들은 산에서부터 평지로 이어지는 다양한 지형적 특징을 발견하였다. 미군기지의 개발을 위해 조작된 계단식 테라스 형태의 산, 계단, 수평적으로 뻗어있는 절벽 등 땅을 분절시키는 요소들을 찾아내었다. 그리고 이곳을 차지하는 몇몇 건물을 지워 지형의 흔적을 명료하게 하였다. 이

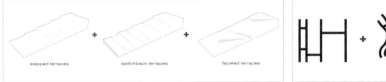

그림1. "Openings: Seoul's New Central Park"(James Corner Field Operations+삼성에버랜드 외)의 Earthwork and Topography

그림2. "Openings"의 Pathway Matrix

는 용산 미군기지 내부 땅들의 결속력을 높이는 동시에 남산에서부터 한강으로 이어지는 지형을 회복하는 데에 의의가 있다. 이것은 공원의 태생적 환경 조건을 외부로 넓혀서 땅을 통해 확장성을 달성하려는 시도로 해석할 수 있다. 둔지산의 지형은 자연스럽게 공원 안에서 밖으로 연결되고 수 체계 역시 자연스럽게 만초천과 연결된다.

한편 이런 지형 조작의 과정을 통해서 길들이 생겨난다. 대상지에 존재하던 직선의 길 그리고 산과 천에서 자연스럽게 생성되는 곡선과 구불구불한 길은 용산공원의 부분들을 연결시킨다. 미군기지는 작은 도시로서 군대의 특성상 빨리 이동할 수 있는 직선의 길을 사용해 왔다. 빠름을 상징하는 직선의 길은 새로 개발될 용산국제업무지구, 삼각지역 주변지구, 남영동 상업지구 등의 도시 조직과 긴밀하게 연결된다. 이런 전략은 'Pathway Matrix'에 드러난다. 기존의 길과 새로운 길을 적절히 배치함으로써 뼈대를 이루고 인접 도시의 성격에 맞추어 확장 가능할 수 있는 설계를 하였다.

"Yongsan Park for New Public Relevance"(신화컨설팅+서안알앤디 디자인 외; 이하 "Public Relevance")는 급속한 발전에 의한 사회 문제를 거론한다. 청나라와 일제강점기, 한국전쟁 등의 국내 역사와 함께 세계대전의 기억을 통해 상처받은 사람들을 위한 공공적 적실성public relevance을 제안한다. 이 안은 용산과 남산은 하나라는 콘셉트로 두 대상의 관계 회복을 제안한다. 그리고 동시에 산과 사람의 관계 회복을 목표로 한다. 이는 본래의 지형을 복원함으로써 대한민국 국토가 가지고 있는 하나로 이어지는 맥을 찾으려는 시도이다. 땅과 사람의 관계를 보는 것이다. 이것은 단순히 수계를 찾는 것 이상의 의미가 있다. 물을 같이 쓰는 '동

洞’의 개념에 의해 생긴 해방촌을 비롯하여 용산 주변에 있는 경리단, 이태원 남산 자락의 마을이 생기게 된 계기와 관련이 있기 때문이다. 이에 근거해 대상지를 바라보면서 용산공원과 주변부 전체를 하나의 경관으로 인식하고 있다. 그것은 경계를 넘어 용산공원이 확장할 수 있는 가능성의 프레임을 제공한다. 하나의 예로 용산공원의 외곽 우측에 위치한 경리단길에서 흘러온 물이 같은 배수유역을 이루는 만초천과 합류하고 도시로 흘러나가는 전략을 보인다.

메인 포스트와 사우스 포스트 사이를 지나는 이태원로와 북쪽에서 동서로 평행하게 가로지르는 길1st Corps. Blvd. 주변은 공원의 중심을 형성하고 있다. 이곳에는 사람들의 행태를 담을 수 있는 넓은 공간과 박물관, 전시관을 배치해서 다양한 활동을 예측하게 한다. 자유롭고 평화로우며 열린 공간의 분위기를 느낄 수 있다. 다만 그럼에도 불구하고 남쪽의 국립중앙박물관, 서쪽의 국방부와 전쟁박물관이 즐비한 공간 구조에서 동쪽에 평화 공간을 계획하는 것은 물리적 규모가 크지 않다고 하더라도 심리적으로 공원의 확장성이 저해되는 느낌을 준다. 확장성을 보여주는 세부 사례는 ‘Intercultural Corridor’에서 나타난다. 소셜믹스social mix와 컬처럴 믹스cultural mix를 추구하는 이 전략은 장소성을 연장한다

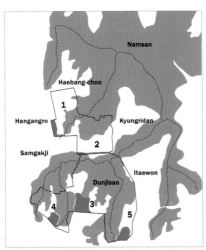

그림3. "Yongsan Park for New Public Relevance" (신화컨설팅+서안알앤디 디자인 외)의 The Five Basins and Namsan Boundary

그림4. "Public Relevance"의 Intercultural Corridor

는 점에서 흥미롭다. 이태원과 해방촌, 경리단길에서 외국인 문화가 생겨나기 시작한 것은 미군기지와 무관하지 않았다. 폐쇄된 형태의 용산 미군기지가 작게나마 지역과 소통한 것은 생활 문화였다. 미군기지가 떠난다면 그런 관계의 단절이 발생할 수 있는데, 이 전략을 통해 그런 문화를 지속할 수 있게 한다. 유스호스텔과 다문화 공간, 지역에 거주하는 다양한 국적의 사람들을 공원 경계부로 초대하고 있다. 장소가 재사용되고 혁신되면서 공간이 확장성을 갖추게 되고 인접부 효과가 극대화되는 것이다.

"Healing: The Future Park"(West8+이로재 외; 이하 "Healing")는 대상지를 복잡하고 아픈 기억을 가진 땅으로 보고 치유의 방법으로 접근한다. 자연의 치유는 '삼천리금수강산'을 콘셉트로 한다. 남산에서 대상지로 연결되는 둔지산이 잃어버린 자연스러운 산자락의 모습을 복원하면서 한국적 경관을 구성한다. 역사의 치유에서는 기존 건물의 기억을 남기고 새로운 소셜 플랫폼을 제시한다. 문화의 치유에서는 경계를 넘어 새로운 문화적 창달을 위해 사람과 사람들이 사는 지역의 연계를 전략으로 삼았다.

이 안도 남산과 용산공원의 녹지축 연결과 수 체계 복원을 이행한다. 다만 금수강산을 모티브로 했기 때문인지 이 안의 수 체계는 다른 안들과는 약간 상이하다. 사우스 포스트에서 서쪽으로 흘러가고 있다. 산에서 시작한 물이 대상지를 거쳐 새로 개발될 용산IBD를 지나 한강으로 합류한다. 산에서 흘러 도시를 지나 바다로 흘러가는 대한민국의 수 체계를 묘사한 것으로 보인다. 금수강산이라는 의미의 재생은 단지 생태적 복원에 그치지 않고 공간적 확장성을 지닌다. 물길이 동에서 서로 흐르면서 흐름을 이끌어 내었고 물길의 흐름이 공원과 도시를 관통한다는 점에서 공간은 확장성을 갖추고 있다. 그리고 용산IBD 방면에서 용산공원으로 접근하는 경계부가 국방부 건물로 인해 접근성이 다소 좋지 않다는 점을 고려했을 때 물길을 통해 공간의 문제를 극복하는 전략을 택한 것으로 해석할 수 있다.

그리고 용산기지 외곽의 반포로와 한강로가 공원으로의 접근을 어렵게 한다는 점에서 핵심적인 장소에 브리지bridge를 놓았다. 어렵지 않은 방법으로 태생적인 문제를 해결하면서 그 의 미를 통해 공원이 갖는 한계를 극복한 것으로 볼 수 있다. 지금은 용산 미군기지의 높은 벽이 문제로 인식되지만 벽이 없어진 후에도 대로라는 장애물은 남아있기 때문이다. 또한 메인 포스트와 사우스 포스트가 모두 미군 기지임에도 불구하고 자체적으로 두 장소가 단절되어 있는 특성을 잘 이해하고 극

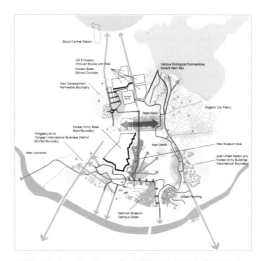

그림5. "Healing: The Future Park"(West8+이로재 외)의 Interface of park and city

복하려 한 점도 눈에 띈다. 세부적으로는 이태원과 인접하는 부분에서 밤의 경관을 공원 안에서도 느낄 수 있는 장치를 마련했다. 이는 안전성에도 일정부분 기여할 것으로 기대되고 공원과 도시의 자연스러운 만남을 형상화했다.

"Yongsan Park Towards Park Society"(조경설계 서안+M.A.R.U. 외; 이하 "Park Society")가 내세우는 전략은 사회문화적 인프라 구축이다. 공원이 하나의 인프라이자 열린 공간으로서 민주적인 공간이 되기를 희망한다. 이 안이 경계에 대해 밝힌 견해는 그동안 용산기지는 벽과 게이트에 의해서 갇혀 있었고 그것은 하나의 고립된 섬처럼 남아 있었다는 것이다. 장애 요소를 제거함으로써 용산공원은 도시로 확장될 수 있다고 믿고 있다.

벽이라는 구조는 수평적 확장성을 가로막는 장치이다. 그리고 벽 안에 있는 것은 폐쇄성으로 인해 타자에 의한 성역화가 진행된다. 도시 외곽에 위치한 숲과 같이 용산 미군기지는 서울 한복판에서 갈 수 없는 미지의 곳인 동시에 기억에서 잊힌 장소이다. 표면적으로는 미군기지로 쓰이며 오염이 되었을 가능성이 있다. 하지만 그동안 도시의 확장으로부터 침범을 받지 않았다는 면에서는 온전한 상태로 여겨질 수도 있는 것이다. 이런 경우 확장성은 다소 다른 의미를 지닐

것이다. 공원은 확장성이 있어야 하고 경계의 변화에 유연하게 대응해야 하지만 그것이 모든 경계가 열리는 것을 의미하지는 않는다. 용산기지를 둘러싼 인접부의 개체가 벽을 넘어 공원 안으로 침범하는 것은 일종의 성역화가 되어있는 또 다른 도시를 망각한 행위일 수 있다. 경계의 양쪽에 있는 요소는 똑같이 확장성을 가지는데 때로는 그 영향을 저울질하여 맞춰줄 필요를 느끼게 한다. 실제로 이 안은 용산 주둔지는 우리가 접근할 수 없었던 또 다른 도시라고 말하고 있다. 이 작은 도시를 위한 남아있는 인프라스트럭처와 새로운 구조의 결합은 소도시 용산기지를 대도시 서울로 확장가능하게 하는 수단이 된다. 이것은 물리적인 만남이기도 하지만 서로 다른 사회가 조화롭게 만나 새로운 창조적 가치를 만들어내는 기회이기도 하다.

"Multipli-City"(씨토포스+SWA 외)는 서울의 밀도와 다양성에 주목한다. 이 안은 용산 미군기지에는 자연의 산과 숲, 하천 그리고 고도로 개발된 현대 도시의 모습이 복합적으로 있다고 본다. 도시의 밀도와 생태적 다양성을 두 개의 축으로 보고 서울에서의 용산공원의 조건을 판단한다. 용산공원은 결과적으로 두 요소로 이루어진 도시에 포함되고 작동한다. 최초의 설계 철학이 도시와 공원의 조율이라는 측면에서 시작되었다. 특히 이 안은 용산 미군기지가 군부대 기능 외에 인구 3만 명을 위한 하나의 작은 도시로 만들어졌다는 점에 주목한다. 그것은 공원이기 전에 하나의 닫힌 도시가 새로운 도시와 만난다는 관점을 제공한다. 도시와 도시가 수평의 관계에서 만나고 확장한다는 관점이다. 기존의 구조

그림6. "Yongsan Park Towards Park Society" (조경설계 서안 +M.A.R.U. 외)의 The Border, Gate 37

들을 새로운 공원의 요소로 활용하는 방법을 제안함으로써 도시가 공원이 되고, 공원이 도시가 되는 콘셉트를 보인다. 두 개의 도시가 확장하여 만나고 공원으로 탈바꿈되는 것이다.

이 안에서도 다른 안과 비슷하게 지형의 복원을 통해 고립되어 있는 남산을 연결시킨다. 그리고 생태적 시스템의 복원을 목표로 삼는다. 또 공원 안팎의 생태 자원과 도시 조직 안에 있는 오픈스페이스들을 연결시켜서 용산공원과 주변부가 함께 하나의 도시로, 하나의 공원으로 성장하는 전략을 취한다. 용산공원 주변 곳곳에 있는 그린 오픈스페이스들을 찾아냄으로써 공원의 확장 가능성을 열어두고 있다.

"Yongsan Madangs"(그룹한 어소시에이트+Turenscape 외)의 전략은 '경계로부터의 시작'이다. 이 안은 용산공원과 주변 커뮤니티 조직들 사이의 경계를 허물면서 사람들에게 문화적이며 유용한 마당과 같은 공원을 제공한다. 구체적으로는 해방촌과 남영동 등 네 가지 경계부에 각각의 타입을 제안한다. 경계부 전략에 대해 "Sacred Presence Countryside in Citycenter"(동심원조경기술사사무소+Oikos Design 외; 이하 "Sacred Presence")가 섹션을 통해 표현했다면, 이 안은 커뮤니티의 확장을 평면적으로 나타낸다. 다른 안들에 비해 이 설계안은 공원 경계에 존재하는 수많은 크고 작은 도시 조직들을 발견한다. 용산공원은 사람들에 의해서 사람들을 위한 공원이 된다고 믿는다. 문화를 통해 공원과 주변 조직들이 파급 효과를 가질 수 있으며 사람들의 참여에 의해서 공간이 가변적 유연함을 가질 수 있다는

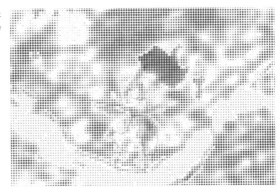

그림7. "Multipli-City" (씨토포스 +SWA 외)의 The Park of Intensity and Diversity

그림8. "Yongsan Madangs"(그룹한 어소시에이트+Turenscape 외)의 Edge Platform

것이다. 용산공원의 경계에는 수많은 커뮤니티가 인접해있고 그들은 용산공원을 마당 삼아 공원 이용의 주체로 성장한다. 경계에서 시작된 사회적, 문화적 공원의 성질이 확산성을 갖는 것이다. 이 안이 추구하는 도시와 공원의 확장성은 사람을 기반으로 하고 있다.

하지만 경계가 반드시 확장해야 할 당위를 가져야 한다는 것은 작위적일 수 있다. 이런 접근은 다소 일방적이다. 용산 미군기지로서 가졌던 장소성은 스스로 확장성을 갖지 못하고 외부 요인에 의해 자체의 장소성이 외면당하는 위기에 처하는 것이다. 또한 주변 경계에 집중한 것은 인접부를 하나의 공간으로 묶어줄 수는 있지만, 공원이 주변화가 되거나 특정 집단에 의해 사유화될 수 있는 위험성을 내포하고 있다. 주변부 조직과 소통하는 것은 바람직하지만 이외 다른 부분과는 단절되는 현상이 발생할 수 있다. 공원 자체의 내부 질서가 확장성을 가지면서 인접부가 변화할 수 있게 유도하는 전략이 동시에 필요할 것으로 보인다. 메인 포스트와 사우스 포스트를 가로지르는 이태원로 등 공원 내부에 생길 수 있는 특수한 경계를 고려하였다면 확장성의 저울을 어느 정도 맞출 수 있었을 것으로 보인다.

"Connecting Tapestries from Ridgeline to River"(CA조경기술사사무소 +Weiss/Manfredi 외; 이하 "Connecting Tapestries")는 주변의 공원 경계에 있는 여러 지역과 서울 및 다른 곳에서 오는 사람들의 접근을 통해 도시와의 연결성을 고려한다. 각각의 공원 입구의 성격에 따라 도시 조직과 연관되는 사회적, 문화적, 교육적 활동을 제시하였다. 게이트웨이는 공원의 인접부 중에서 영향력이 큰 것을 기준으로 선정된다. 공원 내부는 산세를 유연한 곡선으로 복원한다. 그것을 중심으로 동쪽은 도시 조직이 공원으로 스며드는 형태를 보이며 서쪽은 공원을 향해 열린 형태를 보인다. 번갈아가며 나타나는 동서방향의 강한 축은 도시와 공원을 연결시키려는 강한 시도로 보인다. 공간이 확장성을 가질 것으로 예상되지만 다소 주변부에만 한정될 가능성도 있다.

다른 안들과 마찬가지로 남산과의 관계를 고려하였는데 특별한 점은 남산에서 한강까지 이어지는 비오톱 전략이다. 지형을 통한 산세 회복 이외에 생태적 입장에서의 남북 녹지축을 만드는 목표를 세웠다. 피상적인 연결을 넘어서서 자연과 자연의 만남을 통해 생태적인 확장성을 촉발시킨다.

"Sacred Presence"는 'Good Urbanism' 전략을 통해 공원은 경관의 차원을 넘어 도시 조직의 일부라 말한다. 그리고 공원의 경계는 선이 아니며 하나의 존 zone이라고 표현한다. 경계는 수평적으로 볼 수 있는 것이 아니며, 레이어로 표현할 수 있는 복합적이고 통합적인 장소로 말하고 있다. 세부적으로는 공원의 주요 경계 아홉 개 장소를 구체적으로 표현하면서 도시와 공원의 연결에 대해서

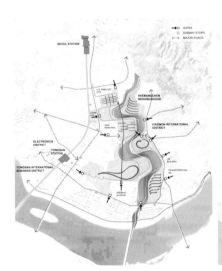

그림9. "Connecting Tapestries from Ridgeline to River" (CA조경기술사사무소+Weiss/Manfredi 외)의 Urban Connections and Park Gateways

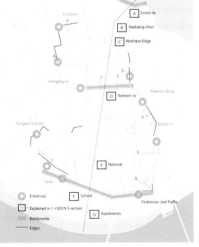

그림10. "Sacred Presence Countryside in Citycenter" (동심원조경기술사사무소+Oikos Design 외)의 Strategies of Good Urbanism

현실적으로 고민하였다. 건물을 통한 진입이나 기존에 있던 벽을 이용한 진입 등 다양한 경험을 장소의 성격에 맞게 제안하였다.

마치며

공원의 확장성을 어떻게 다루어야 할 것인가는 여전히 복합적인 문제이다. 각각의 안들은 서로 다르게 인식하고 서로 다르게 표현하고 있다. 또한 한편으로는 각각의 안들이 유사점을 보이기도 한다. 큰 틀에서 '용산공원 정비구역 종합기본계획'을 따르고 있기 때문이다. 설계안에서 확장성에 대한 부분은 전체를 지배하는 철학에서부터 나오기도 하고 물리적인 계획에서도 나타난다. 그리고 세부적인 프로그램에서도 확장성을 고려한 전략이 나온다. 서두에 언급한 것처럼, 확장성은 기본적으로 물리적이며 가시적인 구조를 의미한다. 하지만 때때로 개념에는 존재하지만 물리적으로 드러나지 않는 경우도 있다. 사실 이런 설계안의 경우에도 확장성이 없는 것으로 보기는 어렵다. 직접적으로 드러나지는 않지만 전체를 관통하며 스며있는 경우가 있기 때문이다. 결국 확장성은 통합적으로 주변부에 대응할 수 있는 유연성을 일컫는 언어로 종결될 수밖에 없게 된다.

공원의 확장성은 미래 지향적인 가치를 담는 말이다. 공원이 다양성을 바탕으로 확장하는 것이 긍정적이라는 전제에서 사용할 수 있는 말이다. 때때로 그것은 플러스를 뜻하지만 마이너스를 의미하기도 한다. 즉, 확장성은 구조적인 확충을 뜻하기보다 변화에 유연하게 대처할 수 있는 변화 가능성의 의미를 내포하는 것이다. 이질적인 요소들이 상호 작용을 하면서 만들어가는 복합 경관인 것이다. 조경 설계에서 확장성은 디자인 결과 자체로 달성하기 어렵다. 그보다 디자인의 전 과정을 통한 연속선상에서 이해할 수 있다. 때로는 완공 후 공원을 관리 · 운영하는 측면까지 그 의미가 확대될 수 있다. 그 방법과 정도를 정하는 것은 설계자의 몫이다. 분명한 것은 공원의 확장성이 공원 자체의 내부적 진화보다는 공원과 도시 사이의 관계를 규명하는 데 필요한 용어라는 것이다. 도시가 가진 외적 질서를 고려하기 위해서 확장성은 논의의 가치를 지닌다.

용산공원은 단계별 계획으로 조성될 예정이다. 2017년에 1단계가 시작되어 2032년 4단계가 끝난다고 한다. 공원은 크고 작은 유닛의 공원과 오픈스페이스들이 유기적으로 결합하는 모습이 될 것이다. 15년에 걸쳐 개발되는 동안 작은 도시 용산 미군기지가 변하듯이 큰 도시 서울도 변화를 거듭할 것이다. 동시다발적으로 발생하는 변화의 양상과 요인을 파악하여 그것에 대응할 수 있고 관리할 수 있는 확장성을 가진 공원을 탄생시켜야 할 것이다. 도시와 공원이 어떤 방식으로 손을 잡을 것인가는 바이아란트[8] 퍼즐 조각과 다르지 않다. 새로운 조합은 계속해서 생성될 것이다.

---

1 국토해양부, 『용산공원 정비구역 종합기본계획』, 2011.
2 아시하라 요시노부 저, 김정동 역, 『건축의 외부공간』, 기문당, 2009, pp.151-161.
3 배정한, 『현대 조경설계의 이론과 쟁점』, 도서출판 조경, 2004, p.117.
4 James Corner, "Landscape Urbanism", *Landscape Urbanism: A manual for the Machinic Landscape*, Chronicle Books Llc, pp.58-63.
5 찰스 왈드하임, "어바니즘으로서의 랜드스케이프", 김영민 역, 『랜드스케이프 어바니즘』, 도서출판 조경, p.40.
6 조경진, "한국적 랜드스케이프 어바니즘의 전망: 딜레마와 가능성", 월간 『환경과 조경』 272, 2010, p.155.
7 배정한, "대형공원, 생산, 프로세스 - 행정중심복합도시 중앙녹지공간 국제설계공모", 『봄, 디자인 경쟁시대의 조경』, 도서출판 조경, p.26.
8 바리아란트(Varialand)는 셀렉타(Selecta) 회사에서 출시한 정답이 없는 창작 퍼즐 조각이다. 집, 나무, 연못, 동물 등을 자유롭게 배치할 수 있다.

부지 중심적
설계의 양날

이성민

용산 미군기지는 누적된 시간의 흔적, 도시·생태적 위상, 초대형 규모 등, 그 어떤 부지보다 많은 이슈를 가지고 있다. 특히 군사기지로 이용되던 부지를 공원으로 변환시키는 과정은 부지 조건의 적극적 활용을 요청한다. 용산공원 설계 국제공모의 출품작들은 부지site의 쟁점과 관련한 어떤 특징들을 포착했는가? 이 글이 주목하는 지점이다.

용산공원의 부지는 세 가지 측면에서 논의할 수 있다. 용산 미군기지는 오욕의 과거와 근대 유산을 지닌 '역사적 가치', 서울이라는 도시 맥락이 지닌 '문화적 가치', 그리고 보존된 식생 및 남산과 한강을 이어주는 '생태적 가치'를 지니고 있다. 공모 지침서와 '용산공원 정비구역 종합기본계획'에 명시되어 있는 용산공원의 비전과 목표를 살펴보더라도 이 세 가지 '역사, 도시문화, 생태'가 용산공원의 목표로 설정되어 있으며, 이들이 서로 연계된 개념을 공원의 비전으로 제시하고 있다.

　과포화된 현대 도시 안에서 대형 공원이 조성되는 과정은 대부분 용도 이전을 통해 발생한 부지에서 시작되기 때문에 역사 · 문화 · 생태적 측면에서 부지의 특성을 조망하는 방식은 여타 국제 공모에서도 비슷한 양상으로 나타나고 있다. 뉴욕시의 프레시 킬스 공원Fresh Kills Park을 규정하는 부지의 아이덴티티에서도 공통점을 찾을 수 있다. 건축가 린다 폴락Linda Pollak은 프레시 킬스의 크기를 고려할 때 프레시 킬스 부지의 특성은 매립지로서의 역사적 이용, 도시적 위상, 그리고 습지 생태계로 규정할 수 있다고 하면서, 이 특성들이 경관의 복잡성을 낳고 차이를 인식 가능하게 하는 방식으로 대형 공원의 아이덴티티를 구축한다고 보았다.[1]

　용산공원 공모전에서 설계가들은 역사 · 문화 · 생태적 관점에서 용산 부지의 특성을 어떻게 해석하였고, 또한 그 속에서 어떤 잠재력을 발견하여 제시하였는가? 어떻게 하나의 부지 위에서 서로 다른 성격의 '역사 · 문화 · 생태'적 조건들을 풀어가고 있는 지 분석해 보고, 각 설계안이 주요 전략으로 내세웠던 '부지 고유의 경관'이 무엇이고 그러한 경관의 '형태'를 어떻게 보존하였는 지 살펴보기로 한다.

용산 부지를 다루는 연금술
부지의 조건을 풀어가는 기술

어떤 공원을 만들 것인가라는 공원의 성격 규정 문제는 대상지가 안고 있는 여러 조건을 넘어서는 정치적 갈등[2]을 안고 있다. 그러므로 설계가들은 주어진 조건을 어떻게 받아들였고 어떤 조건에 더욱 초점을 맞추었을 지 궁금했다. 만약 부지 자체가 설계가들이 설계를 하기 위한 조건이라면 제시된 역사 · 생태 · 문화적 관점은 그 자체로 부지의 특성을 도출하고 논리 전개를 위한 조건이 된다. 이 까다로운 조건을 설계가들은 어떻게 활용했을까?

당선작인 "Healing: The Future Park"(West8+이로재 외; 이하 "Healing")는 용산 미군기지가 지닌 세 가지 조건을 동일한 비중으로 다루면서 하나의 개념으로 통합하려는 시도를 보인다. '치유'라는 관점에서 용산을 생태적, 역사적, 그리고 문화적으로 회복이 필요한 땅으로 파악하고 치유의 과정과 지향하는 미래상을 제시해 나가고 있다. 통합적인 관점에서 부지의 성격을 엮어내려는 시도는 여타 작품에 비해 체계적이고 설득력 있게 다가온다. 어느 하나의 조건에만 갇히거나 치우치지 않고 자연·역사·문화적 조건을 대등하고 포괄적으로 다루어냄으로써 부지의 특성을 가장 균형감 있게, 합리적으로 도출하였다. 하지만 이들을 실제 공간에 투영해나가는 과정에서는 다소 빈틈이 엿보인다. '자연'으로서의 산의 원형이나 '역사'로서의 마당 그리고 '문화'로 제시되는 오작교는 역사, 생태, 문화가 요구하는 복잡한 논의를 지나치게 환원시켰으며 각각의 개념들이 구체적인 설계적 장치로 대상지에 투영되었을 때는 대상지와의 관련성에 의문을 가지게 한다. 특히 문화적 장치로 제시된 오작교에서는 용산 부지의 흔적을 살펴보기가 어렵다.

2등작인 "Yongsan Park for New Public Relevance"(신화컨설팅+서안알앤디 디자인 외; 이하 "Public Relevance")도 역사, 문화, 생태적 조건을 균형있게 풀어나갔다. 생태적인 측면에서 용산과 남산이 하나였음을 강조하였고, 도시적인 측면에서 반세기 동안 단절되어 있던 도시와 공원이 어떻게 조응해야 하는 지 제시하고자 하였다. 또한 역사문화적인 관점에서는 근대 문화 유산이 누적된 역사 공간에 주목한다. 하지만 이 세 가지 조건들을 상위 개념을 통해 엮어나가기보다는 각각

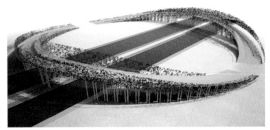

그림1. "Healing: The Future Park"(West8+이로재 외)의 오작교. 오작교와 용산공원은 무슨 관계인가?

172 용산공원

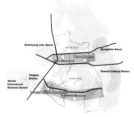

그림2. "Yongsan Park for New Public Relevance"(신화컨설팅+서안알앤디 디자인 외)가 풀어간 부지의 조건. 생태·도시·역사문화적 관점에서 부지의 특성을 읽어냈다.

을 나열하고 있다. 조건을 풀어가는 방식과 이후 제시된 공간의 복잡한 성격을 비교해 보면, 각각의 역사, 생태, 문화적 성격은 설계안에 용해되지 않은 채 따로 읽힌다.

3등작 두 작품은 당선작이나 2등작과는 다르게 부지의 세 가지(역사, 문화, 생태) 조건을 동시에 풀어야 할 숙제로 접근하기보다는 대상지를 이해하는 틀로만 이해한 채 설계가 스스로 포착한 부지의 잠재력을 순차적으로 풀어가려는 시도를 보여준다. "Openings: Seoul's New Central Park"(James Corner Field Operations+삼성에버랜드 외; 이하 "Openings")는 부지의 특성 중 크기와 복잡함에 주목했다. 이 작품은 크기가 지닌 단순함이 아닌 복잡함으로 대상지를 파악하고, 이후 필연적으로 발생한 분리된 공간과 지형을 조건으로 프로그램과 동선과 생태적 공간을 중첩시켰다. 하지만 대상지를 지나치게 획일적으로 이해한 채 용산 부지가 지닌 다양한 숙제들을 미해결 상태로 남겨두었다.

"Yongsan Park Towards Park Society"(조경설계 서안+M.A.R.U. 외; 이하 "Park Society") 또한 부지의 잠재력을 순차적으로 규정해 나가지만 "Openings"와는 또다른 접근방식을 취하고 있다. 이 작품은 부지의 특성을 사회문화적 인프라로 규정하고 시민들에 의해 점유되어야 할 공공적 토지로서 용산공원의 아이덴티티를 정의하고, 순차적으로 대상지에서 읽혀졌던 조건들을 풀어나가면서 경계의 형태와 원형이 보존된 지형의 흐름, 역사적 점유 과정에 의해 발생된 여러 건물들을 단계별로 다루고 있다. "Park Society"는 역사·문화·생태적 조건을 충실하게 해결하려는 시도가 보이지는 않지만 사회문화적 인프라로서의 공원

그림3. 당선작인 "Healing"의 보고서 표지 이미지. 그들이 포착한 부지의 특수한 경관, 그러나 우리에게는 익숙한 풍경

의 특성을 부지를 읽어내는 단계에서부터 설계안과 프로그램을 도출해나가는 과정까지 지속적으로 연결시키고 있다.

정리하자면, 이번 공모전에서는 설계가들이 역사, 문화, 생태라는 부지의 조건을 인식하는 방식에서 확연한 차이가 나타나고 있다. 당선과 직결되는 문제라고는 할 수 없지만, 공교롭게도 종합기본계획에 제시된 역사·문화·생태적 조건을 균형감 있고 통합적으로 다루려는 작품들이 독자적인 관점으로 부지의 특성을 포착한 작품들에 비해 결과가 좋았다. 대상지가 지닌 기존의 조건은 설계가들에게도 부담스러운 숙제였지만 심사위원들과 독자들에게도 작품 독해의 쉽지 않은 요소였다. 용산공원 구상과 관련한 역사, 문화, 생태라는 조건이 무엇보다 명확했기 때문에 설계가들은 자신들만의 방식으로 부지의 조건을 다루는 능력이 필요했다. 다시 말해서, 만약 제시된 부지의 조건을 건드리지 않을 경우 설계가들은 그에 상응하는 부지의 특성을 도출하여 제시해야 했다. 주어진 부지의 조건을 다룰 경우 각각의 관계를 통합적이고 체계적으로 제시해야 했다.

부지 고유의 경관을 재현하는 능력

출품작들의 또 다른 특징은 각 팀이 저마다 부지 고유의 경관 이미지를 제시하고 있다는 점이다. 용산 미군기지는 금단의 땅이다. 서울의 한복판에 있지만 서울의 풍경이 아니다. 수많은 사람이 걸어서 혹은 차를 타고 용산을 지나가지만 미군기지에 들어가 본 사람은 거의 없다. 용산 미군기지만이 지닌 고유한 풍경은 무엇인가, 설계가들은 어떤 경관을 포착하고 용산공원의 미래상으로 어떤 경관을 선사할 것인가, 동시에 국제 공모전이기에 타자의 시선에서 본 부지 고유의 경관은 어떤 의미를 지녔는가.

　결론부터 말하자면, 설계가들이 제시한 부지의 경관은 일반인이 일상에서 바라보는 경관과 별로 다를 바 없었으며 당선작을 비롯한 대부분의 출품작이 엇비슷한 경관 이미지를 생산해냈다. 그것도 우리에게 가장 익숙한 한국적인 경관의 모습을 만들었다. 당선작인 "Healing"을 보더라도 한국인에게 가장 익숙한 풍경인 산을 제시하고 있다. 산의 경관은 그들이 이해하고 포착한 용산 부지의 특별한 이미지인 셈이다. 하지만 우리에게는 가장 보편적으로 녹지를 경험하고 즐기는 경관이기도 하다. 무엇이 부지의 경관을 한국적 이미지로 바꾸게 하였는가?

　한국적 경관은 타자의 시선에서 비롯된 결과물일 수 있다. 게다가 미지의 땅이라는 막연한 환상이 용산 미군기지의 이미지를 포장했을 수도 있다. 용산 부지의 개발이 한국식 개발로부터 자유로웠다는 이유만으로 천연의 자연을 상상했을 수도 있다. 그러므로 한편으로는 익숙한 우리의 풍경이 작위적인 경관 이미지의 연출보다는 합리적으로 와 닿는다. 다만 여전히 의문이 든다. 그렇다면 정말 용산 미군기지만의 고유한 경관은 없었던 것인가?

　각 설계안에서 부지의 경관을 내세우는 방식은 거의 동일했으나 "Park Society"의 접근 방식에서 차별성을 발견할 수 있다. 그들이 포착한 미군기지의 게이트 경관은 다분히 인상적이다. 그들은 벽과 철조망 경관을 포착하여 이를 도시와 단절된 부지의 특성으로 해석하고 시민에게 개방해야 할 상징적인 사회

그림4. "Yongsan Park Towards Park Society"(조경설계 서안 +M.A.R.U. 외)의 설계자가 첫 번째로 포착한 부지의 경관인 게이트. 왜 그들은 끝까지 게이트 경관을 끌고 가지 않았을까?

문화적 장치로 파악하고 있다. 하지만 이를 최종 용산공원의 경관으로는 제시하지 않았다. 용산 부지의 첫 인상을 결정하는 그 경관을 끝까지 가져가지 않았다는 점은 아쉬움으로 남는다. 적어도 이것만큼은 용산 미군기지라는 부지가 남긴 날것의 경관이기 때문이다.

분명 우리가 상상하기 어려운 큰 규모의 공원이 미래에 조성됨에도 불구하고 설계가들이 보여주고 제시하는 경관이 사실상 우리에게는 익숙한 풍경이란 점은 다소 충격적이다. 만약 공모전에 제시된 공간 이미지들을 설계가의 이름을 배제한 채 무작위로 나열해 보면, 우리는 그 이미지와 해당 작가를 연결할 수 있을까? 물론 각각의 이미지에는 저마다의 분위기와 톤이 존재한다. 하지만 용산공원에 제시된 이미지들을 다른 국내외 공원 이미지와 함께 나열했을 때 과연 이미지만 보고 용산공원을 찾을 수 있을까? 용산공원의 경관이 작위적일 필요는 없지만, 용산 부지만의 특수한 경관이 보편적인 경관에 묻혀서도 안 된다. 한 땅에서 피어나는 공원의 얼굴은 부지가 지닌 고유한 물성과 세월의 흔적을 담아내야 한다.

원 지형을 다루는 기술

마지막으로 부지에 남겨진 기존의 지형과 시설물을 다루는 방식을 살펴보자. 어느 대상지든 점유의 물리적 표식을 지니고 있다. 용산 미군기지 또한 부지가 남긴 수백 채의 건물과 거대한 주름진 지형을 남겨놓았다. 이들은 설계가들이 해결해야 할 숙제이자 아마 가장 매력적인 설계적 즐거움의 요소였을지도 모른다. 크기가 주는 부담감과 대상지의 조건이 주는 제약을 고려해 볼 때, 부지가 지닌 역사적 시설물과 지형은 설계가들의 작가적 욕망을 자극시키기에 충분하였다.

역사적 시설물을 다루는데 있어서는 모든 팀이 보존과 재활용 및 용도 변형 방식을 큰 차별성 없이 제시하고 있다. 일반적으로 기존 시설물을 박물관, 갤러리, 교육 시설, 카페 등 크기에 맞춰 다양한 용도로 이용할 것을 제안하고 있다. 그 중 당선작이 선보인 건물이 있던 터를 마당으로 활용하는 방식은 인상적이다. 건물과 마당을 구분 짓기보다는 건물이 해체된 이후 지붕과 벽체를 철거한 터를 마당으로 활용하는가 하면, 이색적으로 일제 강점기의 감옥을 활용해서 나이트클럽을 조성한 점 등은 타 작품과 구별된다. "Park Society" 또한 기존의 기숙사 건물을 임대 주택으로 재활용함으로써 서울이라는 도시의 사회적 요구를 해소하고자 하였다.

상대적으로 건축물을 다루는 전략은 소극적이었던 반면 지형을 대하는 설계가들의 태도는 보다 적극적인 편이었으며, 몇몇 팀에서는 과도한 표현이 읽히기도 한다. "Park Society"와 "Public Relevance"처럼 지형의 변형을 최소화한 팀에서부터 "Connecting Tapestries from Ridgeline to River" (CA조경기술사사무소+Weiss/Manfredi 외; 이하 "Connecting Tapestries")처럼 지형을 새로 반죽한 팀까지 지형을 다루는 방식은 다양하게 나타났다. 특히 "Connecting Tapestries"가 말하는 태백산맥이나 "Healing"이 말하는 삼천리금수강산에서 빌려온 자연은 원 지형을 내세웠다고 하기보다는 차라리 이상향이나 판타지에 더 가깝다.

지형을 어떻게 다루어야 하는지에 대한 공식이나 모범 답안은 없다. 특히 이 정도 크기에서는 설계안을 구상할 때 공간과 동선만으로는 소위 제대로 된 그림을 만들어내기 어려울 것이다. 지형이 골격을 결정짓기 때문에 지형을 다루고자 하는 설계가의 욕망은 지극히 자연스럽다. 더욱이 용산과 남산과의 관계 그리고 한국의 지형은 해외 조경가들의 눈에는 낯선 풍경일 수 있다. 하지만 그

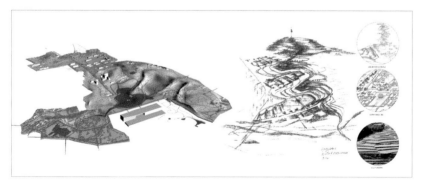

그림5. "Healing"의 빌려온 자연(좌)과 "Connecting Tapestries from Ridgeline to River" (CA조경기술사사무소+Weiss/Manfredi 외)의 태백산맥(우). 그들이 말하는 부지의 지형은 이상향이나 판타지에 가깝다.

어느 조경가도 부지가 지닌 고유의 지형과 맥락을 무시하는 것이 설계의 기본이라 믿고 있지는 않을 것이다. 설계안에 드러난 지형과 관련된 전략은 분명 각자의 방식으로 부지의 지형을 활용하려는 시도였다. 이러한 점을 감안할 때 이번 용산공원 설계 국제공모에 드러난 가장 큰 특징은 원 지형을 바라보는 시선의 차이가 만든 일종의 오해로 이해될 수 있다. 그들이 생각한 원 지형은 용산 미군기지가 지닌 현재의 지형이 아니라 지금부터 훨씬 이전의 태고적 지형에 대한 환상이었다.

부지 중심적 사고의 양날

앞의 논의에서 주목한 점은 부지를 다루는 설계가들의 다양한 전략이었다. 당선작인 "Healing"이 매력적인 이유도 부지가 지닌 조건을 가장 전략적으로 풀어갔으며 부지의 경관을 감각적으로 제시했기 때문이다. 마치 20년간 논의해온 용산공원의 구상을 꿰뚫어본 것처럼 당선작은 명확한 부지의 조건을 정확히 기회로 만들어 승리를 거머쥐었다. 부지를 다루는 능력의 경연장이었던 용산공원 설계 국제공모를 통해 한국 조경계가 논의해 볼 과제는 무엇인가.

먼저, 공모 주최의 측면을 살펴보자. 이번 공모전을 통해 철저히 디자인된 공모 지침의 위력을 확인할 수 있었다. 공모 지침의 구체적인 방향 설정과 적절한 가이드라인이 곧 훌륭한 설계 작품을 만들어낸다는 사실을 부인할 수 없다. 지침이 자유롭되 정확한 방향과 틀을 제시했을 때 가장 안정적이고 합리적인 안을 도출해낼 수 있다. 그런 측면에서 부지의 성격에 관해 명확하게 제시한 용산공원 설계 국제공모의 지침이야말로 당선작을 이끌어낸 일등 공신이라 할 수 있다. 하지만 반대로 말하자면, 명확하게 구체적으로 제시한 가이드라인이 부지가 지닌 잠재력을 바라보는 설계가들의 시야를 한정시킨 측면은 없었는지 질문해 본다.

다음으로, 설계가의 측면에서 볼 때, 그들이 부지 조건에 대한 풀이에 집중한 나머지 다른 논의에 대해서는 가벼이 여긴 경향이 보인다. 설계가들은 역사, 문화, 생태라는 서로 다른 조건을 각자의 방식으로 풀어가려 했고 어떤 이미지를 제시할 때 부지와 조화로울지를 고민했다. 게다가 부지가 지닌 원래의 시설물과 지형을 어떻게 다룰 때 가장 부지에 어울릴 수 있는지에 대한 아이디어도 제시했다. 그러나 그들은 대형 공원이 도시 속에서 작동해야 할 방식에 대해서는 비교적 침묵했다. 대형 공원이 도시와 어떻게 소통할 것인지, 경제 · 사회 · 문화적 시스템으로 작동할 것인지, 그리고 도시공원의 새로운 방향은 무엇인지, 그들은 소극적이었다.

용산공원의 한국적 경관과 이미지가 주로 부각되었다는 점은 더 중요한 논의를 놓친 부분이 없었는지 되돌아보게 만든다. 물론 한국적 경관의 재현은 그 자체로 중요하고 의미 있는 작업이다. 하지만 한국의 조경계에는 아직 끝나지 않은 생산적 담론이 분명히 남아있다. 타자의 시선에서는 도시 인프라로서의 공원에 대한 논의가 진부할 수 있지만, 적어도 우리의 땅에서 우리의 방식으로 확인해볼 필요가 있었다.

1 Linda Pollak, "Matrix Landscape: Construction of Identity in the large park", In Julia Czemiak and George Hargreaves eds., *Large Parks*, New York: Princeton Architectural Press, 2007, p.87.
2 김진애, "용산공원에 얽힌 '기싸움' 정치", 오마이뉴스 2007년 12월 14일자.

가독성,
설득의 변수

박선희

설계 공모는 대상지에 대한 하나의 비전을 토대로 서로 다른 설계안이 경쟁하는 자리다. 용산공원 설계 국제공모 역시 "자연과 문화, 역사와 미래가 어우러지는 열린 국가 공원"이라는 비전을 토대로, 지명 초청된 국내외 여덟 개 팀의 설계안이 치열한 경연을 펼쳤다. 용산공원에 대한 우리의 기대는 남다르다. 한국의 센트럴파크로, 푸른 잔디밭과 잔잔한 호수가 펼쳐진, 여가와 문화 활동이 풍성한, 역사의 교훈이 살아있는, 서울의 생태적 환경을 재생시키는 등등, 막연한 이미지에서부터 구체적인 목표까지 수많은 과제를 짊어지고 있다. 설계 공모에 참가한 각각의 팀들은 이러한 기대와 과제에 어떻게 응답하였을까? 과연 용산공원을 어떤 모습으로 설계하였을까? 우리는 이러한 호기심으로 출품작들을 들여다보게 된다. 그리고 이를 통해 미래의 용산공원에 대한 단초를 찾고 있다.

간섭, 용산공원 설계의 통제 변수

먼저, 용산공원 설계 국제공모는 공원의 목표와 설계 지침, 그리고 '용산공원 정비구역 종합기본계획'과 같이 대상지에 대한 심층적인 논의를 이끌어온 기존 연구를 각각의 설계팀에게 동일하게 제시함으로써 일종의 통제 변수를 두었다. 이유는 부지가 서울에서 공원이라는 단일 용도로는 이례적으로 큰 규모였고, 역사·문화·사회·정치에 걸쳐 다양한 문제가 복잡하게 중첩되어 있는 장소이며, 한국에서 최초로 국가 공원의 개념을 도입하였기 때문이다. 이러한 부지의 복잡한 문제는 설계 이전부터 공원으로 완성된 이후까지 끊임없이 무언가를 통제하고 간섭하기 마련이다. 그래서 이러한 통제로 인해 우리는 여덟 개의 설계안을 나열해 놓았을 때 다양성보다는 유사성을 쉽게 발견하게 된다. 세로로 길게 흘러내리는 두꺼운 남북 녹지축, 기존 건축물을 남기고 개조하여 구성한 메인 포스트의 문화유산 공원, 지형과 경사에 의해 물이 모이는 사우스 포스트 중간 지역의 대형 호수와 넓은 잔디 마당 등은 전체 설계안이 유사한 명암 패턴(혹은 유사한 색채 패턴)을 보이도록 하는 기본 구조다(그림1).

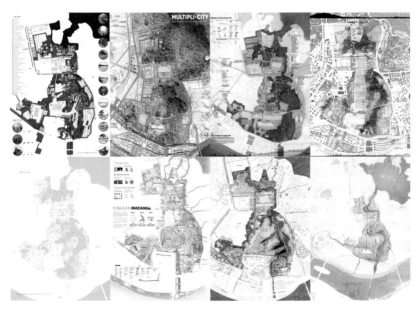

그림1. 여덟 개의 마스터플랜을 나열하였을 때 유사한 명암 패턴(혹은 색채 패턴)을 볼 수 있다.

통제 극복의 딜레마

여덟 개의 팀이 이러한 통제 변수에 별다른 이견을 제시하지 않았기 때문에, 설계에서 공원의 구조 자체는 공모전에서 설득력 있는 변수가 될 수 없다. 그렇다면 설계의 다른 변수는 무엇일까? 각각의 설계안은 동일한 조건과 목표를 토대로 하되, 서로 다른 아이디어와 전략으로 부지를 해석한다. 우리는 설계안의 아이디어와 그것이 설계를 이끄는 전략에 주목할 필요가 있다. 그러나 흥미롭게도 여덟 개의 설계안은 디자인의 영감과 주요 전략 측면에서 또한 매우 유사한 양상을 보인다.

일례로 "Yongsan Park for New Public Relevance"(신화컨설팅+서안알앤디 디자인 외; 이하 "Public Relevance")는 생태 코리더의 회복re-covery, 도시와의 사회적 네트워크 재연결re-connect, 역사와 문화 밴드의 재결합re-attach이라는 세 가지의 목표를 're-' 라는 텍스트를 통해 논하는데, 이와 대응하는 "Healing: The Future Park"(West8+이로재 외; 이하 "Healing")의 중심 텍스트는 자연, 역사, 문화를 치유한다는 목표를 지니는 'healing' 이다. 're-' 가 의미하는 '다시' 와 'healing' 이 의미하는 '회복' 은 두 설계안이 지향하는 바가 유사하다는 것을 보여준다.

또한 "Openings: Seoul's New Central Park"(James Corner Field Operations+삼성에버랜드 외; 이하 "Openings")와 "Yongsan Park Towards Park Society"(조경설계 서안+M.A.R.U. 외; 이하 "Park Society"), 그리고 "Multipli-City"(씨토포스+SWA 외)는 기존 대상지의 지형과 맥락을 읽고 그것을 재구성하는 방법을 통해 공간을 조직해나간다는 유사한 방식의 설계 논리를 펼친다. "Openings"는 "대상지의 지형은 분명하고 강한 틀을 보여주고 있다. 디자인 전략은 대상지에 잠재된 특성들을 기반으로, 대상지의 부드럽고 건강한 경관 구조가 보이도록 간결하게 하고, 제거하고, 수정하는 것"이라며 대상지의 지형을 읽고 조작하는 것을 디자인 전략으로 전면에 내세웠고, "Park Society"는 "남겨진 건물, 외부 공간, 대상지에서 읽히는 공간 패턴을 기본으로 하는 구성 시스템", "대상지를 세분화하는 기본 단위로서 플롯. …… 플롯 그리기는 현존하는 건물의 아웃라인과 외부 공간, 점령에 의한 어떤 패턴이 읽히는 것"이라며 현재 대상지에서 읽을 수 있는 건물과 공간간의 맥락을 공원의 구성 시스템으로 사용한다. "Multipli-City" 역시 공원 시스템의 틀로서 공간의 맥락과 지형을 논하고 세 가지의 시스템을 수립한다. "기존의 맥락, 공간적 구조, 지형 등을 통해 다음 세 가지의 시스템을 도출한다. Forest-Void, Mountain-Water, Street-Buildings." (그림 2, 3, 4)

그밖에 두 개의 설계안("Healing"과 "Connecting Tapestries from Ridgeline to River" (CA조경기술사사무소+Weiss/Manfredi 외; 이하 "Connecting Tapestries"))이 동일하게 한국의 고지도와 산수화를 통해 한국 특유의 경관인 산맥을 발견하고 이에 영감을 얻어 공원의 남과 북을 연결하는 생태·경관 축을 설계하였고, 두 개의 설계안("Healing"과 "Yongsan Madangs" (그룹한 어소시에이트+Turenscape 외))이 동일하게 전통 공간인 마당의 개념을 단위 공간의 설계 전략으로 사용하였다.

그림2. "Openings: Seoul's New Central Park"(James Corner Field Operations+삼성에버랜드 외)의 디자인 접근

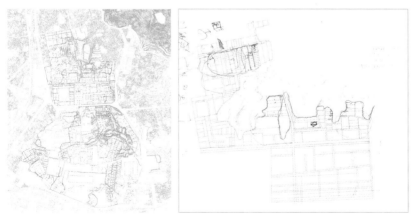

그림3. "Yongsan Park Towards Park Society"(조경설계 서안+M.A.R.U. 외)의 플롯 드로잉. 대상지를 세분화하는 기본 단위인 플롯(plot)은 현존하는 건물의 아웃라인과 외부 공간, 그리고 점령에 의한 어떤 패턴을 따른다.

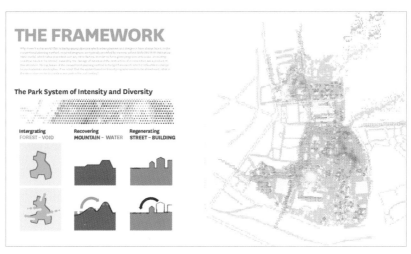

그림4. "Multipli-City"(씨토포스+SWA 외)의 프레임워크. 기존의 맥락, 공간적 구조, 지형 등을 통해 숲과 빈 공간의 결합, 산과 물의 회복, 길과 건물의 재생이라는 세 가지 시스템을 도출한다.

변수는 '가독성'

전략의 유사함 속에서 우리는 실망할지도 모른다. 용산공원의 설계가들은 매너리즘에 빠졌는가? 우리는 용산공원 공모전에 다음과 같은 질문을 던지게 된다. 각 설계안이 다른 유사한 주장의 설계안들과 구분되는, 자신만의 용산공원의 미래를 피력할 수 있는 방법은 무엇일까? 수용자의 입장에 있는 우리는 유사한 이야기를 풀어놓는 설계안들 사이에서 어떻게 만족스럽고 믿을 수 있는 설계안을 선택할 수 있을까?

필자는 용산공원의 설계안을 결정짓는 마지막 변수로 이들 설계가 그 내용을 알아볼 수 있도록 충분히 명확하고 가시적으로 표현되었는지, 반대로는 그것이 독자에게 충분히 읽히고 이해되고 있는지의 여부를 판단하는 '가독성legibility'의 개념을 제시하고자 한다. 가독적인 설계는 동시대의 요구이기 때문이다. 배정한은 동시대에 새롭게 나타나는 다이어그램의 양상을 연구하면서 설계 과정과 결과물 간의 연결성을 보여주어야 하는 동시대의 설계 환경과 조건을 조명한 바 있다.[1] 동시대가 요구하는 설계는 '어떻게 보이는가'를 넘어, '무엇을 하고 어떻게 작동되는가'를 이해시켜야 한다. 이는 구성이나 전략, 명확한 형태 이외에도 설계의 논리와 전략, 전개 과정 등을 요구하는 동시대의 설계 양상을 말하는 것이다. 더불어, 가독적인 설계는 힘이 있다. 리처드 웰러Richard Weller는 건축 분야에서 기인한 객관적·주관적 데이터의 시각화 설계 방법인 '데이터스케이프dataspace'를 지지하면서, 설계가의 주관성이 객관적인 데이터들과 함께 설계상에 효과적으로 시각화되는 것은 상당한 상업적, 관료주의적, 설득적 힘을 지닌다고 하였다.[2] 이는 모든 영감, 주장, 논리를 압축하여 보여주고 이해시키는 것이 설계의 목적이자 저력이라는 점을 상기시킨다. 줄리아 처니악Julia Czerniak은 대형 공원 설계의 조건으로서 가독성의 개념을 보다 명확하게 정의한다.[3] 가독성은 프로젝트의 의도(진화와 목적)와 정체성(두드러진 특성과 조직)과 이미지(목가적이든 탈산업적이든지 간에, 그 외형과 마케팅 전략)가 이해될 수 있도록 해주는 능력으로, 복잡하고 통제된 조건이 많은 대형 부지일수록 설계안이 지향하는 바가 분명히 보여야 한다는 뜻이다. 더불어 그녀는 대형 공원 설계의 조건에서 이 개념이 설계 프로세스로까지 확장되어야 한다고 주장한다. 공원이 실현되기 위해서는 공원에 비용을 지불하고 공원을 이용하는 사람들에게도 공원의 미래상이 읽혀질 수 있어야 한다는 것이다.

이러한 논의들을 미루어보았을 때, 설계가 읽히고 이해되는 능력 즉, 가독성은 설계의 모든 의도와 과정과 결과를 하나의 정연한 이야기로 배열하는, 일종의 연출 테크닉이라고도 볼 수 있다. 동일하게 주어진 통제 변수와 유사한 설계 전략이 낳은 진부하고 반복적인 용산공원의 설계안들은 이제 전략을 어떻게 배열하는지, 어떤 패턴을 구사하는지, 그래서 어떻게 그 내용을 이해시키고 설득시키고 있는지의 사안으로 다른 것들과의 차별성을 두어야 할 것이다.

CASE: 가독성의 렌즈로 설계 읽기

1등 당선작인 "Healing"은 가독성의 관점에서 최종 설계안으로 설득력을 가진다. 그러나 이는 다른 설계안들과 유사한 전략을 공유하고 있다. 그렇다면 "Healing"만의 가독성은 무엇일까? 다른 설계안은 당선작과 비교해 보았을 때

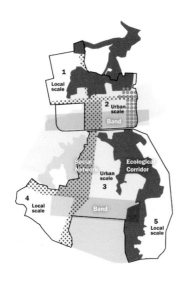

그림5. "Public Relevance"의 디자인 로직. 세 가지의 're-' 전략을 통해 다섯 개의 개별 공원, 두 개의 네트워크, 두 개의 밴드를 구축하였다.

어떤 가독성을 보여주고 있는가? 당선작의 특수성을 살펴보기 이전에, 필자는 다음 세 가지 케이스의 가독성을 먼저 살펴보고자 한다.

"Public Relevance"가 주장하는 세 가지, 즉 생태 코리더의 회복, 도시와의 사회적 네트워크 재연결, 역사와 문화 밴드의 재결합은 대부분의 설계안이 대상지에 대해 주장하는 바이다. 그러나 "Public Relevance"는 '다시'라는 의미의 're-'를 통해 그들만의 논리를 만들었으며, 당선작의 'healing'이라는 문구와 같이 공간 조직의 기반이 되는 중심 텍스트로 사용하였다. 're-'만의 강점은 용산공원의 공간 구조를 다섯 개의 개별 공원, 두 개의 네트워크, 두 개의 밴드라는 개념을 통해 도출함으로써, 보다 논리적인 공간의 구조화 과정을 보여준다는 점이다(그림5). 이러한 구조와 더불어 "Public Relevance"는 구조 내부에서 발생하는 다양한 프로그램과 생태적 작동성을 다이어그램을 통해 표현함으로써, 내적인 공공의 활동이 곧 이 공원의 정체성이라고 표현한다. 기반시설과 사회단체가 결합하고 파트너십을 구축하는 과정을 설명하는 다이어그램, 사회적 사업을 공원에 프로그램화하여 공원과 도시와의 관계가 확장되는 것을 예측하는 다이어그램은 '사회적 네트워크social network'라는 공원의 정체성을 설명한다(그림6). 영역별 서식지 및 식재 계획, 자원 순환 다이어그램, 수 체계와 토질 개선 다이어그램 등은 "Public Relevance"가 지향하는 'Slow Promotion for 100 Years(느리게 자라는 생태계)'를 설명한다(그림7). 그러나 이 설계안의 아쉬운 점은, 마스터플랜만을 놓고 보았을 때 설계안의 정체성인 '공공의 활동이 일어나는 공원'으로서의 모습이 드러나기 어렵다는 점이다. 이는 "Public Relevance"의 용산공원이 두드러지는 이미지가 없다는 점과

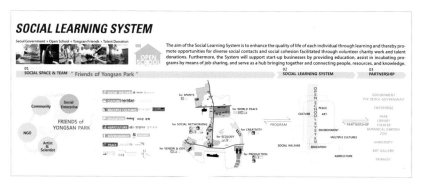

그림6. "Public Relevance"의 다이어그램. 기반시설과 사회단체가 결합하고 파트너십을 구축하는 소셜 네트워크 시스템을 설명하는 다이어그램이다.

일맥상통한다. 무형의 활동들을 공원의 정체성으로 삼은 것은 분명 다른 설계안과 구별되는 강점으로 작용할 수 있으나, 도면상에서 시각적으로 이해되는 것만큼 강한 정체성을 가지는 설계는 없다고 판단되는 순간이다.

한편 가작에 머무른 "Yongsan Madangs"는 '플랫폼'과 '마당'이라는 개념을 통해 공원 주변과의 연결, 공원 내의 소규모 단위 공간과의 연결을 촉진하고 활성화시킨다는 의도를 보여주고 있다. 다른 설계안들에서는 경계부 전략과 '마당'과 같은 소규모 단위 공간 전략을 설계 의도의 하위

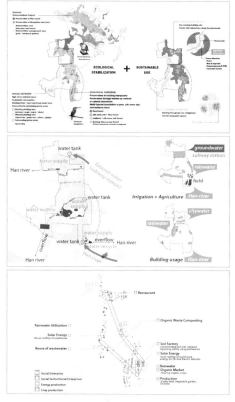

그림7. "Public Relevance"의 'Slow Promotion for 100 Years' 다이어그램. 영역별 서식지 계획, 수 순환, 자원 순환 다이어그램을 통해 느리게 자라는 생태계 전략을 설명한다.

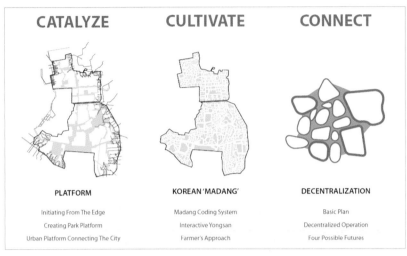

그림8. "Yongsan Madangs"(그룹한 어소시에이트+Turenscape 외)의 디자인 콘셉트. 공원과 인접한 경계부의 특성을 분석하여 그에 최적화된 플랫폼을 구축하는 것은 공원의 구조를 형성하는 촉매가 된다.

개념으로 사용하였으나, "Yongsan Madangs"는 이를 설계의 최상위 단계에 둔다는 점에서 다른 논리를 전개한다. 공원과 인접한 경계부의 특성을 분석하여 그에 최적화된 플랫폼을 구축하는 것은 공원의 구조를 형성하는 촉매가 된다(그림8). 경계부에서 발생하는 Weaving(엮기), Stitching(봉합하기), Patching(덧대기), Penetrating(관통하기)의 전략이 바로 그것이다. 그리고 집수구, 녹지체계, 오염도, 건축물, 주거, 역사, 업무, 상업의 여덟 개 데이터 코딩을 통해 다양한 성격으로 분류되는 마당은 촉매의 결과물이자 공원 작동의 원동력이 된다(그림9). 여기서 어떤 마당은 특정한 한 가지의 데이터가 지배적으로 나타나지만, 한편으로는 다양한 데이터가 동일한 위계로 중첩되어 있는 복잡한 마당이 도출되기도 한다. 이로 인해 나타나는 특이한 사항은, 분류된 공간 중에서 성격이 모호하고 불분명한 복잡한 마당은 용도를 유보하거나 일시적인 프로그램을 도입함으로써 탄력적인 공간 설계를 이끌고자 했다는 점이다. 따라서 "Yongsan Madangs"의 마스터플랜은 다소 모호한 구석이 있다. 그것은 여덟 가지의 색으로 이루어진 마당 코딩 도면과 뚜렷한 형태를 설계한 경계부 도면이 중첩되어 있는 듯한 이미지인데, 다양하고 예측할 수 없고 불분명한 단위 공간의 성격에 대해 열려있다는 "Yongsan Madangs" 만의 전략을 표현하고 있다. 그러나 여덟 개 데이터의 조합을 통해 스무 개의 종류로 분류되었던 다양성의 마당들은 생산 공원, 수목원, 이벤트 공원, 생태 공원 등 다소 진부한 결론에 도달함으로써 다양하고 새로운 공간을 생산해 내지 못했다. 또한 베이직 플랜의 탄력성은 자칫 "Yongsan Madangs"의 용산공원을 정체성이 없는 상태로 보이게 한다.

그림9. "Yongsan Madangs"의 마당 코딩 시스템. 집수구, 녹지체계, 오염도, 건축물, 주거, 역사, 업무, 상업의 여덟 개 데이터 코딩을 통해 다양한 성격으로 마당이 분류된다.

당선작인 "Healing"의 강한 정체성과 이미지를 만든 '삼천리금수강산'의 모티브는 가작인 "Connecting Tapestries"에서도 나타난다. 이 작품의 설계 설명서에는 "우리의 영감은 태백산맥으로부터 왔다. 이 장엄하고 긴 봉우리들은 남한의 상징적이고 전형적인 모습이다. 역사적으로 시와 그림을 통해 묘사된 언덕과 산은 한국의 강한 문화와 생태적 정체성을 나타낸다. …… 이러한 본래의 산등성이는 지난 빼앗긴 역사에 의해 그 정체성과 특징, 생태가 변형되었다. 우리의 디자인은 산등성이와 수계를 다시 회복시킨다"라고 언급되어 있다(그림10). 그러나 동일한 모티브에서 "Healing"이 지형의 조작을 통해 한국적 경관을 재현하는 것에 집중하였다면, "Connecting Tapestries"는 경관의 재현뿐만 아니라 공간을 조직하는 하나의 오브제를 이끌어냈다. 대상지의 동서남북을 가로지르는 구불구불한 산맥은 그 자체로 독립적인 구조이자, 여러 가지 색실로 그림을 짜 넣은 직물tapestry과 같이 공간들이 서로 엮이도록 하는 매개체이다. 우리는 한눈에 이 오브제가 커뮤니티 공원, 문화유산 공원, 글로벌 문화 공원, 진입 공원 등의 단위 공간을 감싸고 있는 모습을 보게 된다(그림11). 그러나 "Yongsan Madangs"의 전략이 용도를 유보하는 공간을 남겨둠으로써 탄력적

그림10. "Connecting Tapestries from Ridgeline to River" (CA조경기술사사무소+Weiss/Manfredi 외)의 디자인 아이디어를 준 한국의 경관

그림11. "Connecting Tapestries"의 조감도. 대담한 오브제로서 산맥이 커뮤니티 공원, 문화유산 공원, 글로벌 문화 공원, 진입 공원 등의 단위 공간을 감싸고 있는 모습

인 구조를 만들고자 하였다면, "Connecting Tapestries"는 강력하고 대담한 생태축의 구조로 인해 소규모의 단위 공간마저 탄력성을 잃을 위기에 놓인 듯하다. 이 설계안의 의도와 정체성과 이미지가 압축되어 있는 강력한 생태축의 구조는 설계 발전과 시공 과정 중에 예기치 못한 변경을 요청받았을 때에도 여전히 유지될 수 있는가? 설계안에 강한 정체성과 이미지를 심어주는 대담한 산맥의 오브제는 자칫하면 독이 될 위기에 놓여있다.

당선작의 가독성

당선작은 자연, 역사, 문화를 치유하고자 하는 대상지에 대한 설계 철학을 작품의 제목으로도 사용한 'healing'이라는 텍스트를 통해 전면에 내세운다. 이는 부지의 잃어버린 경관을 회복할 뿐 아니라 시각적이고 생태적인 기능의 한국 경관을 투영함으로써 한국 반도의 정체성을 회복하고, 현존하는 건물과 도로를 재활용함으로써 역사의 흔적과 켜를 보여주며, 도시와 단절되어 있었던 해당 부지에 이 도시가 되찾고 지배할 수 있는 독특한 기회를 부여하고자 하는 설계의 의도를 나타낸다. 이러한 설계 의도는 공간을 조직하는 기반이 되는데, 부지의 지형을 복원하고 조작하여 산맥을 만들고, 기존 건축물이 있던 자리에 공간 개념으로 '마당'을 도입하며, 주변부와의 연결을 촉진시키기 위해 '오작교'라는 보행 브리지bridge를 설치하는 등의 제안으로 구체적인 형태와 특성을 갖게 된다(그림12). 특히 설계가가 한국인의 자연관과 정체성을 이해하는 수단으로 사용한 '삼천리금수강산'의 이미지는 "Healing"만의 강한 정체성을 드러내는 요소이다. 마스터플랜 상에서 산맥의 형상을 띠는 높은 밀도의 녹지축과 평평하고 비어있는 단위 공간이 대비되는 모습은 "Healing"만의 정체성을 부각시키는 분명한 인상이다(그림13). 더욱이 설계가 내부의 논리 구성에서 나아가 대중적이고 읽기 쉬운 이미지를 주요

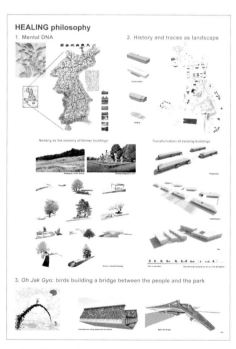

그림12. "Healing: The Future Park"(West8+이로재 외)의 Healing Philosophy. 부지의 지형을 복원하고 조작하여 산맥을 만들고, 기존 건축물이 있던 자리에 공간 개념으로 '마당'을 도입하며, 주변부와의 연결을 촉진시키기 위해 '오작교'라는 보행 브리지를 설치하는 세 가지의 철학을 제시한다.

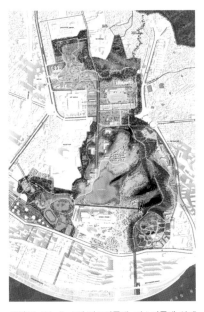

그림13. "Healing"의 마스터플랜. 마스터플랜 상에서 산맥의 형상을 띠는 높은 밀도의 녹지축과 평평하고 비어있는 단위 공간이 대비되는 모습은 당선작인 "Healing"만의 정체성을 부각시키는 분명한 인상이다.

전략으로 사용하였다는 점은 단연 강한 힘을 발생시킨다. 공원의 전체 이미지를 보여주는 삼천리금수강산, 대중적으로 친숙하고 이해하기 쉬운 마당과 오작교는 훼손되고 단절된 대상지를 회복시키고 활동적인 공간으로 만들고자 한 설계의 의도와 전략을 우리의 일상 언어로 훌륭하게 번역해낸 결과이다.

좋은 가독성=좋은 설계!?

이처럼 가독성의 렌즈로 보았을 때, "Healing"은 다른 설계안들과 여러 가지 전략이 중첩되었음에도 가시적이고 정연한 전개로 설득력을 얻고 있다. 따라서 우리는 "Healing"의 가독성이 용산공원이 완결되기까지의 모든 수행 과정과 협의를 이끄는 힘이 될 것이라고 기대한다. 그러나 의문이 드는 것은 이처럼 의도와 정체성과 이미지가 조화롭고 분명하게 나타나는 설계안을 믿을만한 좋은 설계안이라고 판단해도 무방한가라는 점이다. 우리는 기존의 설계 공모에서 설계안의 가독성이 공원 완성의 과정에서 힘을 잃은 사례도 보게 된다. 일례로 다운스뷰 공원Downsview Park의 최종 설계안 "트리 시티Tree City"는 뚜렷한 형태를 보여주지 않았음에도 대상지가 공원으로 성장하는 전략과 과정을 효과적으로 이해시켰다는 점에서 설득력을 얻었다. 그러나 설계 공모 이후 "트리 시티" 설계를 주도한 설계팀의 파트너십이 깨졌다. 오랜 기간 동안 이렇다 할 성과가 드러나지 않는 상황에서 렘 콜하스Rem Koolhaas는 공원 설계에 흥미를 잃었고, 브루스 마우Bruce Mau는 다른 파트너를 구해야 했다.[4] 게다가 이러한 문제들은 결국 대중들을 지속적으로 설득하지 못하고 다운스뷰 공원 개발에 대한 불평과 불안감을 심어주었다. 가독성이 높은 설계안이 믿을만한 좋은 설계안이라면, 그것은 실제 공원이 완성되는 과정에서도 꾸준한 힘을 발휘해야하지 않을까?

용산공원의 설계안을 결정지은 시기는 2012년이지만, "Healing"의 가시적 모습은 단계별 전략의 첫 번째 시기phasing 1, First acquaintance with the Future Park인 2017년부터 나타나게 된다. 지금부터 2017년, 그리고 그 이후까지 "Healing"은 용산공원을 완성시킬 수 있을까? 다양한 후속 논의와 비평을 통해 당선작의 가독성이 꾸준한 힘을 발휘할 수 있기를 바란다.

---

1 배정한, "현대 조경설계의 전략적 매체로서 다이어그램에 관한 연구", 『한국조경학회지』 34(2), 2006, pp.99-112.
2 리처드 웰러, "수단성의 기술: 랜드스케이프 어바니즘을 통해 생각하기", 찰스 왈드하임 편, 김영민 역, 『랜드스케이프 어바니즘』, 도서출판 조경, 2007, p.93.
3 줄리아 처니악, "가독성과 탄력성", 줄리아 처니악 · 조지 하그리브스 편, 배정한 · IDLA 역, 『라지 파크』, 도서출판 조경, 2010, p.236.
4 John Sewell, "Downsview's slipping away", *Eye Weekly*, July 24, 2003.

용산 클리셰

최영준

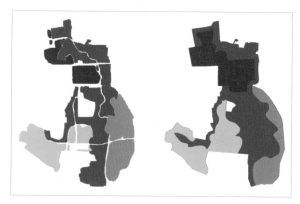

그림1. 각종 홍보자료를 통해 소개되고 공모 지침의 기반이 된 '용산공원 정비구역 종합기본계획'의 여섯 개 소공원의 구조(좌)와 당선작인 "Healing: The Future Park"(West8+이로재 외)의 공원 구조(우)

용산 미군기지의 이전과 그 부지의 공원화에 대한 논의가 시작되면서 여러 주체들은 다양한 용산공원의 청사진을 그려왔다. 20년 가까이 준비된 공원화에 대한 연구를 기반으로 하는 탄탄한 공모 지침은 그러한 청사진의 공통분모를 담아 용산공원 설계 국제공모의 방향성을 제시하였고 공모 경쟁에 참여한 여덟 팀의 출발점이 되었다.

그런데 여기서 매우 흥미로운 사실은 공교롭게도 당선작의 공원 구조가 공모 지침의 제안 사항을 거의 그대로 충족시키는 구조로 당선이 되었다는 사실이다.

뿐만 아니라 급진적인 몇몇 출품작을 제외하고는 대부분의 계획안에서 상호 유사성을 어렵지 않게 발견할 수 있다. 여러 의견이 수렴된 공모 지침과 여러 조경가들이 그려온 마스터플랜들, 그 안에 숨어있는 관행적 판단들은 없었을까? 또한 이로 인해 부각되지 못한 용산공원의 잠재적 가능성은 없었을까?

상투적이고 진부한 규칙으로 고착화된 창작 행위를 뜻하는 클리셰Cliché[1]라는 용어는 여러 제안들에 의해 오랜 시간동안 축적되어 형성된 용산공원의 고정된 이미지를 잘 대변해 주는 표현이다. 이 글에서는 용산공원 공모전에 투영된 '용산 클리셰'는 무엇이었는지 살펴보고, 그것과는 이질적인 제안과 실험적인 시도를 재조명해보려 한다. 다섯 가지 주제를 가지고 전 출품작들을 돌아보는 과정에서 앞으로의 공원화 진행에 되새겨 볼만한 아이디어와 혁신을 발굴하고 더 나아가 새로운 공원 설계의 패러다임을 향한 신선한 행보를 발견할 수 있기를 기대한다.

자연 환경의 구축

용산공원화의 제 1 과제를 꼽으라고 한다면 아마 서울 남북 녹지축의 연결일 것이다. 용산 부지는 서울의 남과 북 양 끝단에서 모여드는 산지가 서울 중심에서 한강과 만나는 지점으로 용산의 공원화와 녹지화는 서울 녹지축의 큰 획을 그을 수 있는 확실한 기회가 된다. 공모 지침은 이런 이유로 남북 녹지축의 연결을 권고하며 생태축 공원이라는 이름의 연속적인 선형의 녹지를 제시한다. 당선작 "Healing: The Future Park"(West8+이로재 외; 이하 "Healing") 역시 공모 지침의 제안과 매우 유사하게 남북 녹지축을 직접 연결하고 '삼천리금수강산'이라는 상징적 이데올로기로 이념적인 정당화를 시도했다. 여덟 팀 중 여섯 팀이 이와 유사한 접근 태도와 설계 결과를 보이는 일종의 절대 명제였던 남북 녹지축의 연결은 설계적 제안은 가능하지만 그 실현을 위해서는 몇 가지 현실적인 난관을 넘어야 한다.[2] 우선 여러 팀들이 부지 내의 지형을 한반도의 지세와 흡사한 동고서저 지형으로 파악하여 그와 유사한 경관을 구축하기 위해 동편으로 연속적인 지형의 축을 구축하였으나, 남산에서 메인 포스트 동측으로 내려오는 구릉은 실제로 사우스 포스트까지 연장되지 않는다. 그 산자락은 이태원로를 만나기 이전에 주변부 지면과 만나는 지세이므로 실질적인 산 능선의 연결은 주변 지형의 큰 변화 없이는 어렵다. 녹지와 지형의 남북 연장을 지향한 많은 팀들에 의해서 이태원로를 가로지르는 지형 브리지bridge가 제안되었지만 무리한 녹색의 연장이라는 인상을 지우기 어렵다. 이뿐 아니라 북으로 남산과의 연결에 있어서 걸림돌이 되는 해방촌의 토지이용계획과 남쪽으로 한강공원과의 실질적인 연결 방안, 그리고 나아가 한강과의 관계 맺기에 대한 대안적 시도 없이 평면에 녹색을 채색하는 것으로 대신하는 '그린 클리셰'를 여러 마스터플랜에서 반복적으로 찾아볼 수 있다. 또한 강하게 설정된 남북의 방향성은 설계자로 하여금 한 방향으로의 관성을 갖게 하여 남북의 연결이 제한되는 동서 방향의 소통 문제를 야기할 수 있는 함정마저 갖게 하였다. 아마도 대부분의 팀은 녹지축 연결이라는 목표를 초기 단계부터 이미 설정해둔 채 수단과 정도에 대한 고민을 했으리라 짐작된다.

"Connecting Tapestries from Ridgeline to River"(CA조경기술사사무소 +Weiss/Manfredi 외; 이하 "Connecting Tapestries")는 이러한 남북의 선형 연결이 설계의 주된 동력이 되어 설계가 진행된 결과로 보인다. 선형의 녹지는 과장된 인상마저 풍기는 유연하고 확장된 녹색의 척추로 귀결되었는데, 동과 서를 휘젓는 급진적인 설계 어휘가 내어놓는 실질적인 순기능을 자세히 들여다보면 다소 단순화된 결론을 발견하게 된다. 그들은 거대한 토목 공사를 수반하는 능선이 한반도의 지세를 닮았다고 주장하지만, 녹지 연결 이외의 실질적인 기능은 수체계의 재구성뿐이었고 단일한 곡선만으로 조율된 전체 부지의 짜임은 지나치게 단순화된 공원 공간 구성으로 보인다. 부지를 가로지르는 연속적인 능선은 공원 공간을 양분하며 녹지축 연결의 단점을 드러내고 말았다.[3]

과연 남산에서부터 메인 포스트와 사우스 포스트를 거쳐 한강까지 녹색의 척추를 설정하는 것이 최선의 녹지 연결이자 최적의 생태적 환경이었을까? "Multipli-City"(씨토포스+SWA 외)에서 보여주는 녹색의 연결은 다른 출품작의 그것과 다른 양상이다. 선형 연결로 고정되어 온 그림을 탈피하여 다른 시각의 도시 생태 원리를 전제[4]로 접근한다. 도시 모든 녹지의 직접적인 연결은 원천적으로 불가능하다는 사실을 전제로 거점화 할 수 있는 녹지를 강화·보완하여 다중 거점을 가진 섬과 같은 녹지 체계를 제안하였다. 실제로 공모 지침의 참고 자료에 제시된 서울의 녹지 맵핑은 서울의 녹지가 고립된 섬처럼 기능하고 있음을 보여준다는 사실에서 이들의 제안은 용산의 모태인 서울을 닮아 있고 현실적인 설득력을 가진다고 볼 수 있다. 표현에 있어서도 등고의 적극적인 활용으로 남산에서 내려오는 중소 규모 거점의 구릉을 효과적으로 표현하였고 평면에서 주변 지역의 녹지 섬을 광역적으로 보여주며 다른 생태 거점간의 연결을 시도하였으나, 모든 도로와 배경 지역에 녹색을 과도하게 사용하며 그 핵심을 희석시키고 말았다.

수체계에 있어서는 모든 출품작들이 공모 지침의 요구대로 만초천의 회복과 확장을 통한 오픈스페이스의 형성, 기존 정수장을 활용한 수 순환 체계의 정립과 연장된 지류 체계 구축 등의 아이디어를 공통적으로 제안하였다. 부지 내에서 가장 표고가 낮은 국립중앙박물관 상부에 절반 이상의 팀들이 호수를 도입하였고, 전 출품작에 걸쳐 형태상의 차이만 있을 뿐 물을 다루는 아이디어는 매우

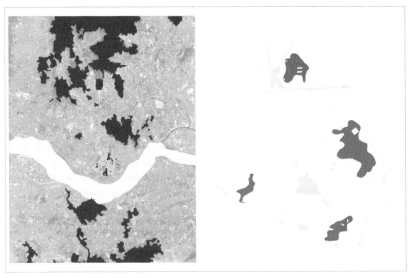

그림2. 서울 녹지의 불연속적인 섬 형상의 구조(좌)와 "Multipli-City"(씨토포스+SWA 외) 녹지체계의 거점녹지 다이어그램(우)

그림3. "Yongsan Madangs"(그룹한 어소시에이트+Turenscape 외)에 제안된 한강에서 용산공원으로 연결되는 수로의 개념적 투시도

유사한 개념과 적용을 보였다. "Yongsan Madangs"(그룹한 어소시에이트+Turenscape 외)는 유일하게 차별된 아이디어로 한강과의 직접적인 연결을 시도하였다. 한강르네상스계획 마곡지구에서 실현되지 못했던 한강물의 공원 유입을 제안한 이 용감한 시도는 한강의 홍수위에 대한 고려를 비롯한 엔지니어링의 제반 사항의 검토 없이 개념적으로 제안된 방안이기에 크게 강조되지는 못하였다. 하지만 일차적으로 이 수로는 한강물과 함께 한강의 수변 활동들을 용산공원으로 끌어들이게 하는 프로그램의 통로가 되며, 수로가 열어주는 한강에서 남산을 향하는 전망은 서울의 양대 랜드마크를 강력하게 맺어주는 상징 경관을 형성한다. 이 수로의 가치는 용감함 그 이상일 수 있다.

프로그램의 배치와 도입

용산공원 설계 국제공모 지침서의 세부 지침은 '용산공원 정비구역 종합기본계획'을 바탕으로 여섯 개의 단위 공원[5]별로 각각의 요구 사항과 제안 사항을 기술하고 있다. 다양한 맥락과 다가올 미래를 예측한 포괄적이고 합리적인 항목들이지만, 공원 프로그램의 위치와 성격을 한정지을 수 있다는 비판이 가능할 정도로 지나치게 구체적인 방향을 제시해 준다. 그리고 단위 공원의 성격이 주로 근접 지역과의 연관성이나 주변 지역의 도시 개발 계획을 적극적으로 반영하여 규정되었음을 알 수 있다. 한 세기 가까이 주변 도시와 고립되어 일종의 독립된 도시로서 그만의 운영 동력을 바탕으로 조직화되어 있던 용산 미군기지의 본래 유전자를 간과한 채, 사이트 내부와 외부의 시간차를 극히 빠른 시간에 극복하게 하려는 방향 설정이 아닐지, 반드시 외부의 다른 동력으로 재구성되어야만 하는지, 그리고 그 동력이 원 조직의 근본 구조가 가졌던 원 동력일 수는 없었는지, 일련의 의문이 든다. 실제로 대부분의 출품작들이 프로그램을 바라보는 시각은 공모 지침이 설정한 방향처럼 대체로 외부 지향적이고 미래 지향적이었다.

한편 공통된 시선에서 벗어나 부지의 특질을 안고 색다른 관점을 투사한 작품이 "Yongsan Park Towards Park Society"(조경설계 서안+M.A.R.U. 외; 이하 "Park Society")이다. 이 작품에서는 용산 미군기지의 기존 시설을 대부분 보존하자는 프로젝트의 기본 방향에 맞게 프로그램 역시 기존의 프로그램과 그에 따르는 구조를 존중하되 각종 교육 프로그램을 접목시켜서 소셜 캠퍼스Social Campus를 구축하려 한다. 대부분의 작품이 백화점식의 종합 공원 프로그램을 카탈로그 식으로 제안한 것에 비해, "Park Society"는 '사회적' 프로그램과 '숙박' 프로그램을 전 부지에 걸쳐서 도입하고, 다른 팀들의 그것과는 철저히 구분되는 프로그램을 대하는 태도와 방식을 보여준다.

우선 "Park Society"는 부지 주변의 개발 계획과 근접성을 프로그램 배치의 원칙으로 삼지 않는다. 오히려 교육과 재사회화라는 주제를 가지고 부지 전체를 하나의 캠퍼스로 제안함으로써 공원의 차별적 정체성을 부여하였다. 그 방식 또한 크게 다르다. 기존 용산 미군기지가 가졌던 자기 완결적 도시로서의 가치를 근간으로 삼아 도시를

그림4. "Yongsan Park Towards Park Society"(조경설계 서안+M.A.R.U. 외)의 소셜 캠퍼스(Social Campus) 프로그램 영역

구성하던 작은 단위를 발견하고 분석하여 각각의 단위를 프로그램의 단위로 삼는 전략을 보여준다. 각각의 단위는 지형과 이용 유형에 따라 분류되고 재사용의 방향이 결정된다. 더욱 흥미로운 부분은 그 다음의 전개로, 그들은 유형화된 각각의 단위를 어떤 방식으로 재정의할 것인가에 대한 세부적인 '지침서'를 보여주며 설득력을 강화한다. 이 부분에 건물의 재활용 방식을 결합함으로써 건물 재사용 전략이 따로 분리되지 않고 소셜 프로그래밍이라는 주제와 얼개를 이루며 캠퍼스 구축의 내용을 견고히 하였다.

도시 조직과의 동기화

용산 미군기지가 미국 서부의 여느 도시와 같은 골격을 가지고 있고 심지어 행정상으로도 캘리포니아 주의 일부라는 사실은 널리 알려진 사실이다. 그곳은 부지 경계의 벽을 넘어 들어가면 서울과는 완전히 다른 거리와 도시 풍경이 펼쳐지는 서울 속의 미국인 것이다. 여기서 주목해야 할 것은 용산 미군기지가 훈련장과 창고가 있는 일반적인 군사 기지의 용도에서 공원이라는 용도로 변경되는 것이 아니라는 사실이다. 용산기지의 유형은 매우 도시적인 구조를 가지고 있던 군사 기지였다는 점, 그리고 매우 자립적이고 규모에 맞는 자기 충족적인 운영이 가능한 곳이었다는 점, 그렇게 60년 가까이 지속해 왔다는 점을 주지해야 한다. 서울이라는 도시 속에 숨겨져 있던 완전히 다른 맥락의 이 도시가 담을 허물고 공원으로 변화되면서 두 도시간에 어떠한 결속을 맺게 할 지에 대한 고민은 다채로운 제안을 낳았다.

당선작 "Healing"은 한국 전통의 내러티브를 형상화한 상징성 짙은 다리를 설치하여 복잡한 교통의 흐름을 극복하고 보행 중심의 관문을 앞세움으로써 직설적으로 공원과 사람의 교량을 마련하고 공원의 식별성과 정체성을 높이려 하였다. "Yongsan Madangs"는 주변 지역의 도시 얼개가 관입되어 마당을 엮는 유기적인 그물망을 공원의 플랫폼이라는 개념으로 규정하며 도시와의 적극적인 조율을 시도하였다. 한편 "Openings: Seoul's New Central Park"(James

Corner Field Operations+삼성에버랜드 외; 이하 "Openings")는 부지 내부에 존재했던 용산 미군기지의 기존 도로를 대부분 존치시키면서도 조작한 지형을 따르는 추가적 도로 연결과 확장을 통해 부지의 잠재적 특성을 드러내고 도시 조직만큼의 복잡도를 끌어올린 시도를 하였다. 그러나 주변 도시와의 결속에 무게를 두지 않은 지나치게 내부 수렴적인 제안이라는 인상을 지우기 어렵다. "Multipli-City"는 숲의 짜임을 통해 거시적 관점으로 도시와의 주고받음을 시도하였다. 주변 도시의 과밀한 지역이나 대형 프로그램에 인접한 공간에 숲을 비우고 밀도가 대비되는 비움void의 공간을 통해 도시 밀도의 융해를 꾀한 제안이었다.

한편 도시의 골격을 엮는 데에 있어서 물리적 구조로 접근하지 않고 도시 문화의 수용과 그의 연장을 통해 문화적인 흐름의 통로를 열어주는 시도도 있었다. "Yongsan Park for New Public Relevance"(신화컨설팅+서안알앤디 디자인 외; 이하 "Public Relevance")는 사우스 포스트 중앙부 서측에 존재하던 거의 모든 시설물을 존치하여 하나의 강력한 축을 만들고 축의 양 끝단에 동서 방향으로 존재하던 미군기지의 중심 가로를 부지 밖으로 열어서 동서 방향으로 분절되었던 문화의 흐름──숙대~한남/용산IBD~이태원──을 엮는 소셜 네트워크를 제시한다. 도시와의 결속을 문화적 동력으로 시도한 열린 확장이라 평가할 수 있고, 또한 용산공원의

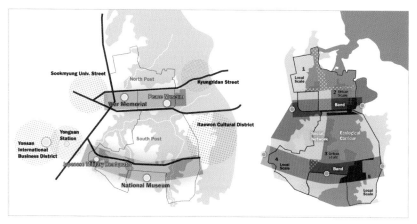

그림5. "Yongsan Park for New Public Relevance"(신화컨설팅+서안알앤디 디자인 외)가 제시하는 소셜 밴드(Social Band)의 다이어그램. 주변의 문화적 흐름을 동서방향으로 수용하고 그와 직교하는 사회문화프로그램의 수직축을 제시하였다.

지배적인 남북축을 완화시킬 수 있는 다각적 소통의 제안이었다고 볼 수 있다. 또한 이 시도는 서울의 도시 문화 유형을 잘 반영한 제안이라는 평가도 가능하다. 숙대, 한남, 이태원 등의 인접한 문화 구역들은 숙대앞길, 한남동 경리단길, 이태원로의 명칭을 통해서도 알 수 있듯이 실제로 '길' 또는 '거리' 다. 마찬가지로 서울에서 문화가 풍부한 대표적인 장소들 또한 인사동길, 종로, 강남대로, 청계천 등 선형의 형태, 길의 유형이라는 점에서 소셜 밴드Social Band라 명명한 이 같은 제안은 미군기지 내의 중심 가로가 공원화 이후에 문화가 담긴 거리로 변모되고 성숙될 수 있는 잠재력을 보여준다.

동시대 문화의 적용과 제안

용산의 자연 경관에 대한 연구에 있어서 대부분의 출품작들의 시선은 과거로 향했다. 모든 팀이 고지도에서 옛 지형을 살피며 땅을 읽어 나갔고, 선조들의 자연관과 조경관이 빠지지 않는 설계 근거로 등장하였다. 그러나 공원의 실제 이용과 운용에 대한 제안에서는 용산공원이라는 물리적 공간에 동시대의 한국 문화를 담으려 애쓴 여러 가지 흔적들을 발견할 수 있다. 주로 제안된 문화의 단면은 역시 현 대한민국의 가장 두드러진 생활 방식 중 하나인 모바일 기기의 사용과 가상의 공간이 창출해 내는 또 다른 사회와의 접속이었다. 특히나 당선작 "Healing"은 매우 직설적으로 트위터 트레일Twitter Trail과 같은 제안을 하였지만, 모바일 문화의 공간적 해석과 재현으로 이어졌고, 결과적으로 도입부에 제시한 전통적 자연관과 균형을 맞추는 효과적 결과를 얻었다고 본다. "Yongsan Madangs"는 그들 제안의 주된 프로그램 영역인 마당의 운영 도구로 SNS를 이용한다. 프로그램이 열려있는 마당이 시민들에 의해서 원격으로 점유되고 활성화될 수 있는 수단으로 소셜 네트워킹을 활용한다는 개념으로 효과적인 적용이 예상되는 아이디어이지만, 여러 차례 이미 제안된 아이디어이기에 혁신성이나 깊이 있는 문화적 통찰력을 발견하기는 어려웠다.

동시대 문화는 아직 깊게 뿌리 내렸다고 판단하기에는 어려운 문화인 만큼 동시대 문화를 다룸에 있어서 반드시 심도 있는 접근을 기대한 것은 아니다. 다만 아직도 많은 공원 제안서에서 빈번히 시도되는 산수화를 통한 자연관의 해석이나 또는 매우 미래적인 공원의 모습을 보여주며 강조하는 지속가능성의 추구와 같은 양극의 태도가 반복되지 않기를 바랐다. 이번 용산공원을 통해서는 오늘날 한국인들의 삶은 어떤 양상인지, 그들의 일상 문화에서 어떤 문화 코드를 발견하여 공원에 접목할 수 있을 지에 대한 경쾌한 고민을 듣고 싶었다. 한 가지 가까운 예를 들자면 난지한강지구에서 시작된 도심 캠핑이 있다. 급속도로 인기를 얻어 캠핑 문화를 더욱 가깝고 일상적인 라이프스타일로 자리 잡게 한 도심 캠핑은 펜션, MT, 야유회 등으로 대표되는 한국인의 집단 나들이 숙박 문화가 도시 안에서 새로운 라이프스타일로 변형된 유형이다. 공모 지침에서도 제안되었던 유스호스텔과 숙박 프로그램과 더불어 '용산공원에서 잘 수 있다' 라는 즐거운 상상을 가능하게 해주는 오늘날 대한민국의 공원 문화다.

'공원 카드를 긁다' 라는 상상도 해 본다. 한국인의 지갑에는 유독 신분증과 신용카드 이외에 다양한 멤버십 카드가 가득하다. 각종 상업적인 목적의 카드 이외에도 박물관과 도서관을 비롯한 여러 기관은 이용자로 하여금 각 장소로의 소속감을 고취시키고 지속적인 이용을 유도하는 멤버십 카드를 발급한다. 용산공원에도 같은 상상을 할 수 있다. 공원 내부에 있는 박물관이나 기념관이 아니라 공원 자체를 소유하게 하고 관계를 적립하게 하는 문화적 인터페이스로서 공원 멤버십 카드의 발급과 공원 포인트 적립제를 생각할 수 있다. 예를 들어, 공원의 지속적인 이용이나 자원봉사 활동의 참여로 쌓게 되는 파크 마일리지가 특정 공원 프로그램의 이용에 우선권을 얻을 기회를 제공하기도 하고 이벤트에 초대될 수 있는 기회를 부여할 수도 있을 것이다. 나아가서 상위의 공원 이용자 등급이 되면 공원 운영에 대한 결정에 참여할 기회가 주어지고 주말농장이나 양묘장에 일정한 지분의 소유권을 허락할 수도 있을 것이다. 공원이라는 일상을 시민의 삶에 지속적으로 깊게 이식하는 공원 카드 문화를 용산공원에서 상상해 본다.

동시대성에 대해 주목하려는 본질적인 이유는 그것의 정의를 통해 우리의 정체성과 한국성을 알아볼 수 있으리라는 기대 때문이다. 여기서 한국성은 선조들의 고루한 인습이 아니라 현재 한국인의 문화를 대표하는 시대정신과 지역적 특색에 의해 형성되어 새로운 전통으로 굳어져가는 것이라는 믿음을 바탕으로 한다. 역사적인 공원을 지향하는 용산공원은 야외 공간과 공원 문화에 대한 한국성의 한 면을 진단하고 성숙시킬 수 있는 장으로서 충분한 가치가 있다. 어쩌면 용산공원을 지속가능하게 만드는 필수 전략은 용산 부지의 기념비성과 크기가 담보하는 커다란 변화의 전략이 아니라, 실제 서울사람, 서울라이트Seoulite의 정신soul이 담긴 문화 코드를 이식하는 무형의 전략일 것이다.

공원 미래의 전망

공원의 대형화와 급변하는 현대 도시의 특성은 공원의 미래에 대한 불확실성을 대두시켰고 심지어는 비결정적 설계라는 흐름을 낳기도 했다. 그 흐름은 설계자에게 하나의 고정된 '그림'이 아닌 공원으로의 실현 '과정'과 도시와의 지속적인 소통의 '과정'에 보다 큰 무게중심을 두게 하여, 완결된 최종 설계안만이 아니라 여러 국면의 몇 가지 계획안을 제시하게 하는 일종의 유행을 불러오기도 하였다. 주로 생태적 성숙의 과정을 공원 성장의 동력으로 제안하는 선언적 프로젝트[6]들이 이끌었던 설득과 표현의 유형들이 유행을 선도하면서 여타의 유사 프로젝트에 큰 영향을 끼쳐왔고 보편화되었다. 이는 이번 공모 지침에서도 요구된 사항이었다.

용산공원 출품작들에서도 이러한 유행을 쉽게 발견할 수 있다. 그런데 여러 단계들 간의 긴밀한 연결 없이 비약적으로 전개되는 경우도 허다하다. 타임라인과 매트릭스를 통하여 양적으로는 풍부해 보이지만 조합된 중간 그림에 그칠 뿐, 단계별 전략의 탄력성을 입증해내는 제안을 찾아보기는 쉽지 않다. 특히 이 전략과 관련된 표현 방법의 양적인 진화는 유사한 사고를 양산하게 하고 오히려 설계안이 담보하기 힘든 거품을 품게 하는 함정을 갖게 하여 표면 전략으로 전락해 버린 최근의 흐름을 분명히 읽을 수 있다.

그러나 이러한 흐름과는 다르게, "Yongsan Madangs"는 파격적으로 네 가지

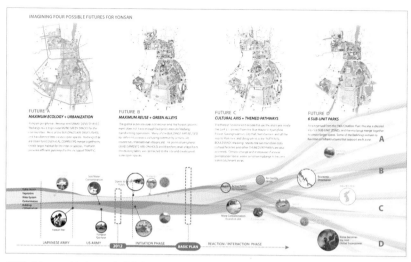

그림6. "Yongsan Madangs"가 제안하는 네 가지의 시나리오

의 완전히 다른 용산공원의 미래를 보여준다. 모든 시나리오는 용산공원의 기본 계획이 발효되어 밑그림이 그려지는 초기 도입 기간은 공유하되 그 뒤의 미래에 있어서는 다채롭게 가지를 뻗는다. 개발 정책과 같은 사회적 인자, 경제 발전의 양상, 그리고 한반도의 통일이나 급격한 기후 변화 같은 예측 불가능한 인자들을 반영한 네 가지 서로 다른 정체성의 마스터플랜이 바로 그것이다. 이러한 접근은 이 팀의 가장 큰 개념인 집합적 단위 모듈 '마당'을 구축하고 그 쓰임은 열어둔 채 도시와 반응하는 경계부만 정의하려는 설계 전략을 충실히 보강하는 비전 제시다.

클리셰가 되어버린 시나리오 방식과 페이징phasing 플랜에 간과된 생각은 없을까? 현재 진행 중인 많은 대형 공원들의 현재를 보면, 여러 공원들이 착공의 첫 삽을 뜬 후에 소유권 또는 주체가 바뀌며 공사가 중단되거나 설계 방향이 틀어지고 경제적 이유로 인해 공사의 범위가 축소되는 등의 굴곡을 겪기도 한다. 설계에서 제안된 온전한 미래를 맞이한 대형 공원은 거의 없다고 볼 수 있다. 실제로 용산공원 부지조차 미군기지 이전이 합의 단계에는 이르렀으나 언제 실행이 될 지는 아무도 확신하지 못하는 상황이다. 어느 날 용산공원화가 중단되었을 때, 관행적인 페이징 플랜이 과연 유효할 수 있을까? 이러한 의구심을 그대로 품는 진략을 떠올려본다. 만일 중도에 중단되더라도 불완전한 미래에 반응할 수 있는 지극히 현실적인 시나리오와 마스터플랜을 상상해보면 어떨까? 예를 들어 착공 5년 뒤에 정권의 교체로 공원의 운명이 뒤바뀌게 되더라도, 초기 마스터플랜의 고유한 의도가 보존되고 다른 방향의 수정 사항들이 유연하게 받아들여질 수 있는 대안적 진로를 품고 있는 순차적 계획을 기대해 본다. 지금까지 제시되어온 공원 미래에 대한 전망의 문제 아닌 문제점이었던 것은 아마도 언제나 선한 방향의 미래만을 제시해온 점일 것이다. 그런데 만약 언제 닥쳐올지 모를 어두운 미래의 시나리오도 미리 준비한다면 그보다 탄력적이고 공공 프로젝트의 본질을 잘 수용하는 계획안은 없을 것이다. 그러기 위해서는 설계 요소들의 유기적 짜임과 더불어 불가피하게 변경된 계획에서도 독립적인 정체성을 확보할 수 있는 탄력적인 전략 수립이 필요할 것이다.

맺으며

얼마 전 지인과의 대화에서 조경의 패러다임을 흔들어 놓을 이론이나 흐름은 10년에 한 번쯤 나오는 것 같다는 이야기를 나눴다. 이제는 정확히 30년이나 지났지만, 공원에 대한 논의에서 1982년의 라 빌레트 공원을 다룬 두 건축가의 아이디어에 대해 아직도 언급하게 되는 것을 보면, 그만큼 공원에 대한 새로운 혁신은 쉽게 허락되지 않는 것으로 보인다. 아마 그 이유는 공원을 만들어가는 과정이 복합적인 맥락과 상충되는 이해관계를 등에 업고 살아있는 환경을 간섭해 가며 이루어지기 때문일 것이다. 다시 말해서 공원을 다룸에 있어서 어느 정도의 클리셰는 불가피할지도 모른다. 모든 창작 행위에서 어떠한 새로운 시도가 성공적으로 수용되더라도 얼마 되지 않아 진부한 클리셰가 되고 마는 것처럼, 진보와 진부를 오가는 창조 행위인 설계의 아이러니는 공원에서도 계속되기 마련이며, 진일보가 쉽지 않은 공원에서는 더욱 더딜 수밖에 없기 때문이다. 이러한 점은 전 세계의 사랑받는 대표 공원들이 공원다운 전형적인 모양새로 가장 일반적인 프로그램을 제공하고 있다는 사실만 보아도 쉽게 알 수 있다.

그렇다면 전형적인 유형의 공원들이 저마다 많은 사랑을 받는 이유는 무엇일까? 그 답은 각각의 공원이 하나의 '장소'가 되었기 때문일 것이다. 매우 평범하고 일반적인 공원의 디자인이라도 대중에게 기억되고 그들이 다시금 발길을 옮기게 하는 하나의 장소가 되었을 때, 그 공원은 지속적인 사랑을 받는다. 광범위한 항목들이 구체적으로 요구된 전략 중심의 용산공원 설계 국제공모는 각 '설계안'의 질적 향상을 여러 갈래로 추구하게 했지만 용산공원의 정체성을 강화하여 '장소 만들기'로 수렴되게 했는지 다시 생각해 볼 필요가 있다. 질적 향상을 추구하는 각종 전략과 아이디어는 결국에는 클리셰가 되지만 정체성이 뚜렷한 장소가 된 '우리의' 공원은 하나의 명소가 되어 지역의 일부가 되고 주변 환경과 호흡할 수 있다. 미래의 용산공원이 서울시의, 대한민국의 새로운 명소로서 오랫동안 사랑받는 장소가 되기를 기대한다. 미래에 우리는 용산공원을 향하면서 어떤 기분 좋은 상상을 하게 될까? 어서 그 답을 듣고 싶다.

---

1 본래 인쇄에 사용되던 미리 제작된 활자판을 뜻하는 19세기의 인쇄 용어에서 유래. 19세기 말부터 클리셰는 진부한 표현이나 생각, 개념을 가리키는 용어로 자리 잡았다. 특히 영화나 문학에서 고정적인 캐릭터, 정해진 내러티브의 전개를 지칭하는 말로 자주 사용된다.
2 특히나 borrowed landscape라 표현된 당선작의 새로운 지형은 현 지형과는 크게 대비되는 형상이다. 디지털 도구로 단순하게 조형된 결과물은 현존 지형과 이격된 자연 환경으로 보인다.
3 Weiss/Manfredi의 과거 조경 프로젝트를 살펴보면 이번 용산공원의 제안이 이전 프로젝트와 같은 선상에 놓여있다는 점을 쉽게 짐작할 수 있다. 2008년에 당선된 태권도 공원에서 성공리에 받아들여졌던, "몸(Body) · 마음(Mind) · 정신(Spirit)으로 한반도 백두대간이 모티브가 되어 마치 용이 힘차게 비상하는 듯한 형상에, …… 한옥 지붕 및 청자의 선이 투영된 건물 디자인으로……"라는 두 가지 거의 동일한 설계 모티브가 용산에 다시 구현되었고, 부지를 점유하고 조직하는 전체적인 언어 또한 두 프로젝트는 상당한 유사성을 보인다.
4 경관생태학의 생태적 연결 방식 중 이 팀의 제안은 징검다리 연결 방식과 경계부를 강화하는 방식이 중첩된 방법이다.
5 공모 지침은 생태축 · 문화유산 · 관문 · 세계문화 · 유비쿼터스에코놀이 · 생산이라는 키워드로 단위 공원의 정체성을 규정한다. 생태축 공원과 같이 매우 구체적인 성격을 부여하기도 하였고, 반면 유비쿼터스에코놀이 공원은 지나치게 포괄적인 프로그램을 요구하고 있다.
6 대표적인 예로 다운스뷰 공원(Downsview Park) 국제 설계경기에 출품한 스탠 알렌(Stan Allen)과 제임스 코너(James Corner)의 "Emergent Ecology"가 있다.

다시,
용산을 이야기하자

남기준

West8의 출품작이 당선되었다는 소식은 들었지만 그래도 일간지에서는 어떤 식으로 기사화가 되었을지 궁금했다. 이제는 신문을 펼쳐들 필요도 없으니 번거로울 일도 없다. 즐겨찾기되어 있는 포털사이트에서 키워드 검색 후 제목 먼저 훑는다.

"용산 국가공원 골자는 '회복과 치유'" (경향신문, 이하 모두 4월 24일자), "힘들고 지친 도시인의 삶 용산공원서 치유하세요" (동아일보), "'서울의 센트럴파크' 용산기지, 남산 능선 살린 생태공원으로" (매일경제), "베일 벗는 '서울의 센트럴파크' 도시와 소통하는 생태공원으로" (문화일보), "'치유의 공간' …… 용산공원, 생태를 품는다" (서울신문), "용산 미군기지, 생태 · 문화공원으로 거듭난다" (세계일보), "용산 미군기지, 고단한 역사 딛고 치유의 공원으로" (중앙일보), "용산공원 설계공모 당선작 '미래 지향하는 치유의 공원'"(한겨레), "용산 미군기지 '소통하는 생태공원'으로 거듭난다"(한국일보). 제목에 드러난 주요 키워드는 '국가 공원, 회복, 치유, 센트럴파크, 남산, 생태, 소통, 문화, 역사, 미래' 등이다. 이중에서 '생태, 소통, 문화, 역사, 미래'는 여타 다른 공원의 당선작 선정을 보도하는 기사에도 전혀 어색하지 않은 어휘들이다. 기사 내용 역시 누가 설계한 어떤 작품이 당선되었고, 어느 정도의 예산으로 언제까지 공원 조성이 이루어진다는 일반적인 내용들뿐이다. 당연한 일이다. 당선작이 발표된 바로 다음날의 기사들이니 말이다. 하루가 더 지나자 조금 결이 다른 기사들이 실리기 시작했다. 한국일보에는 "국민의 지혜 모아 멋진 용산공원을"이라는 제목의 사설[1]이, 국민일보에는 용산공원의 역사적 의미를 짚은 칼럼[2]이 게재되었고, 동아일보에는 West8에 근무하며 용산공원 프로젝트 리더로 일하고 있는 최혜영의 인터뷰[3]가 실렸다. 그리고 얼마나 지났을까. 간간히 용산공원 소식이 신문 지면에서 다루어졌지만, 더 이상의 깊이 있는 보도는 찾아볼 수 없었다.

대신 공동 설계자 중 한 명인 건축가 승효상을 인터뷰한 기사들이 속속 등장하기 시작했다. "청와대·의사당처럼 사이비 건물에 사니 그 안의 생활도 사이비"(경향신문),[4] "깎인 산 돋우고 끊어진 물길 잇겠다"(신동아),[5] "승효상 건축사무소 이로재 대표 - 용산공원은 恨 많은 땅…… 원상회복 통해 치유 필요"(한국경제),[6] "한국 건축은 토건에 종속돼…… 삶의 질 위한 건설 정책 없어"(한겨레)[7] 등이 그 제목으로, 경향신문은 '인물과 화제' 코너에, 신동아는 인터뷰 지면에, 한국경제는 '한경과의 맛있는 만남'에, 한겨레는 '조국의 만남'에 각각 수록되었다. 제목의 뉘앙스는 조금씩 다르지만 각각의 신문 기사는 모두 승효상이 용산공원 설계 국제공모의 당선자임을 부각시켰고, 그의 주요 이력과 설계 철학을 소개하는 데 적지 않은 지면을 할애했다. 그 인터뷰들을 통해 그의 책 제목이기도 한 '빈자의 미학'이나 '지문地紋'이 의미하는 바가 무엇이고, 그가 왜 그것들을 중요시 여기는지를 쉽게 이해할 수 있었다. 그러나 용산공원과 관련해서는 자연 생태의 복원, 역사의 복원, 장소성의 복원 등 당선작 발표 직후에 보도된 (보도자료를 바탕으로 한) 기사들과 큰 차이가 없었다. West8에서 먼저 제의가 와서 참여하게 되었다는 사실 정도만을 추가로 확인할 수 있었을 뿐이다. 이 역시 당연한 일이다. 이 인터뷰들은 용산공원 당선작의 심층 분석을 위해 기획된 것이 아니라 건축가 승효상에 초점을 맞춘 것이니 말이다.

하긴 이전에도 아무리 크고 중요한 공원이라고 하더라도 일간신문의 지면에 설계 공모의 결과에 대한 심층 기사가 실린 적은 없었다. 여의도광장이 공원화된다고 했을 때 들썩였던 여론은 광장이 공원으로 바뀐다는 점에 초점이 맞추어져 있었을 뿐, 공원 그 자체에 집중하지는 않았다.

용산을 이야기하자

용산공원 역시 마찬가지다. 용산 미군기지를 어떻게 활용할 것인지, 그 쓰임과 방향이 결정되지 않았을 때는 관련 담론이 차고 넘쳤다. 1980년대의 임대주택 건립 주장부터 박물관 벨트, 문화 시설 단지, 민족 공원, 외국인 생활 타운 등 논의의 폭도 넓었고, 주장을 펴는 주체도 다채로웠다. 그러다 1990년대 후반을 지나 2000년대를 넘어서면서 시민사회단체를 중심으로 용산 미군기지 반환과 공원화 운동이 상당 기간 전개되었고, 2004년 7월 한 · 미 용산기지 이전 협상이 타결되고 '용산기지 국가 공원화 선포식' 이 2006년 8월에 개최된 후에는 방향성에 대한 논의가 신문 지면과 토론회를 중심으로 활발하게 진행되었다.

> "용산기지의 공원화를 놓고 다양한 의견이 쏟아지고 있다. 토론회도 이례적이다 싶을 만큼 빈번하게 열리고 있다. 2006년 9월 5일에는 서울 YMCA에서 '용산기지 공원화, 어떻게 해야 하나' 라는 토론회를 개최했고, 같은 달 7일에는 녹색연합을 비롯한 20여개 단체가 참여한 '용산기지 생태공원화 시민연대' 가 발족식을 열었다. 10월 12일에 열린 136 환경포럼 16차 정기모임 토론회는 '용산공원, 이렇게 만듭시다' 를 주제로 올렸고, 역시 같은 달 25일에는 용산기지 생태공원화 시민연대가 주최한 '용산기지의 공원화, 어떻게 할 것인가' 토론회가 개최되었다. 11월 2일 창립기념식을 연 환경재단 도시환경연구소의 창립기념 세미나 주제도 '용산 생태공원 조성 및 주변지역 관리방안' 이었다."[8]

그러나 막상 설계 공모 당선작이 발표된 이후에는 논의의 열기가 한풀 꺾였다. 앞서 살펴본 바와 같이 신문 지면을 장식한 것은 당선작 발표 보도 일색이었고, 간간히 공동 설계자 중 한 명의 인터뷰를 살펴볼 수 있었을 뿐이다. 물론 설계 공모 당선작 발표 이후에 관련 토론회가 전혀 열리지 않은 것은 아니다. 2012년 6월 12일에는 국토해양부에서 주최하고 한국조경학회와 대한국토 · 도시계획학회, 한국토지주택공사가 공동 주관한 '용산공원 설계 국제공모 당선작 활용을 위한 심포지엄' 이, 같은 해 10월 30일에는 '용산공원 시민사회 대토론회 - 용산공원, 시민에게 길을 묻다' 가 문병호 국회의원과 시민이 만드는 용산공원을 위한 공동대책위원회(준)의 공동 주최로 개최되었다. 그리고 이들 토론회를 통해서 '다양한 분야의 협력 시스템 구축, 조경 마스터 제도의 도입, 국민적 공감대 형성 필요' 등의 여러 제안이 제시되었고, 돌려받은 용산기지가 공원으로 포장된 개발 공간이 되고 있는 것은 아닌지 우려스럽다는 지적이 제기되기도 했다. 또 서울환경연합과 환경정의 등 아홉 개 시민사회단체는 설계 국제공모 당선작 발표 직후 "국토해양부 용산 미군기지 이전부지 개발계획에 대한 시민사회단체 입장" 이라는 성명서를 통해 캠프킴, 유엔사 등의 일부 부지 개발을 철회하고 전면공원화를 추진해야 한다는 입장을 밝히기도 했다. 하지만 이런 제안과 의견들은 큰 울림을 갖고 퍼져나가지 못했고, 논의의 초점도 상당 부분 산재부지 개발에 맞춰졌다. 공원 자체에 대한 논의가 설계 공모를 기점으로 수면 아래로 가라앉기 시작한 것이다.

사실 2007년에 "용산을 이야기하자"라는 제목으로 글을 쓸 때는 공원 전문가인 조경가들이 목소리를 내야 한다는 취지를 강조하고자 했었다.

> "일전에 어느 토론회에서 발제를 맡은 한 발표자는 용산기지의 공원화
> 는 토목업자, 조경업자가 아니라 생태학자가 주도해야 한다는 의견을
> 피력했다. 또 하나의 조잡한 조경 공원이 되어서는 안된다는 말도 덧붙
> 였다. 이런 의견이 나오게 된 배경으로는 두 가지를 생각해볼 수 있다.
> 하나는 조경이 지금껏 만들어온 공원이 정말 그 정도 평가를 받을 수밖
> 에 없을 정도로 수준 이하였거나, 아니면 조경과 조경가의 역량이 외부

에 제대로 알려지지 않았기 때문일 것이다. 첫 번째 경우여서 그런 평가를 받을 수밖에 없다면 조용히 한국 조경의 성장에만 집중해야겠지만, 만약 두 번째 경우라면 이제는 조경가들이 대외적인 활동을 보다 적극적으로 해야 할 시점에 이른 것이 아닌가 싶다. 다른 쟁점에 대해서는 각자의 판단에 따라 특정 의견과 주장을 소극적으로 지지하거나 비판하는 데 그치더라도, 최소한 공원화의 과정과 방법, 큰 방향에 대해서만큼은 조경가들이 의견을 내야 하지 않겠는가 말이다. 생명의 숲을 지지한다면 왜 지지하는지, 구체적 선례와 전문지식을 동원해 힘을 실어주기도 해야 할 것이고, 반대한다면 왜 비판적으로 생명의 숲 구상을 바라보아야 하는지 설득력 있는 의견을 제시해야 할 것이다. 또 정부와 서울시, 여러 시민사회단체에서 미처 검토하지 못한 유용한 사례가 있다면 적극적으로 소개해야 할 것이다. 아울러 사회문화적 패러다임의 변화에 따라 공원의 양상이 변해 왔다면, 21세기 한국적 상황에서 우리가 중시해야 할 가치는 무엇이고, 그것이 어떻게 구체적 공원의 모습으로 구현될 수 있는지 실천적 해법도 내놓아야 할 것이다. 이도 저도 아니면 최소한 현재의 대세로 부각되고 있는 생태 공원이 무엇이고 어떠해야 하는지 명확한 개념에 대한 합의만이라도 이끌어내려는 노력을 경주해야 할 것이다. 여전히 하나의 유행처럼 떠돌아다니는 생태가 정말 만병통치약인지 아니면 치명적인 독이 될 수도 있는지를 면밀히 따져보기만 하더라도, 그 성과는 작지 않을 것이다."[9]

　　하지만 지금은 이미 설계 공모의 과정을 거쳐서 당선작이 확정된 상태다. 그런데 왜 나는 "다시, 용산을 이야기하자"를 화두로 꺼내게 되었을까? 제법 긴 분량의 두 가지 사족을 달아본다. "다시, 용산을 이야기하자"라는 제목을 떠올린 순간 떠오른 논란들이다. 최대한 당시의 시점을 유지하려고 했지만, 어떤 경우에는 슬며시 현재의 시점을 포개 놓았다.

2012년 7월의 어느 날
확실한 건 '서울시 신청사' 기사를 그렇게 꼼꼼히 볼 생각은 전혀 없었다는 점이다. 2012년 7월의 어느 날이었다. 아마 점심을 먹고 난 후였을 것이다. 여느 때처럼 메일을 확인하려고 포털사이트에 들어갔다가 메인 페이지에 떠 있는 기사 하나를 심드렁하게 클릭했다. 서울시 신청사에 대해 시민 의견이 엇갈린다는 내용의 기사[10]였다. 그리 긴 내용도 아니었다. 만약 흑백 조감도 여섯 컷이 없었다면, "시민 100명에게 물어보니 '별로다' 41%, '예쁘다' 19%…… 설계자 '랜드마크 될 것', 일부선 '의견 더 수렴했어야'"까지만 읽고는 스크롤을 내려버린 후 곧바로 메일함을 클릭했을지도 모르겠다. 그런데 그 흑백 조감도가 눈길을 붙잡았다. 2006년 6월 16일, 10월 20일, 11월 17일, 2007년 3월 16일, 9월 7일, 10월 20일에 각각 어떤 이유로 서울시 신청사 디자인이 문화재위원회의 심의에서 부결되었는지(높이·형태·규모 등이 덕수궁을 비롯한 주변 문화재 경관과 부조화스럽다는 이유), 또 심의를 통과한 마지막 디자인은 왜 최종안으로 확정되지 못했는지(오세훈 전 서울시장이 디자인이 너무 평범하다는 이유로 반대)를 친절하고 간결하게 전달하고 있는 조감도를 보다가 흥미가 동하기 시작한 것이다. 그래서 내처 검색을 해보니, 2012년 5월 10일 공사장 가림막으로 사용되었던 아트펜스가 철거된 이후 신청사 디자인 논란이 제법 공론화되고 있었다.

그림1. 서울시 신청사의 수평성은 꽤 괜찮은 시도로 보이는데, 이는 다른 디자인 논란에 묻혀서 크게 부각되지 못했다.

간혹 신청사가 성취한 기술적 혁신과 새로운 건축적 시도에 대한 언급도 눈에 띄었지만 디자인을 둘러싼 논란만큼 뜨겁지는 못했다. 이 글을 쓰면서 시점을 개관식 이후까지 넓혀보았지만 크게 다르지 않았다. 물론 개관식에 즈음해서는 시청의 시민공간화에 대한 긍정적 평가가 회자되기도 했지만, 디자인에 대한 반응만큼 강렬하지 않았다. "쓰나미다. 메뚜기 눈이다. 아니다. 외계인 눈이다. 구청사와 서울광장을 덮어버리는 파도다. 튀어도 너무 튄다. 그로테스크하고 위압적이다." 심지어 어느 작가는 "거대한 에스프레소 기계 같다"며 "추한 건축물에 유난히 관대한 시민들"과 "치적에 눈먼 정치가와 개념도 취향도 없는 공무원들, 정치·경제 논리에 휘둘리는 힘도 실력도 없는 (그러나 변명은 기가 막히게 잘하는) 건축 및 시공계"가 "저런 물체"를 탄생시켰다며 탄식을 쏟아냈다.[11] 간혹 미래지향적인 디자인이라는 평가도 있었지만, 대세는 "글쎄" 혹은 "아니올씨다"였다. 기사 제목 톤 역시 그러했다. "'무례한' 서울시 새청사 좀 더 친절할 수 없겠니", "부조화의 극치, 서울시 신청사", "베일 벗은 서울시청사, 그런데 디자인이 왜……", "빛나는 유리 신청사, 빛바랜 구청사…… 뭔가 어색한 동거", "서울시 새청사 어떤 모습이길래, 건축가도 '내 설계 맞나?'", "서울의 랜드마크는 무엇인가요", "서울시 새 청사가 처마선을 본떴다고요?" 등등.[12] 이 중 한 대목을 들여다보면 이러하다.

> "가림막을 벗은 서울시 신청사를 보노라면 부조화의 파열음이 들리는 듯하다. 전통과 현대의 단절, 개발과 보존의 갈등이 빚어내는 앙칼진 소리다. 어두운 잿빛 건물과 시퍼런 유리 건물이 맞부딪히고, 본관의 직선과 신관의 위협적 곡선이 대립하는 구도는 전혀 다른 음악을 함께 듣는 것 같다. 고작 이런 신청사를 지으려고 3,000억 원을 쏟아 붓고 8년을 기다렸다니 개탄스럽다. 신청사는 무능하면서도 독선적인 서울시와 오만하면서 무책임한 문화재 동네가 만든 합작품으로 시정 수준과 문화재 행정의 현주소를 보여주는 현장이다."[13]

사실 신청사 논란은 서울시가 처음은 아니다. 새로 지어진 성남시청사, 용인

시청사 역시 제법 큰 논란이 있었다. 그런데 그 초점이 좀 달랐다. 용인시와 성남시의 경우는 지나치게 거대한 호화 청사라는 점이 여론의 집중 질타를 받았다. 여름이면 찜질방으로 변하는 유리 외벽 공법도 문제로 거론되었지만, 그 역시 혈세를 낭비한 호화 청사의 문제 중 하나로 귀결되었다. 결국은 과도한 예산을 투입한 규모의 논란이었던 셈이다. 그런데 서울시 신청사는 이례적으로 디자인에 대한 논란이 불거졌다.

사람들은 왜 목청을 높였을까? 디자인을 수정할 수도, 다시 지을 수도 없는 시점임을 모두 잘 알고 있었는데 말이다. 대한민국 수도 서울의 가장 대표적인 공공건물이라는 상징성, 서울시청이 자리하고 있는 땅의 입지적 중요성 등 여러 가지 요인을 꼽아볼 수 있겠지만, 실질적으로 가장 큰 이유는 그만큼 디자인이 파격적이었기 때문이 아닐까? 만약 설계 변경 과정 중에서 제시되었던 설계안 가운데 비교적 무난한 디자인이 선택되었더라면 아마도 디자인 논란은 일어나지 않았을 것이다. 너무 평범한 디자인에 대해 누군가 아쉬움을 토로했을 수는 있겠지만, 이렇게 큰 논란으로 번지지는 않았을 것이란 이야기다.

그림2. 공공 건축물의 경우, '기능' 이 중요하지 '외관' 이 무슨 큰 문제인가라는 지적도 있다. 하지만 주변과 조화롭거나 도시 경관을 향상시키는 '외관' 은 그 자체가 도심 건축물의 중요 '기능' 중의 하나임이 간과되어서는 안될 것이다.

어쨌든 비싼 수업료를 치렀다는 느낌도 들지만 개인적으로 두 가지 측면에서 이번 논란이 유의미하다고 생각한다. 우선 건축 디자인에 대한 관심이 커졌다는 점이다. 논란의 중심에 섰던 건축가 역시 인터뷰를 통해 "긍정이든, 부정이든 의견 표명을 하는 것은 일단 관심을 보이는 것이라고 좋게 받아들인다"[14]는 뜻을 이야기한 바 있다. 또 신청사 디자인에 대한 여러 의견을 접하면서, 자신도 모르게 '그렇다면 어떤 디자인이 좋았을까' 하고 고민해본 사람이 나만은 아니었을 것이다. 그 즉시 휘발되어 버리는 개인의 생각일 뿐이지만, 분명 의미 있는 거름이 되어주지 않을까 싶다. 두 번째로는 공공 프로젝트의 바람직한 추진 방향에 대해 다시 한 번 고민하게 된 점을 꼽을 수 있다. 청계천, 동대문 디자인 플라자 등 그동안 여러 공공 프로젝트들이 적지 않은 논란을 불러일으키면서 쟁점을 생산해냈고 그 덕분에 조금씩 변화의 움직임도 감지되고 있지만 여전히 풀어야 할 문제는 산적해있다. 아쉬움과 안타까움을 쏟아낸 수많은 의견들 역시 이후에 지어질 또 다른 공공 건축물에 대한 새로운 희망이 없었다면 그 강도가 다르지 않았을까 싶다.

2004년 10월의 어느 날

서울광장은 2004년 5월 1일 개장했지만 10월이 될 때까지 직접 가보지 못했다. 당시는 잡지사에 다니던 때여서 취재를 핑계로 가볼 수 있었지만 그러지 않았다. 광화문 교보문고에 몇 차례 방문했을 때도 발걸음을 시청 쪽으로 더 이상 옮기지 않았다. 영 마음이 내키지 않은 탓이다.

잘 알려져 있듯이 서울시청 앞 광장(이하 서울광장) 설계공모 당선작인 "빛의 광장"은 결국 실현되지 못했다. 대신 아주 심플한 타원형 잔디 광장이 지금 우리를 맞이하고 있을 뿐이다. 당시의 논란 역시 제법 컸는데, 당선작 발표 직후에 관 주도의 전시 행정이라거나 교통 대책이 부족하다는 지적[15]도 일부 있었지만, 가장 큰 논란은 당선작의 착공을 불과 며칠 앞두고 터져나온 서울시의 공사 보류 선언이었다. 표현은 '보류'였지만 사실상 '폐기'로 받아들여졌고 곳곳에서 반대

여론이 들썩였다. 하지만 "빛의 광장"은 결국 불을 밝히지 못했다. 나 역시 그럴 거였으면 도대체 왜 설계공모를 한 것인지, 이해가 가질 않았다. 상당히 혁신적 이었던 당선작이 과연 어떤 모습으로 완공될 지 궁금증과 기대감도 컸던 터였 다. LCD 모니터 설치 비용과 기술적 문제를 내세운 발주처의 해명은 궁색한 변 명처럼 여겨졌고, 두 달여의 신속한 공사과정 끝에 모습을 드러낸 서울광장은 허탈감을 안겨주었다. 굳이 직접 가서 볼 필요도 없어 보였다. 대청마루 위에 뜬 보름달을 모티브로 삼았다는 디자인은 심플함 그 자체였다. 또 잔디 광장이 시 민들의 자유로운 집회를 불허하기 위한 정치적 장치라는 의견도 대두되어, 교통 광장이 시민 광장으로 바뀌면서 역설적으로 시민들에게 닫힌 공간이 되어버렸 다는 자조적인 이야기까지 회자되었다. 결과적으로 당시의 여러 논란은 우리에 게 필요한 광장이란 무엇이고, 그 광장은 어떠해야 하는가를 진지하게 고민하게 했다. 2002년 월드컵부터 2004년 서울광장 완성 때까지 광장에 대한 우리 사회 의 논의는 그 어느 때보다 치열했다.

그런데 그렇게 우여곡절 속에 만들어진 서울광장의 잔디밭을 그 해 10월의 어느 날 밟아본 느낌은 그리 나쁘지 않았다. 사진으로 접했을 때의 허탈감은 어 디론가 사라져 버렸다. '보다 개방적이고, 유지관리비가 적게 들고, 열두 달 내 내 시민들이 자유롭게 이용할 수 있는 광장이었다면 좋았을 텐데'라고 머릿속 으로 아쉬워했고, 엄연한 공모의 절차를 무시하고 들어선 초록 카펫이기에 '이 게 뭐야'라며 투덜거렸지만, 눈은 정말이지 시원했다. 빽빽한 과밀과 빠른 속도 와 복잡하고 정신없음으로 치부해버렸던 서울의 도심 한복판에서 드넓기까지 한 것은 아니지만, 어쨌든 시야를 거스르지 않는 녹색 여백을 만난 느낌이 솔직 히 좋았다. 아마도 비어있는 녹색이어서, 녹색으로 비어있어서 그랬을 것이다.[16]

그러다가 문득 "빛의 광장"이 예정대로 시공되었다면 '완공 후의 반응이 어땠 을까'라는 생각이 들었다. "빛의 광장"은 광장으로서는 상당히 파격적인 디자인 이다. 빛의 기둥이나 서비스 스테이션, 음악분수와 같은 시설물도 흔한 디자인은 아니지만, 압권은 2003개의 LCD 모니터다. 광장 중심부에 깊이 30~50cm, 가 로 세로 약 $40 \times 60cm$의 구덩이 2003개를 파고 그 안에 LCD 모니터를 설치한

그림3. 서울광장. 영원히 보류된 "빛의 광장"의 새로움이 실현되었더라면 그에 대한 반응은 어땠을까? 우리의 광장을 누가 결정해야 할까?

뒤 강화유리로 덮는다는 안인데, 이 모니터는 평소에는 시민들에게 임대되었다가 특별한 행사가 있을 때는 비디오 아트의 매체로 활용될 계획이었다. 설계 설명서에는 이러한 디자인이 나오게 된 배경이 상당히 설득력 있게 전개되어 있지만, 만약 광장이 완성되었다면 시민들은 설계가의 디자인 의도에 대한 배경 지식 없이 곧바로 광장을 마주하게 됐을 것이다. 그랬다면 과연 어땠을까?

LCD 모니터가 실제로는 전체 광장 면적에서 차지하는 부분이 그리 크지 않지만, 대규모 집회시에는 잔디만큼이나 적합하지 않을 수도 있다. 또 특별 행사 시에 비디오 아트로 쓰이기 위해서는 광장이 비워져야 효과가 극대화될 수 있고, 제법 먼 거리나 고층빌딩에서만 제대로 감상이 가능할 터이니 시민들은 광장에서 광장을 즐기는 것이 아니라 오히려 TV 속 광장 모습에 만족해야 했을지도 모른다. 혹 서울시 신청사처럼 디자인 논란이 일어났을지도 모를 일이다.

당시 서울시는 "LCD 모니터 기증 및 유지관리상의 기술적인 문제가 해결되지 않아 당선작을 보류하고 장기적인 검토를 거쳐 추진하기로 했다"며 "그 대신 하이서울페스티벌이 열리는 5월 이전에 53억 원을 들여 잔디광장을 조성할 방침"[17]이라고 밝혔다. 만약 누군가 "빛의 광장" 역시 진정한 의미의 시민 광장으로서 적합하지 않다고 생각하는 사람이 있었다면, 이런 서울시의 결정을 환영하지 않았을까? 물론 과정상의 문제점에는 아무도 동의하지 않았겠지만 말이다.

다시, 용산을 이야기하자

사족이 길어도 너무 길었다. 용산공원이 드디어 닫혀있던 문을 연 어느 날, 서울시 신청사처럼 뒤늦은 논란이 불거지면 안될텐데 하는 노파심이 지나치게 크게 작동한 탓이다. 좀 혼란스럽기도 했다. 기본적으로 설계 공모를 통해, 심사위원회의 공정한 심사를 통해 당선작이 선정되었다면 그 원안을 존중해야 한다는 것이 평소의 생각이었는데, 서울시 신청사와 서울광장 논란을 곱씹어보다가 생각이 많아진 것이다. 서울시 신청사는 문화재위원회의 심의와 오세훈 시장의 반대로 디자인이 여러 차례 변경되긴 했지만, 어쨌든 최종안은 전문가들의 심사를 통해 선정되었다. 또 턴키 제도 탓에 일부 설계 변경이 이루어지기도 했지만, 문제가 되고 있는 외관의 기본적인 디자인은 아주 크게 달라지지 않았다. 그런데 논란이 발생했다. 누구의 책임일까? 게다가 서울시 신청사는 동아일보와 월간 『SPACE』가 건축 관련 4개 단체(한국건축가협회, 대한건축사협회, 대한건축학회, 새건축사협의회)가 추천한 회원 80여 명과 건축 전문 사진작가 및 칼럼니스트 등 전문가 100명을 대상으로 공동 조사한 '한국 현대 건축물 최고와 최악'에서 '최악의 현대 건축' 1위에 선정되었다. 기사에 따르면 "일제마저도 특별한 공을 들인 서울의 심장부에 우리 스스로 큰 실수를 범했다"라는 혹평[18]까지 나왔다고 한다. 머릿속이 복잡해지지 않을 수 없다.

　여기서 시시비비를 따질 생각은 없지만, 중요한 공공 프로젝트의 경우, 보다 충분한 사회적 합의 과정이 필요하다는 점은 명확해 보인다. 일례로, 서울시 신청사를 설계한 건축가 유걸은 완공 후의 여러 인터뷰에서 턴키 제도에 대한 문제점을 지적하며 큰 아쉬움을 표하는 한편,[19] "서울 시청 자체보다 그 앞 서울광장이 더 중요하다"며 "새 청사는 형태 자체보다 서울광장과 관계를 갖도록 하는데 더 비중을 두었기 때문에 옛 청사를 압도하는 것처럼 보이는 것은 원래 의도"[20] 라고 밝힌 바 있다. "허물지 않고 남아 있는 옛 청사 일부를 새 시청이 마치 덮치 기라도 하는 듯한 디자인은 ('랜드마크'가 아닌) '랜드플레이스'인 서울광장과 소통 하려는 몸짓"이라는 것이다. 즉 신청사가 홀로 고고한 랜드마크가 아닌 서울광 장과 어울리는 랜드플레이스가 되도록 했다는 이야기다. 그러면서 "사람은 새 것에 대해서는 늘 어느 정도 거부감을 갖게 마련"이라는 말을 덧붙였다. 앞서도 말했듯이, 서울시 신청사에 대한 일부 반응 중에는 "미래지향적인 디자인"이라 는 의견이 있었다. 개인적으로 서울시 신청사는 '새것'이어서가 아니라 '부조 화' 때문에 거부감이 든 것이라고 생각되지만, 건축가의 설명을 듣다보면 일견 고개가 끄덕여지는 대목도 있다. 완공 전에 폭넓은 공론화의 과정이 있었더라면 어땠을까 하는 아쉬움이 드는 이유다.

사실 지금도 공공 프로젝트들은 시민 공청회와 각종 위원회의 심의 등 여러 가지 의견 수렴 절차를 거쳐 시행되고 있다. 하지만 그 실효성에 의문이 드는 것 이 사실이다. 그렇다고 최근 들어 시행되고 있는 설계 공모 심사에 지역 주민을 참여시키는 제도가 최선이라고도 생각되지 않는다. 어차피 모두를 만족시킬 수 있는 대안은 없을 것이다. 그렇다면 어떻게 해야 할까? 서울시 신청사의 디자인 논란이 그 해결책을 찾아가는데 촉매가 될 수 있지 않을까? 그러한 전철을 밟지 않기 위해서, 어떠한 시스템이 필요한지를 이야기해보는 것은 어떨까? 용산공원 이 그 시발점이 될 수는 없을까?

당선작이 확정된 용산공원의 밑그림에 이견을 제시하거나 재검토를 하자거 나 무언가를 새롭게 바꾸어야 한다고 주장하려는 것은 아니다. 오히려 설계자를 흔들지 말고 믿고 맡겨야 한다는 쪽에 한 표를 던지고 싶다. 다만 용산공원이 여 러 가지 면에서 새로운 프로세스를 실험해볼만한 조건을 갖추고 있으니, 그것을 활용해보자는 것이다.

우선 용산공원은 단계별 조성 과정을 예고하고 있다. 가림막을 일시에 걷어 내고 그 최종 모습을 한날한시에 공개하는 기존 공원과는 프로세스가 판이하게 다르다. 또 본격적인 공사도 2017년이나 되어야 시작된다. 어차피 그 사이에 어떤 변수가 개입될지 누구도 장담할 수 없는 상황이다(그래서는 안되겠지만). 어쩌면 1차 개방 시기에 큰 논란이 발생할 수도 있다. 조성 과정에 깊숙이 참여하지 않은 전문가들과 일반 시민들의 눈에 1차 개방의 결과물이 만족스럽지 못할 수 있기 때문이다. 공원이 완성된 후가 아니라, 그 이전에 지금까지의 계획안을 바탕으로 사회적 논의를 거치는 과정이 그 어떤 프로젝트보다 필요해 보인다. 그리고 용산공원은 대형 공원이다. 이번에 선정된 당선작은 최종 마스터플랜이 아니라 밑그림이 될 것이다. 핵심 개념을 유지하는 선에서 의견 반영이 어느 정도 가능한 여지가 있다는 뜻이다. 게다가 최초의 국가 공원이다. 국가 공원이 아니라고 하더라도 용산공원의 상징성과 중요성은 새삼 강조할 필요가 없다. 공원화가 결정되기 이전에, 또 공원화가 결정된 이후에도 수많은 의견과 주장이 제시된 것은 용산공원의 중요성을 단적으로 대변해준다. 그 어느 공원보다 폭넓은 의견 수렴이 중요하다는 의미다.

그리고, 이와 별도로 용산공원 설계 국제공모는 그 자체로 조경 담론의 깊이와 넓이를 확장시켜줄 소중한 비평의 대상이다. 조경계에서라도 쟁점과 과제를 진단하고 확산시키려는 노력이 필요하다. 조경 분야의 대표적 매체인 월간 『환경과 조경』의 경우, 1988년 11 · 12월호의 "긴급좌담: 용산 미8군터의 활용방안을 진단한다"에 이어, 2003년 10월호의 "특별기획: 용산 미군기지 이전후 활용방안", 그리고 2007년 1월호와 2월호의 연속기획인 "용산을 이야기하다"에 이르기까지 꾸준하지는 않았지만 지속적으로 용산공원에 주목했었다. 용산공원의 완전 개방까지는 아직도 많은 날들이 남아 있다. 그리고 워낙 장기간에 걸쳐 조성되는 탓에 그 사이 공원의 패러다임이 조금씩 달라질 수도 있다. 용산기지가 공원화될 때까지 기울였던 관심 이상으로, 앞으로 조금씩 모습을 드러낼 용산공원에 관심을 갖고 논의를 이어나간다면 용산공원과 함께 조경 담론의 뿌리도 조금은 탄탄해지지 않을까.

그러나 서두에서 지적했듯이, 설계 공모를 기점으로 오히려 불씨가 사그라지고 있다. 그저 공원이면 족한 것일까? 2007년도에 썼던 "용산을 이야기하자"는 이런 문장으로 마무리된다.

"용산기지의 공원화 과정이 아주 긴 호흡으로 진행되어, 현대 도시를 살아가는 이들이 잇고 있는 느림의 가치를 배울 수 있는 계기가 되어야 한다는 주장도 설득력을 얻고 있는 것으로 보인다. 이런 맥락에서 나온 "기존의 미군기지 시설은 적절히 손봐서 문화시설로 재활용하고 거대하고 '심심한' 공원이 되었으면 좋겠다"는 의견이나, "용산기지의 모든 바닥을 흙으로 전환시키고 정말로 필요한 나무만을 심은 후 지금부터 한세대 후 즉 30년간 출입금지 구역으로 설정했으면 좋겠다"는 주장, 또 생태적 천이과정을 통해 생명의 숲을 만들자는 이야기들은 모두 '금단의 땅'을 미래세대를 위해 '유보의 땅'으로 두자는 의견들이다. 그런데 과연 거대도시 서울의 중심부에 있는 80만평 이상의 땅을 그대로 둘 수 있을까? 만약 그렇게만 할 수 있다면 그보다 더 실험적인 도시 프로젝트는 없을지도 모른다. 그러나 대다수 국민의 뜻이 그러한지는 아직은 알지 못한다. 또 80만평이라는 거대한 땅에 대한 스케일감이 없어서 나온 그야말로 이상적인 환상은 아닐까, 고심하게도 된다. 어쨌든 최종 결정은 최대한 유보하더라도 그 결정의 순간까지 우리는 가능한 모든 대안을 검토하고 논의할 필요가 있을 것이다. 만약 몇 십년동안 유예하기로 결정이 되더라도, 지금 우리가 하는 논의들은 미래세대에게 도움이 될 것이고, 최소한 그들의 노력과 수고를 조금은 덜어줄 수 있을 것이다. 마스터플랜이 성급하다면 원칙과 지침과 방향만이라도 가능한 모든 경우의 수를 살피고 도마 위에 올려보자. 만약 기존의 방식대로 발주처의 설계 지침 작성과 그에 따른 설계 공모 방식으로 사업이 진행된다면 결국 지침과 공모 방식이 용산의 미래를 상당 부분 좌우할 터이니 이에 대한 논의는 지겹도록 많아도 좋을 것이다. 또 성급한 결정적 태도만 지양하기로 합의가 된다면, 마스터플랜을 이야기한들 무엇이 문제일까. 몇몇 시민사회단체의 활동적인 전문가들이 말과 글을 통해 내보이고 있는 구상 역시 하나의 그림에 불과할 수 있다. 어쩌면 그 글들이 다양한 가능성을 차단하는 견고한 말의 성채를 짓고 있는 것은 아닌지 비판적 검토도 이루어져야 한다. "기존의 공원처럼 전문가들이 디자인하고 공공기관이 도식적인 조경 사업을 하는 식으로 조성되어선 안된다"는 주장도 나와 있는 만큼, 기존의 발주처에 의한 설계 공모 방식이 아닌 실현가능한 새로운 공원 조성 방식을 모색하고 실험해보는 시도도 필요할 것이다."[21]

두서없는 글을 마무리하며 마지막 문장을 바꿔본다. 용산공원을 조성함에 있어 새로운 사회적 합의 과정을 모색하고 실험해보는 시도도 필요할 것이다.

다시, 용산을 이야기하자!

1 "국민의 지혜 모아 멋진 용산공원을", 한국일보 2012년 4월 25일자.
2 김의구 논설위원, "용산공원", 국민일보 2012년 4월 26일자.
3 "세계적 조경업체 뒤엔 한국 여성 있었다…… 'West8' 뉴욕 지사 최혜영 씨", 동아일보 2012년 4월 26일자.
4 "청와대·의사당처럼 사이비 건물에 사니 그 안의 생활도 사이비", 경향신문 2012년 5월 5일자.
5 "깎인 산 돋우고 끊어진 물길 잇겠다", 『신동아』 2012년 7월호.
6 "승효상 건축사무소 이로재 대표 - 용산공원은 恨 많은 땅…원상회복 통해 치유 필요", 한국경제 2012년 7월 21일자.
7 "한국건축은 토건에 종속돼…… 삶의 질 위한 건설정책 없어", 한겨레 2012년 10월 15일자.
8 남기준, "용산을 이야기하자", 월간 『환경과 조경』 2007년 1월호.
9 남기준, 앞의 글.
10 "모습 드러낸 서울시 신청사, 시민 반응 엇갈려", 조선일보 2012년 7월 5일자.
11 김한민, "랜드마크 또는 흉물", 한겨레 2012년 6월 16일자.
12 "'무례한' 서울시 새청사 좀 더 친절할 수 없겠니?", 한겨레 2012년 6월 18일자; "부조화의 극치, 서울시 신청사", 한국일보 2012년 6월 13일자; "베일 벗은 서울시청사, 그런데 디자인이 왜……", 세계일보 2012년 6월 12일자; "빛나는 유리 신청사, 빛바랜 구청사…… 뭔가 어색한 동거", 중앙일보 2012년 5월 23일자; "서울시 새청사 어떤 모습이길래, 건축가도 '내 설계 맞나?'", 한겨레 2012년 5월 31일자; "서울의 랜드마크는 무엇인가요", 서울신문 2012년 8월 11일자; "서울시 새 청사가 처마선을 본떴다고요?", 중앙일보 2012년 7월 26일자.
13 최진환, "부조화의 극치, 서울시 신청사", 한국일보 2012년 6월 13일자.
14 "이질성의 공존…… 처음에 거부감은 당연", 한국일보 2012년 6월 30일자.
15 "시청 앞 광장 '유감'", 오마이뉴스 2003년 2월 5일자.
16 남기준, "에디토리얼: 바닥분수", 월간 『환경과 조경』 2009년 10월호.
17 "서울시청 앞 광장 조성사업", 동아일보 2004년 2월 12일자.
18 "전문가 100명이 뽑은 '한국 현대 건축물 최고와 최악'", 동아일보 2013년 2월 5일자.
19 "기초설계 콘셉트 못살려 디자인 왜곡", 세계일보 2012년 6월 12일자.
20 "이질성의 공존…… 처음에 거부감은 당연", 한국일보 2012년 6월 30일자.
21 남기준, 앞의 글.

용산공원의 지속가능한 미래를 위한

세 가지 조건

이유직

성공적인 공원을 위한 세 가지 조건

용산공원의 조성이 조금씩 단계를 밟아 가고 있다. 특별법으로 정해져 있는 일련의 과정들이 하나하나 진행되어 최근에는 공원의 전체 모습에 대한 기본설계와 실시설계를 수행할 회사가 결정되었다. 용산공원은 장소가 갖는 민족성과 역사성을 반영하고 도시성과 자연성의 균형을 갖추면서도 미래를 지향하는 공원이 되어야 한다는 기대와 역할을 한 몸에 부여받고 있다. 또한 정주 600년의 고도 서울시의 공간 구조와 경관을 새롭게 재편하는 중요한 거점이자 지속가능한도시의 그린 인프라 구축의 중추 역할 또한 갖고 있다. 오랜 기간 미군기지로 점유되어 일반인들의 접근이 쉽지 않았던 금단의 땅에서 누구나 이용할 수 있는공원으로 바뀐다는 상징성과 토지 매입비를 빼고도 9000억 원가량 비용이 들어가는 보기 드문 커다란 규모는 이 공간에 더욱 주목하게 만든다. 공원의 조성과 함께 어떤 별도의 준비를 함께 더해야 할 것인가, 그리고 어떻게 이 공원을 지속가능한 공원으로 발전시켜 나갈 수 있을 것인가 하는 점 또한 주요한 과제가 된다. 진정 우리나라를 대표하는 공원으로 자리 잡게 하기 위해서 공원의 조성과 함께 고려해야 할 점들에 대해 짚어보아야 한다.

성공적인 공원은 공원의 계획과 설계가 좋다고 해서 이루어지지 않는다. 좋은 공원은 공원의 그릇을 만드는 일, 그 그릇을 매력적인 내용으로 채우는 일, 그리고 그런 그릇이 지속적으로 운영될 수 있는 시스템을 확립할 때 가능해진다. 참신하고 매력적인 공원의 계획·설계와 이를 잘 실현해 내는 시공이 이루어져 공원의 뼈대를 형성하는 일은 공원 조성의 출발이 된다. 그리고 이를 바탕으로 시설과 조화를 이루는 다양하고 흥미로우며 독특한 내용물들로 공원의 콘텐츠를 구축하여야 한다. 어떤 측면에서 본다면 공원의 그릇을 만들기 전에 프로그램과 콘텐츠에 대한 고민이 선행되어야 한다. 그만큼 공원의 내용물은 그릇을 만드는 일 만큼이나 중요하며 공원의 성패를 좌우한다. 그리고 이 두 가지만 이루었다고 해서 모든 일이 끝나는 것은 아니다. 공원이 지속적으로 유지되고 운영될 수 있는 시스템을 구축하는 일이 세 번째 과제다. 제도화되고 안정된 구조를 이루지 못하면 앞의 두 조건도 아무 의미가 없어진다. 이런 측면에서 지속가능한 용산공원을 위한 세 가지 조건들을 하나씩 살펴보자.

용산공원을 만드는 일: 총괄조경가가 필요하다

용산공원의 기본계획안이 확정됨으로 해서 공원의 계획·설계는 분명 한 단계 진전될 것이다. 국토해양부는 올해 하반기부터 용산공원 설계 국제공모 1등 작품을 토대로 각계 전문가와 국민들의 의견을 수렴해 2014년 말까지 기본설계를 세우고, 2016년 말까지 실시계획을 수립한 뒤 2017년부터 용산공원 조성 공사에 착수할 계획이다. 그러나 이 일은 계획하는 바와 같이 단선적으로 쉽게 진행될 성격의 일이 아니다. 도처에 사업의 진행을 더디게 만드는 난제들이 쌓여

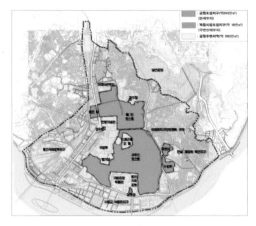

그림1. 국토해양부는 용산공원의 본체 부지를 제외한 캠프킴, 유엔사 등의 주변 산재 부지를 복합 용도로 개발하고 여기에서 발생하는 수익을 미군부대의 이선과 공원 공사비로 충당할 계획을 세우고 있다.

있다. 걸림돌들은 하나같이 만만하지 않고 공원 조성을 어렵게 만들 것이다.

이 사업은 기본적으로 미군부대의 이전을 전제로 하고 있으며, 이전에 소요되는 비용은 주변 산재 부지의 개발을 통해서 창출될 이익을 재원으로 하고 있다. 국토부는 전체 부대 이전지 261만m² 가운데 용산공원의 본체 부지 243만m²를 제외한 캠프킴, 유엔사, 수송부 등의 주변 산재 부지 18만m²를 복합 용도로 개발하고 여기에서 발생하는 수익을 미군부대의 이전과 공원 공사비로 충당할 계획이다. 결과적으로 주변 산재 부지 개발의 성패가 공원 조성에 결정적인 열쇠가 되는 사업 구조인 것이다. 이러한 점은 해당 지자체인 서울시와 갈등을 야기하게 될 가능성을 아주 높게 만든다. 충분한 재원 혹은 가능한 많은 이익을 확보하기 위해서 수익이 되는 사업 위주의 고밀도 개발을 추진할 것이 분명하기 때문이다. 개발의 방향이 서울시가 구상하는 도시 발전과 도시계획에 부합될 지는 미지수다. 수익성이 최우선 가치가 될 개발계획과 도시 발전 계획이 충돌될 경우 사업은 표류할 가능성이 커진다.

천신만고 끝에 사업비를 충당할 방법을 갖추었다고 해도 미군부대의 이전이 가정집 하나 이사하듯 한 날 한 시에 이루어지기는 불가능한 일이다. 필연적으로 단계별 이전이라는 현실적 대안을 채택하게 될 것인데, 이 또한 공원의 조성을 더디게 만들 것이다. 부대의 이전 이후에는 지장물 철거, 환경 오염 조사 및 정화, 공원 조성의 순으로 진행될 텐데, 지장물을 어느 수준으로 철거할 것이며, 환경 오염을 어느 정도 수준으로 정화할 것인지도 논란거리다. 여기에는 엄격한 조사를 통해 현황에 대한 정확한 정보를 파악하는 일이 우선적으로 실행되어야 하고, 그리고 이를 바탕으로 어느 정도 수준에서 완료할 것인지에 대한 한미간의 협의가 뒤따라야 한다. 환경 오염이 땅속에 있다면 그 위에 있는 시설물을 보전하고 싶어도 철거할 수밖에 없으며 호수를 만들고 싶어도 쉽지 않게 된다. 아울러 특정 시설을 공원으로 활용하고자 할 때 이 시설이 철거되지 않도록 사전에 협의가 되어야 할 것이다. 이 일은 엄청난 비용을 수반할 뿐만 아니라 향후 공원의 모습에도 커다란 영향을 주기 때문에 초미의 관심사가 아닐 수 없다.

부지를 인수한 이후에는 훨씬 더 구체적이고 어려운 과제들이 많아질 것이다. 이때부터 비로소 부지에 대한 정확한 측량을 하고 수 체계를 파악할 수 있으며, 문화재를 조사하고, 보존 건축물이나 수목에 대해서 정확하게 정보를 얻을 수 있게 된다. 심하게 이야기 하면 이전까지 수립해 놓은 기본계획과 실시설계는 블라인드 디자인이라 하여도 과언이 아닌 것이다. 그렇기에 실시설계의 보완은 필수적이다. 아니 어쩌면 기본계획조차 재조정해야 할지도 모른다. 이런 측면에서 본다면 부지에 대한 자유로운 접근이 이루어지기 전까지 실시설계를 진행할 필요는 굳이 없어 보인다.

이처럼 용산공원은 지금까지의 공원 조성 방식과는 엄청나게 다르게 진행될 것이다. 정해진 공사 기간에 맞추어 공원을 조성하는 일반적인 과정과는 달리 이 공원은 상당히 오랜 시간에 걸쳐 퍼즐 맞추듯이 부분적인 조성을 통해 전체 모습을 완성해 나가게 될 것이다. 공원을 전체적으로 동시에 개발하는 것은 현실적인 측면에서 불가능해 보이며, 공원을 위해서도 바람직한 일은 아닐 것으로 판단된다. 이런 맥락에서 공원의 개발을 지원할 중심 기구가 절대적으로 필요하다고 본다. 장기간에 걸쳐 단계적이고 점진적인 공원의 조성은 자칫 잘못하면 누더기식으로 꾸려질 염려가 있으며 동시다발적으로 벌어지는 수정과 보완에 대해 전체적으로 계획의 밸런스를 잡아나가면서 완성도를 높이는 '총괄조경가'의 역할이 요구되는 것이다.

용산공원은 다양한 계획을 아우르고 있다. 공원에는 아주 자연스럽고 생태적인 공간이 있는가 하면 수많은 사람들이 오가는 테마 파크 같은 공간도 갖추게 될 것이며, 넓은 호수가 있는가 하면 많은 건물들로 이루어진 곳도 조성될 예정이다. 그동안 우리가 보지 못했던 새로운 유형의 도시 공간이 공원이라는 이름으로 등장하게 될 것이다. 이와 함께 용산공원은 본체 부지 주변 지역의 개발, 지하철을 비롯한 대중교통 개발, 남산과 한강으로 이어지는 녹지축 계획 등 수많은 계획들과 관련되고 있다. 이것은 우리들에게 공원의 계획과 설계뿐만 아니라 공원 조성의 경영이라는 과제를 던져주고 있다. 기본설계와 실시설계를 담당하는 조경가와 구별되는, 또 다른 역할을 하는 조경가가 필요함을 말한다. 용산공원 개발의 전말에 대해 소상하게 알고, 공원의 기본계획과 실시설계에 대해 깊이 이해할 뿐만 아니라 여타 관련 계획들에 대해 적절하게 대응할 수 있는 총괄 조경가의 존재는 계획 설계를 담당하는 조경가 만큼 중요할 것으로 판단된다. 시민과 행정당국, 각 분야의 전문가와 공원 건설사 사이에서 다양한 목소리에 귀를 기울이면서, 공원의 계획 설계 스킴을 지키면서, 공원 조성의 전체적인 밸런스를 전략적으로 잡아나갈 한 명, 혹은 소수의 멤버로 이루어진 총괄조경가의 여부는 성공적인 공원의 필요조건이라 하겠다.

용산공원의 콘텐츠: 거버넌스 구축

지금까지 공원의 조성은 지방자치단체가 실행의 중심이었으나 용산공원은 중앙정부가 나서서 만드는 최초의 공원이 된다. '용산공원 조성 특별법'은 '용산공원관리센터'라는 조직을 만들어서 공원을 효율적으로 관리 운영할 것을 규정하고 있다. 따라서 용산공원은 국가가 나서서 조성하고 관리하는 최초의 국가공원인 셈이다. 물론 제도적으로 국가 공원이란 말은 없지만 최근 들어 지자체들이 감당할 수 없는 성격의 공원들을 국가에서 조성해 달라는 요구가 커지고 있다는 점을 감안해 본다면 용산공원은 국가 공원의 시작이 될 것임에 분명해 보인다.

공원과 관련된 업무를 나누어 보면 반드시 공공에서 해야 할 일, 민간에서 해야 할 일, 공공과 민간이 함께 힘을 모아서 해야 할 일들로 대별할 수 있다. 예컨대 공원의 일반 행정과 시설의 유지보수 및 전기 토목 등의 시설물 관리는 당연히 공공의 영역에서 담당하여야 한다. 반면 방문자 서비스나 자원봉사자 교육 및 관리 등은 민간의 영역에서 담당할 때 훨씬 더 효과적이다. 공원의 운영이나 프로그램과 관련된 기금을 모으거나 후원자들을 관리하는 일들은 절대 공공의 영역이 담당할 수 없는 일들이다. 이밖에 식생, 토양, 생태를 비롯한 조경 관리와 공원의 홍보 등은 공공과 민간이 함께 힘을 모을 때 훨씬 더 효과적이다. 따라서 성공적인 공원이 되기 위해서는 공공과 민간의 협력이 필수적이다.

공공과 민간이 공원을 두고 어떻게 힘을 모을 것인가 하는 점에 대해서는 여러 가지 사례들이 알려져 있다. 대체로 세 가지 유형으로 나눌 수 있는데, 공공이 직접 공원·녹지의 관리 운영 업무를 담당하며 관리 인력이나 예산의 부족분에 대해서 시민들의 자원봉사를 통하여 보완하는 직접 운영 방식이 첫 번째이다. 두 번째는 민관 파트너십 방식으로, 공공과 민간이 파트너십을 구축하여 각각의 특성에 따라 업무를 분담하는 방식이다. 이 경우 프로그램의 계획 운영, 홍보, 기금 모금과 같은 부분은 민간에서 담당하고, 시설물 관리 및 재산 관리 등 기본적이고 하드웨어적인 공원 관리는 공공이 담당한다. 세 번째는 민간 위탁 방식으로 공원의 관리 및 운영의 전반적인 업무를 민간에게 위탁하여 관리하고 관은 위탁에 따른 예산을 지원하는 방식이다. 용산공원이 성공적인 공원이 되기 위해서는 이처럼 어떻게 민과 관이 협력해 나갈 것이며 어떤 내용들로 공원을 운영해 나갈 것인가 하는 점에 대한 해답을 구해야 한다. 이것은 공원을 계획·설계하는 조경가가 할 수 있는 부분이 아니며, 국토부에서 만들어 낼 수 있는 일도 아니다. 공공과 민간 그리고 전문가가 머리를 모아 지혜를 짜내야 가능한 일이다. 공원의 공간마다, 또한 많은 건물들 속에 다양한 프로그램과 콘텐츠들을 구축하여야 한다. 이 일은 공원을 만드는 일만큼이나 중요하고 공원의 성패를 가늠하게 만드는데 시민들의 참여와 봉사가 없이는 절대적으로 불가능하다.

그림2. 민관 협력 체계에 의해 관리되고 있는 서울숲. 서울그린트러스트와 서울숲사랑모임을 통해 150명의 핵심 자원 활동가와 3천여 명의 자원봉사자가 활동하고 있다.

거버넌스는 말처럼 그렇게 쉬운 일이 아니다. 2400개가 넘는 공원을 가지고 있는 서울시의 경우 민관 협력 체계에 의해 관리되고 있는 공원은 서울숲과 고덕수변생태공원 2개소뿐이다. 서울숲은 민관 파트너십 형태로, 고덕수변생태공원은 시민단체가 전체 위탁을 받아 관리 운영하고 있다. 서울숲은 2003년 서울시와의 공동 협약 체결을 통하여 서울시의 녹지를 확대 보존하고 시민의 참여 확대를 위한 협력 사업과 기금 조성 사업을 목적으로 설립한 서울그린트러스트가 서울숲의 공익적 가치를 증진하고자 서울숲사랑모임이라는 조직을 설립한 데서 출발한다. 공원 조성부터 운영 전반에 걸쳐 시민들의 참여로 공원 프로그램을 운영하고 있으며, 150명의 핵심 자원 활동가와 3천여 명의 자원봉사 조직으로 구성된다. 연간 3만 시간 이상 봉사 활동을 진행하고 350명의 개인 후원자와 20여 개의 기업, 단체가 매년 약 3억 원 이상의 기금을 마련하고 있다. 그리고 서울숲공원이 문화 예술 콘텐츠를 가진 문화예술공간으로서의 기능을 수행하도록 다양한 공공 프로그램을 개발하고 있으며 연중 공익 캠페인을 통한 서울숲 공원 문화 만들기를 진행하고 있다. 그리고 자원 활동가의 양적·질적 성장

및 활용 영역을 다양화 시키고 환경과 지역 사회를 위한 사회 공헌의 장으로서의 기업 봉사 프로그램을 운영하고 있다. 이러한 파트너십의 원형이라 할 수 있는 뉴욕시의 센트럴파크 컨서번시는 약 200명의 인원과 2천여 명의 자원봉사자가 참여하며 매년 3천만 불 이상의 기부금을 받아 공원의 관리와 함께 다양한 프로그램을 운영하고 있다. 이로 인해 150년 전에 만들어진 센트럴파크는 여전히 세계 최고의 공원으로 사람들의 발걸음을 모으고 있다.

용산공원의 운영 재원은 정부 등으로부터 출연 또는 보조금과 차입금을 비롯하여 기타 공원 내 시설의 사용료와 점용료를 비롯한 용산공원에서 발생하는 수익금 등으로 운영될 예정이다. 그런데 용산공원관리센터는 국가에서 출연하는 법인이므로 기부금 모집 등 민간 참여에 한계를 가진다. 서울숲, 보래매공원, 여의도공원 등 7개 공원을 관할하는 서울시 동부푸른도시사업소의 2009년도 자료를 참고해 볼 때, 관리하는 전체 공원의 면적이 225만여m²에 연간 관리비가 275억여 원이 소요되었다. 이중에서 인건비가 25%, 기본경비가 5%, 사업비가 70%를 이루었는데, 1m²당 11,000원 정도가 소요되었다. 용산공원의 운영관리비를 m²당 12,000원으로 가정해 본다면 연간 290억 원이 넘는 비용이 소요될 것으로 추정된다. 물론 용산공원이 하루에 모두 조성되어 관리 단계로 넘어가는 것이 아니기 때문에 처음부터 전체 부지에 대한 종합적인 관리비가 소요되는 것은 아니지만 대략적으로 완성년도에 이르면 최소한 이 금액 이상의 비용이 소요될 것으로 추정된다.

공원이 활성화되기 위해서는 최소한의 관리 이상의 프로그램과 콘텐츠의 구축이 전제되어야 하며 공원 운영에 기여할 수 있는 기부 시스템을 갖추어야 한다. 이것은 절대적으로 시민들의 참여가 수반될 때 가능해 진다. 공원의 조성과 함께 다양한 콘텐츠 프로바이더들이 공원에서 활동할 수 있는 환경을 마련하고 공원의 시설 또한 다양한 프로그램을 수용할 수 있도록 전략적으로 조성하여야 한다. 장소가 가지고 있는 역사와 흔적을 가급적 살려 활용하는 것이 효과적이며 과거의 건축물들을 철거하기보다는 이곳에 새로운 프로그램을 부여하고 재활용하여 이야깃거리로 만들어 나가는 것이 효과적이다. 아울러 다양한 인종과 문화권의 이용자들을 배려하고 문화적 소통의 장으로 작용할 수 있도록 하여 새로운 커뮤니티 형성의 공간으로 기능하도록 유도해야 할 것이다. 참여는 공원의 문화를 만들고 만들어진 공원의 문화는 관광 상품이 될 수 있음을 우리는 선진 공원의 사례를 통해 잘 알고 있다. 이러한 선순환 구조를 확립하기 위해서 앞으로는 공원 프로그램 공모전, 기념품 공모전 등 시민 참여를 통한 콘텐츠 개발을 시행하는 것도 효과적일 것이다.

용산공원의 운영 관리: 용산공원관리센터 검토

용산공원 조성 특별법은 공원 정비구역에 관한 중요 사항의 심의는 '용산공원 조성추진위원회' 가, 공원 조성 사업의 효율적인 추진은 '용산공원조성추진기획단' 이, 용산공원의 효율적인 관리 운영은 '용산공원관리센터' 가, 그리고 용산공원관리센터의 설립에 관한 사무를 처리하기 위해서는 '용산공원관리센터 설립위원회' 를 구성하도록 규정하고 있다. 지금은 조성을 하는 단계이므로 용산공원조성추진위원회와 용산공원조성추진기획단이 각각 소정의 활동을 하고 있다. 앞으로 거점 공원 개발이 완성되고 공원 경영 체제로 진입하게 되면 용산공원관리센터가 운영 관리하게 될 것이다.

관리센터는 특별법 제 31조에 의거하여 국토해양부의 인가를 받아 설립되는 공익 법인으로서 이사장 1인을 포함한 7인 이내의 이사와 감사 1인으로 구성된다. 주요 업무는 공원의 관리 운영, 시설물의 유지 보수 및 설치, 안전관리, 홍보, 교육 및 각종 기념 행사 등의 개최를 비롯하여 공원 내에서의 금지 행위에 대한 단속, 일정한 점용 행위에 대한 허가, 시설 사용료나 점용료에 대한 징수 등을 담당하게 된다. 아울러 용산공원 및 용산공원 시설의 유지 관리 계획을 5년 단위로 수립하고 연차별 집행 계획을 수립할 것이다.

이처럼 용산공원은 용산공원조성추진기획단이 조성하고 용산공원관리센터가 관리하는 것을 기본축으로 하고 있다. 그런데 용산공원관리센터는 국토해양부장관의 위탁을 받아 공원을 관리 운영할 수 있으나, 공원 조성권은 공원조성

그림3. 용산공원은 현재의 제도 하에서 공원 조성과 공원 관리의 이원화가 불가피하다. 체계적이고 효율적인 조성 및 관리 운영을 위해 반드시 일원화를 이루어야 할 것이다(사진은 어린이대공원 관리사무실이 위치해 있는 "꿈마루"의 옥상정원).

계획 수립 후 국토해양부장관이 지정하는 사업 시행자에게 주어지게 된다. 앞에서 살펴보았듯이 용산공원은 단계별로 개발될 가능성이 높다는 점을 고려해 본다면 결과적으로 공원의 조성과 관리가 별도의 조직에서 이루어질 전망인 것이다. 용산공원은 한편에서 공원이 만들어지고 다른 한편에서는 공원이 이용되는 양상을 가지게 될 텐데, 조성 조직과 관리 조직이 이분될 수밖에 없는 지금의 규정은 대단히 비합리적이라 하지 않을 수 없다. 아울러 공원 조성 완료 이후에 소소한 변경 사항이 발생될 때도 별도의 사업 시행자를 지정하여야 할뿐만 아니라 시대적·사회적 변화나 공원 이용객의 요구에 대해 즉각적으로 대응하기도 곤란할 것으로 판단된다. 따라서 체계적이고 효율적인 공원 조성 및 관리 운영을 위해서는 공원의 단계별 조성 기간 중 또는 공원 조성 완료 이후에 공원 조성권과 관리 운영권의 일원화를 이루어야 할 것이다.

관리센터의 구체적인 조직과 구성 등은 앞으로 정해야 한다. 서울시의 주요 공원을 살펴보았을 때 관리 인원 1인당 약 31,000m²를 관리하고 있는데, 이러한 기준을 다소 거칠게 적용하더라도 243만m²의 용산공원에는 각 분야의 전문성을 갖춘 최소한 80명 이상의 관리 조직이 배치 운용되어야 할 것이다. 일반적으로 공원 운영 관리 조직은 경영 전략 및 행정 지원, 운영 관리, 시설 관리, 조경 관리, 안전 관리, 생태 복원 등의 업무를 담당하는 부서와 앞에서 살펴본 바와 같은 시민들의 참여와 봉사를 원활하게 운영할 수 있는 기능을 갖추어야 할 것이다. 나아가 관련 단체들과 파트너십을 이룰 수 있는 인식과 태도를 확립하는 일 또한 주요한 과제가 된다.

용산공원관리센터 설립위원회의 운영 또한 중요하다. 센터 설립위원회는 용산공원관리센터의 설립에 관한 사무를 처리하기 위해서 설치 운영되는 한시적인 조직이다. 관리센터의 정관 작성, 설립등기, 임원 선임 제청, 설립에 관한 주요 사항 등을 심의 의결하게 되는데 용산공원관리센터의 큰 그림은 모두 여기에서 확정된다. 용산공원관리센터는 제도적으로 용산기지가 반환되기 1년 전까지 설립하는 것으로 되어있는데, 센터 설립위원회는 이보다 먼저 작동이 되어야 하므로 미리 대비하여야 할 것이다. 현실적으로는 용산공원조성추진기획단에서 별도의 TF팀을 구성하여 관리센터를 출범시킬 수 있도록 행정적인 지원을 하여야 할 것이다. 마지막으로 용산공원조성추진위원회는 용산공원의 조성 및 관리에 관한 사항을 심의할 수 있으나 위원장이 차관급으로 되어 있어 향후 공원 운영 단계에서 효율적이고 시의적절한 공원 관리 운영에 한계 요인으로 작용될 소지가 있다. 따라서 공원 운영 단계에서 용산공원조성추진위원회를 용산공원운영위원회로 전환하거나 별도의 운영위원회를 구성하여 공원 관리 운영에 탄력성을 부여하는 것이 지속가능한 용산공원의 운영 관리를 위해서 바람직 할 것으로 판단된다.

마치며

용산공원은 여러 면에서 선례가 될 것이다. 공원은 국가가 나서서 조성하는 최초의 도시공원이 될 전망이다. 국가가 도시공원을 관리하는 조직체로서 관리센터는 조경 분야가 추진하고 있는 국가 공원의 관리 제도의 연장선에 있기 때문에 전략적으로 만들어 나가야 할 것이다. 용산공원을 체계적이고 효율적으로 운영 유지 관리하기 위해서는 전문화된 경영 체제를 갖춘 관리 시스템을 구축하여 국가 공원에 걸맞는 수준 높은 공원 서비스를 제공하여야 한다. 우리 사회가 그동안 광장과 거리에서 참여와 민주주의를 발전시켰다면 앞으로는 공원과 정원에서 한 단계 성숙한 사회로 나아가게 될 것이다. 용산공원이 공원의 관리에서 공원의 경영으로 패러다임이 전환되고 공원과 함께 공원의 문화를 만들어 나가는 출발점이 되기를 기대한다.

용산공원 설계 국제공모를
빌미로 본 한국 조경

최정민

용산공원 설계 국제공모에 대한 기대는 관심 분야에 따라 다를 것이다. 어떤 이들은 정치적 기대가 클 것이고, 어떤 이들은 자산 가치 상승에 대한 기대가 클 것이다. 조경 분야는 업역에 대한 관심도 있을 것이지만, 무엇보다도 큰 것은 세계적 수준의 공원에 대한 기대일 것이다. 그 세계적 수준은 공원의 규모나 참가 팀들의 수준, 심사위원의 권위만을 말하는 것이 아니라, 시대적 고민과 가치를 반영하고 미래의 새로운 패러다임을 제시할 수 있는 수준이라는 의미를 담고 있을 것이다.

설계 공모를 한다는 것은, 그 자체가 동시대 조경의 문제나 나아가야 할 방향에 대한 고민의 과정이기도 하고 새로운 아이디어와 설계적 실험의 장이기도 하다. 거의 1세기 이상을 지배하는 공원 양식을 낳은 150년 전의 뉴욕 센트럴파크

(1857) 설계 공모, 옴스테드식 공원의 규범을 넘어서는 21세기 공원을 표방한 라 빌레트 공원La Villette Park(1987), 변화하는 현대 도시에서 공원은 어떤 역할이어야 하는지를 선언적으로 제시한 다운스뷰 공원Downsview Park(2000) 당선작 "트리 씨티Tree City" 등은 모두 설계 공모를 통해 동시대 조경의 문제를 고민한 결과들이기도 하다.

용산공원 설계 국제공모가 개최된 올해는, 공모 방식의 조경 설계가 국내에 본격화되기 시작한 지 5년 정도 되는 해이기도 하다.[1] 이 시점에서 설계 경쟁이 우리 조경 현실에는 어떤 영향을 미치고 있는지, 모두의 기대를 모은 용산공원 설계 국제공모 당선작은 시대적 고민과 가치를 어떻게 반영하고 있는지, 국제공모는 국내 공모와는 다른 결과를 보여줄지, 용산공원 당선작에 세계적 수준을 기대해도 좋은지 같은 질문에 대한 답을 구하는 과정을 통해 한국 조경의 단면을 엿볼 수 있을 것이다. 그런 의미에서 이 글은 용산공원 설계 국제공모를 빌미로 본 한국 조경에 관한 조서라고 할 수 있다.

경쟁이 키우는 경쟁력

'꼼뻬design competition'[2]라는 말이 멋지게 들리던 시절이 있었다. 주로 건축 분야에서 사용되던 말로 조경 분야에서는 듣기 어려운 말이었기 때문이기도 하다. 꼼뻬는 숱한 화제와 전설을 낳았다. 『연전연패連戰連敗』는 고졸 권투선수 출신의 건축가 안도 다다오의 이야기다. 그는 건축을 독학으로 공부하여 꼼뻬에 도전하고 연전연패하면서 얻은 경험을 바탕으로 세계적인 건축가로 성장했다. 다니엘 리베스킨트Daniel Libeskind는 뉴욕의 세계무역센터 자리인 그라운드 제로에 들어설 "프리덤 타워"의 당선자로 화려한 조명을 받았다. 그가 세계 건축계에 등장한 것은 베를린 유태인 박물관 설계 공모에 당선되면서였다. 그의 나이 50에 이룬 생애 최초의 작품이었다. 미국 워싱턴의 베트남 참전용사 기념비(1982) 설계 공모 당선자인 마야 린Maya Lin은 꼼뻬의 전설이다. 스물한 살의 여대생이, 그것도 중국계 미국인이 미국 전쟁 메모리얼을 디자인 할 수 있었던 것은 꼼뻬가 있었기에 가능했다. 꼼뻬는 좋은 작품의 바탕이 되는 참신한 아이디어를 발굴할 수 있는 계기이고, 잘 알려지지 않은 설계가가 등장할 수 있는 관문이며, 수준 있는 환경을 창출하는 바탕이다.

조경에서 '꼼뻬'는 드문 일이었다. 이 땅에 조경이 도입된 이후, 조경이 독립적으로 참여할 수 있는 꼼뻬라고 할 만한 것은 '서울숲' 공모가 있었던 2003년까지 30여 년 동안 이십 여건에 지나지 않았다.³ 물론 아파트 현상, 턴키^{Turn-Key}, PF, BTL 같은 경쟁 방식이 있었지만, 이는 건설회사나 건축설계사무소가 주가 되고 조경은 하도급을 받는 방식이다. 조경이 경쟁에 결정적인 영향을 미친다고 보는 것도 무리고, 조경이 설계 크레디트를 주장하거나 좋은 대가를 바라는 것도 무리였다. 설계 경쟁이 있어야 할 자리를 '가격 경쟁(설계가 입찰)'이나 '자격 경쟁(PQ: 사전자격심사)'이 대신했다. '다른 사람을 시켜서 하는 일'이라는 뜻인 용역用役이라는 말이 함축하고 있듯이 '시켜도 좋을 만한 자격'과 '적당한 비용'이 우선 평가 대상이었다. 설계자의 능력이나 열정은 평가할 수 없고, 질은 예측할 수 없는 방식이다.⁴

경쟁할 수 없다는 것, 경쟁이 필요 없다는 것은 경쟁력이 없다는 것의 다른 표현일 것이다. 디자인 경쟁 없이도 살아가는데 지장이 없다면 굳이 디자인 발전을 고민할 필요가 없기 때문이다. 무난한 조경이 양산된 이유이기도 하다. 좀 더 새로운 것을 고민해야 한다면, 서구의 작품집만한 것이 없다. 서구의 영향으로 시작된 한국 조경의 서구 종속성이 깊어지는 것이다. 자생적 발전 가능성은 줄어들고, 한국 조경은 스스로를 주변화한다. 무난한 조경을 양산하는 한국 조경은 시대의 흐름을 보여주거나 선도하는 수준 높은 작품을 만들지 못하면서 늘 세계 수준의 경쟁력을 요구받고 또 염원한다. 경쟁력을 키우는 방법은 간단하다. 경쟁하는 것이 경쟁력을 키우는 방법이다.

꼼뻬가 조경 분야에서도 본격적으로 시작되었다. 조경이 도입된 이후로 한 번도 설계 경쟁이 이루어지지 않았던 신도시 공원 설계에 경쟁 방식이 도입된 것이 기폭제였다. '성남 판교(2006)'를 시작으로 '파주 운정(2007)' 같은 대규모 신도시 공원들의 설계가 경쟁 방식으로 진행되었다. 많은 설계 공모가 사회적

이목을 집중시켰다. 2007년 이후의 3년은 지난 30년을 모두 합한 것보다 더 많은 설계 공모가 있었다. 양적으로 뿐만 아니라 질적으로도 비교할 수 없는 일들이 일어났다.

국내 규모의 설계 경쟁은 국제적 규모로 확장되었다. '행정중심복합도시 행정타운(2007)', '행정중심복합도시 중앙녹지공간(2007)', '여의도 수변공원(2007)', '강북 대형공원(2007)', '마곡 워터프론트(2008)', '광교 호수공원(2009)', '서울대공원(2009)', '용산공원 아이디어 공모(2009)' 등이 용산공원 국제 공모 이전에 있었던 국제 경쟁이었다. '행정중심복합도시 행정타운' 국제 공모 정도를 제외하고 승자는 대부분 국내 팀이었다. 적어도 설계 수준만큼은 서구의 유명 설계사들과 견주어도 뒤지지 않을 만큼 성장했다고 해석할 수 있는 사건들이었다. 한국 조경이 서구 콤플렉스에서 벗어나 그들과 수평적 관계를 형성하면서 발전해 나갈 수 있다는 가능성을 보여주는 결과였다.

경쟁이 바꾼 풍경

경쟁이 별로 없던 동네에 경쟁이 들어오면서 풍경이 급격히 바뀌었다. 설계 경쟁은 관련업계는 물론이고, 발주처, 시공 분야, 자재 분야, 언론과 일반인들에게까지 화두가 되었다. 경쟁 방식의 설계가 조경을 사회적으로 의제화하는데 기여한 것이다.

설계 경쟁에 참여해서 당선된 설계사무소에게는 희열이 있다. 한 해에 수십 건의 프로젝트를 처리하지 않아도 사무실을 운영할 수 있고 잉여를 만들 수도 있다. 몸도 마음도 편해진다. 작가로 대접 받을 수도 있다. 엔지니어링은 컨소시엄이라는 형태로 참여하여 직접 고생하지 않아도 일정 수주를 달성할 수 있다. 심사위원은 홍보 차 찾아오는 이들로 인해 행복하다. 굳이 새로운 설계 경향을 찾아보지 않아도 파악할 수 있다. 심사위원이 되면 대접이 달라진다. 발주처는 주목 받을 수 있는 설계안과 이목을 끌 수 있는 이미지를 통해 홍보하고 실제로 작품을 만들어 인식을 개선하기도 한다. 이 모든 것이 설계 경쟁 덕분이다.

설계 경쟁이 가져온 변화 가운데 파급력이 가장 큰 것은 단연 용역비의 상승일 것이다. 설계사무소 소장인 K는 설계 경쟁에 열심히 참여했다. 설계 경쟁이 별로 없던 시절에 그의 사무실은 일 년에 5~6억 원을 수주했다. 일 년에 30~40건, 한 달에는 3~4건의 프로젝트를 처리한 결과였다. 한 건당 설계비가 이천만 원을 넘지 못하는 셈이다. 그러나 한 건만 당선된다면, 한 해 동안의 수주액 이상을 수주할 수 있었다. 그는 도전적으로 경쟁에 뛰어들었다. 밤새워 설계안을 고민하여 결과물을 만들고 홍보도 열심히 했다. 성공적이었다. 국내에 설계 경쟁이 활성화 된 지 5년이 넘었으니 좀 알려진 설계사무소들은 대부분 혜택을 받았다고 할 수 있다.

설계 경쟁이 규범적이고 관성적인 설계에 주의를 환기시킨 것도 큰 소득이라고 할 수 있다. 엔지니어링에 근무하는 L은 외장하드를 새로 장만했다. 지금까지 모아온 설계 공모에 참여했던 안들이 기존 하드가 넘칠 정도로 많아졌기 때문이다. 그의 관심은 국내 설계 작품뿐만 아니라 외국 작품들까지 망라한다. 그는 또래의 동종에 근무하는 친구들과 이 자료들을 주고받기도 한다. 그는 "설계 공모 작품들에서 많이 배우고 또 다른 설계를 할 때 많이 참고한다"고 말한다. 대학원생인 M은 늘 설계 공모에 참여한 안들을 챙긴다. M은 설계 공모 안들을 통해 설계 경향을 접하게 된다. 그는 "공모의 응모작들은 디자인 레퍼런스 역할을 하고 있다"고 말한다.

설계 경쟁이 없을 때, 어려웠을 때, 조경 동네 사람들은 같이 고생한다는 정서적 유대감이 있었지만, 지금은 과다한 경쟁으로 반목과 음해가 난무한다는 탄식이 들린다. K소장은 최근에 공모에 참여하지 않는다. 그는 "늘 굽실거려야 하는 비애와 무성한 뒷말에 스트레스를 받는다"며 요즘은 경쟁 판에 뛰어들지 않는다고 한다. 설계 경쟁에 소요되는 많은 비용도 그의 결정에 한몫했다. 설계 경쟁에 참가하는 비용은 어림잡아 삼천만 원 정도 든다. 규모와 준비 기간에 따라 차이가 있지만 대략 외주비 천만 원, 인건비 천만 원, 경비 천만 원 정도다. 승률이 낮아질수록 비용은 크게 증가한다. 엄청난 설계비 상승에도 설계사무실 운영이 좋아지지 않는 이유다. 그는 예전의 소규모 사무실로 돌아가야겠다고 한다.

설계 경쟁이 활성화되어 많은 설계사무소들은 혜택을 받았지만, 전혀 수혜 받지 못한 사무실들도 의외로 많다. 경쟁에서 승리하는 자가 리더가 되고 권력을 갖게 되는 구조는 거의 모든 분야가 유사할 것이다. 수혜 받은 사무실은 경험과 경제적 자본, 인적 자본을 늘리고, 이를 토대로 승률을 높인다. 수혜 받지 못한 사무실들은 경쟁 시장에 참여하는 부담이 더 커지고 승률은 더 낮아진다. 설계사무소들이 설계 경쟁으로 인해 양극화된다. 동종 업계의 동료 의식보다는 경쟁자로서의 적대감을 키운다. 경쟁에서 승리한 사람이 축하받지 못한다. 드러내 놓고 기뻐할 수도 없다. 경쟁 방식이 설계 분야의 신뢰 저하와 갈등, 설계사무소의 양극화를 야기하는 원인이 되고 있는 것이다.

경쟁 방식 설계 무용론

설계 경쟁이 조경 분야의 성장에 기여한 것은 분명해 보이지만, 반론이 고개를 들기까지 오랜 시간이 걸리지 않았다. "설계는 공모를 하지 않아도 아무 지장 없다"는 인식이 팽배하다. 그들은 "설계 경쟁이 좋은 작품을 만들기나 한 것이냐"고 묻는다. 설계 공모 무용론은 다섯 가지 정도로 정리된다. 첫째는 경제성 문제로, 설계 공모는 비용이 많이 들고 가격 입찰에 비해 많은 설계비가 든다는 것이다. 둘째는 당선작이 현장과 상이하여 실현 가능성이 전혀 없어 믿을 수 없다는 신뢰성의 문제다. 셋째는 조경설계사무소들이 디자인은 잘 하지만 엔지니어링 측면의 지식이 부족하다는 자질 문제다. 넷째는 설계 공모를 통해 시공된 공원이나 일반 입찰을 통해 설계된 공원이나 별 차이가 없다는 공모의 효용성이 제기된다. 마지막으로 이른바 공정성 시비의 문제다. 결과에 승복할 줄 모르는 조경가들이 설계 공모 폐지의 빌미를 제공한다는 탄식이 들린다. 소수의 이기적 행동이 집단의 가치를 침몰시킬 위기를 가져오고 있는 것이다.

공모에 참여해 본 사람들이라면 경쟁이 가져오는 부작용을 부정하기 어렵다. 경쟁 자체가 과잉 의미와 과잉 설계를 부추기는 측면이 있다. 되고 보자는 식의 과도한 설계는 당선 안을 근본적으로 고치지 않으면 실시설계조차 할 수 없을 정도에 이르기도 한다. 이런 당선자를 상대하는 발주처는 조경설계사무소를 신뢰하지 않게 된다. 설계자들 스스로 작가가 아니라 사업가임을 자백한 셈이다. 경쟁에 진 사람은 결과에 승복하지 못한다. 경쟁의 공정성을 의심하기 때문인 것 같다. 대학 교수인 N은 곤혹스럽다. 설계안을 홍보하러 오는 사람을 만날 수도, 안 만날 수도 없기 때문이다. 그는 공정하려 애쓰지만 인연으로부터 자유롭지 못하다. 공무원인 O는 가끔 설계 심사위원이 된다. 그는 평소 설계에는 별 관심이 없지만 심사위원에는 관심 있다. 그는 홍보하러 오는 사람들을 반기고 그런 위치를 즐긴다. 홍보하러 오지 않는 팀은 자기를 무시하는 것으로 판단하고 큰 격차로 하위 점수를 준다. 당선은 사전에 누가 많이 홍보했는가에 달려있기도 하다. 불공정한 경쟁이 용납되는 것이 현실이다. 단독으로 응모하는 것보다 컨소시엄이 당선될 확률이 높다. 컨소시엄은 생각이나 이론적 공유를 통해 맺어졌다기보다 일종의 동질 의식으로 연결되어 있다. 그 동질 의식은 학교나 지역이다. 조경가 집단은 조경의 중요성을 강조하지만 사적 이익의 범주에서 벗어나지 못한다. 이러한 과정에서 많은 신진 조경가들은 좌절하고 실망하면서 배운다. 그들은 선배들의 행로를 답습하거나 넘어서기도 하면서 입지를 확보한다.

경쟁에서는 공정한 경쟁이 이루어질 수 있도록 하는 역할을 맡은 사람이 중요하다. 설계 경쟁의 결과는 심사위원의 수준을 넘어서기 어렵다. 심사위원의 안목을 의식하는 설계가들은 새로운 관점을 제시하는데 소극적이 된다. 발주처나 지자체의 의견을 대변하는 심사위원이 필요하기는 하지만, 그들이 심사의 결과를 좌우하는 것은 바람직하지 않다. 평소 설계에 대해 별 관심을 가지지 않았던 심사위원이 심사 결과에는 지대한 영향력을 발휘하는 것은 심사의 공정성에 대한 의구심을 증폭시킨다. 그래서 조경 설계를 가장 잘 아는 조경 설계가들이 심사위원이 되어야 한다고 하지만, 그들이 심사의 공정성에 대한 시비를 잠재울 수 있을 만큼 신뢰도가 있는지도 의문이다. 설계 경쟁 시장의 참여자들 가운데는 이기는 것이 목적이 아니라 공정한 게임이 이루어질 수 있도록 하는 역할을 맡을 사람들이 필요하다. 공공성에 관심이 있고 공공성을 확충해나가는 역할을 하는 발주기관, 학계의 역할이 간절한 시점이다.

지명 경쟁 방식: 용산공원 설계 국제공모

국제 공모international competition는 설계 공모 무용론이 제기하는 문제점을 해소하거나 최소화하는 대안으로 논의되고 도입된다. 설계 공모가 기본적으로 아이디어를 폭넓게 구하고자 하는 것이라면, 국제 공모는 더 폭넓은 아이디어를 구할 수 있고 국내의 인연으로부터 비교적 자유로워 어느 정도 공정성도 담보할 수 있기 때문이다. 서구의 스타 조경가나 건축가와 권위 있는 심사위원의 참여는 공모의 권위를 높이고 사회적 관심을 증폭시킬 수 있다. 무엇보다 국제 공모에는 한국 조경을 세계적 수준으로 이끌 수 있는 설계 방식이라는 기대가 담겨있다.

국제 공모에는 행정중심복합도시 중앙녹지공간과 같은 완전 개방이 있고, 용산공원 같이 지명 경쟁 방식이 있다. 전자는 폭넓은 아이디어를 구할 수 있고 신진 작가의 등장을 기대할 수 있으며 사회적 관심의 고양이라는 흥행에도 더 유리한 방식이지만, 절차가 복잡하고 번거로우며 비용이 많이 들고 당선자의 실시설계 능력을 장담하기 어려운 단점이 있다. 반면에 후자는 아이디어를 널리 구한다는 설계 공모의 의미에 충실히 부합하는 방식은 아니지만, 일정 수준의 경험과 실적을 기준으로 참가자를 제한하여 번거로움을 줄이면서 일정 수준의 작품을 담보할 수 있는 방법이다. 이런 방식은 여의도 수변공원, 광교 호수공원, 동탄 2신도시 워터프론트 등에서 시도되었다.

용산공원 설계 국제공모는 참가의향서 경쟁과 지명초청자 경쟁 두 단계로 이루어졌다. 참가의향서 경쟁에서는 실적과 경험, 규모나 지명도 등이 주요 판단 근거가 되었을 것이다. 마치 PQ와 비슷한 자격 경쟁이라고 할 수 있다. 따라서 실적이 미약한 '신진 작가'는 참여 자체가 불가능하다. 지명초청자 경쟁은 도판과 설계 설명서 제출, 작품 설명회presentation를 통해 심사가 이루어졌다. 심사위원은 누가 어떤 작품을 어떤 의도에서 만들었는지 알게 된다. 출품자들도 사전에 공개된 심사위원을 알고 있다. 공정성은 심사위원의 양식에 맡긴다. 비공개보다는 공개가 오히려 내밀한 사전 홍보를 무력화하는데 효과적이기도 하다. 하지만 설계 외적인 개인의 인상이나 사적 감정까지 제어하면서 공정을 기할 것이라고는 장담할 수 없다. 작품 설명회는 패널과 보고서에 나타나지 않거나 해독하기 어려운 설계자의 의도를 파악할 수 있는 장점이 있지만, 프레젠테이션 테크닉으로 무게 중심이 옮겨지기 쉽고 감정적 인상이나 사적 유대감을 각인하는 계기가 되어 공정성이 흔들릴 개연성도 높다.

심사가 끝나고 난 후, 심사 결과에 대해 국내 대 국외, 건축 대 조경 같은 구도의 주도권 경쟁으로 해석하는 견해가 많았다. 불만도 적지 않았다. 심사위원 구성은 국내 4인(김영대, 온영태, 김성홍, 송호근)과 국외 5인(줄리아 처니악(Julia Czerniak), 크리스토프 지로(Christophe Girot), 지후(Hu Jie), 찰스 왈드하임(Charles Waldheim), 리처드 웰러(Richard Weller))의 구도이지만, 지후Hu Jie 교수는 중국 국적으로 서양 4인 대 동양 5인의 구도가 되기도 하여 일방적으로 기우는 구성은 아닌 듯하다. 또 말이 많았던 건축 대 조경이라는 구도에서 심사위원들의 소속학과로만 구분한다면, 건축 4인(줄리아 처니악, 김영대, 김성홍, 온영태)과 조경 4인(크리스트프 지로, 지후, 찰스 왈드하임, 리처드 웰러), 사회학 1인(송호근)의 구도로 건축이나 조경 한쪽으로 기울어지는 구도는 아니다. 공모를 준비하고 운영하는 팀이 했을 고민을 엿볼 수 있는 대목이다.

그럼에도 불구하고 심사위원들이 국내 팀과 해외 팀이라는 대립 구도를 넘어 시대적 가치를 담고 미래 패러다임을 보여줄 수 있는 작품을 선정했는지에 대해서는 의문이 든다. 이런 생각을 심사평이 증폭시킨다. 랜드스케이프 어바니즘을 옹호하는 심사위원장 크리스토프 지로의 심사평은 이렇게 끝난다. "이 팀의 전문적 능력이 역사적 기억을 존중하는 한국의 초대형 공원을 성공적으로 설계해낼 것이라고 확신한다."

이런 심사평은 당선 팀에 대한 의례적인 레토릭으로 볼 수도 있지만, '설계안'을 뽑기보다 '설계 팀'을 선정한 것은 아닌가 하는 의구심을 들게 한다. 설계 팀 선정이 설계 공모의 역할이 아니라고 할 수는 없지만, 설계 공모는 '작품의 설계 팀'이 선정되는 것이지 '설계 팀의 작품'을 선정하는 것은 아니다. 설계 공모가 설계 팀 선정을 위한 것이라면, 앞서 예로 든 안도 다다오, 리베스킨트, 마야 린 같은 작가들을 지금 우리는 알지 못할 것이다. 국제 공모가 국내의 설계 경쟁 무용론에서 제기하고 있는 고비용 구조, 효용성, 공정성에 대한 문제를 완전히 불식시키고 있다고 보기는 어려울 것 같다.

용산공원 설계 국제공모 당선작, 무엇이 다른가

잘된 설계와 그렇지 않은 설계를 구분하는 것은 쉽지 않은 일이지만, 당선작을 뽑는 것은 이보다 훨씬 쉬운 일이다. 경쟁은 탁월하지 않더라도 상대적으로 우세하면 승리하는 게임이기 때문이다. 그렇다면 당선작(그림1) "Healing: The Future Park"(West8+이로재 외; 이하 "Healing")는 다른 출품작들에 비해 어떤 면이 우위에 있었을까?

이런 궁금증은 통상 출품작들의 패널과 보고서를 통해 대부분 해결된다. 설계 공모는 패널과 보고서를 통해 생각을 전달하고 평가받기 때문이다. 때로는 직관적인 순간의 판단이 오래 공들인 정교한 논리보다 나은 결과물을 가져올 수

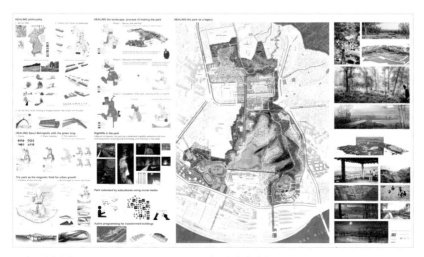

그림1. 당선작인 "Healing: The Future Park"(West8+이로재 외)의 패널

있는 것이 설계라고 하더라도, 공모전에 출품되는 패널이나 설계 설명서는 그 직관조차도 지적 고민의 결과임을 증명해야 하는 형식들이다. 여기에는 대상지를 읽는 고유의 관점, 충실한 리서치, 수긍할만한 계획 과정, 이런 과정이 압축적으로 담긴 마스터플랜, 그리고 마스터플랜이 왜 그렇게 만들어졌는지에 대한 논리와 공들인 표현이 담겨 있다. 이런 관점에서 출품작들을 비교하여 당선작의 다른 점을 노출해 볼 수 있다.

대상지를 읽는 고유한 관점과 리서치라는 측면에서 보면, 당선작이 "Yongsan Park Towards Park Society"(조경설계 서안+M.A.R.U. 외; 이하 "Park Society")보다 고유하거나 충실하다고 보기 어렵다. 개념이나 아이디어의 참신성과 계획 과정의 논리성이라는 측면에서는 "Sacred Presence Countryside in Citycenter"(동심원조경기술사사무소+Oikos Design 외; 이하 "Sacred Presence")나 "Openings: Seoul's New Central Park"(James Corner Field Operations+삼성에버랜드 외; 이하 "Openings")보다 낫다고 보기 어렵다. 주제나 개념이 마스터플랜으로 구체화되는 과정에 대한 논리적 전개와 일관성이라는 측면에서 보면 "Connecting Tapestries from Ridgeline to River"(CA조경기술사사무소+Weiss/Manfredi 외; 이하 "Connecting Tapestries")보다 우월하다고 평가하기 힘들다. 설계 매체와 표현의 완성도라는 측면에서는 "Yongsan Park for New Public Relevance"(신화컨설팅+서안알앤디 디자인 외; 이하 "Public Relevance")보다 낫다고 할 수 없다. 그렇다고 당선작이 특별히 주목받을 만한 제안을 담고 있는 것도 아니다. 대부분의 제안은 '용산공원 정비구역 종합기본계획'에서 언급된 범주 내에 있다. 더욱이 당선작의 설계 설명서는 참가팀들 가운데 가장 쉽게 작성한 듯하다. 설계 설명서의 많은 분량이 아무 설명도 없이 패널의 이미지를 잘라 붙여 구성하고 있다(그림2). 설계 설명서는 패널에 나타내지 못하는 작가의 고민과 설계 과정의 이면을 보여주는 매체라는 상식이 무색해질 정도다. 이런 설계 설명서는 당선 팀이 용산공원에 대해 가장 고민을 덜한 것은 아닌가, 노력에 비해 결실이 큰 것은 아닌가 하는 생각을 들게 한다.

그런데 어떻게 당선작으로 선정되었을까? 작품 설명회가 결정적 역할을 했을까? 아니면 다른 무엇이었을까? 당선작이 된다는 것은 여러 가지가 복합된 결과

그림2. 당선작 설계 설명서의 14쪽(좌)과 15쪽(우). 이처럼 아무 말 없이 패널의 이미지를 분할하여 꽤 많은 지면을 채우고 있다.

이고, 더욱이 결정적 역할을 한 심사위원의 내면은 알 수도 없지만, 패널과 설계 설명서, 그리고 심사평을 통해 추론은 가능할 것이다.

> "이 작품은 산의 지형을 개선하여, 남산에서 한강까지 이어지는 남북의 강한 축을 재구축하고 있다. 특히 작품의 전체적인 틀뿐만 아니라 주변 도시 맥락과의 관계를 높이 평가했다. 전통적인 자연관을 존중하고 이에 더하여 생태, 조명, 소셜 미디어 등 혁신적인 테크놀로지에 기반을 둠으로써, 이 작품은 자연에 대한 새로운 문법을 제시하고 있다. 심사위원회는 이 작품이 관련 전문가들의 지식과 보다 깊이 있는 문화적 가치를 반영하여 더욱 진화하고 발전할 것이라고 기대한다."
> - 용산공원 설계 국제공모 당선작 심사평 중에서

남산에서 한강까지 이어지는 남북의 강한 축을 재구축했다는 평가는 모든 출품작에 공통적으로 해당한다. 주변 도시 맥락과의 관계를 높이 평가했다는 것도 거의 공통적인 것으로 당선작이 특별하지는 않다. 주목해야 할 부분은 "전통적인 자연관을 존중하고 이에 더하여 생태, 조명, 소셜 미디어 등 혁신적인 테크놀로지에 기반을 둠으로써, 이 작품은 자연에 대한 새로운 어휘(문법)를 제시하고 있다"[5]는 평가다.

이 부분은 패널이나 설계 설명서에서 대부분 이미지로 표현되어 있다. 그 이미지들은 매우 인상적이다. 다른 참가작들과 차별되는 부분이다. 국내 팀이 주축이 된 출품작 이미지들이 세련된 사실적 묘사에 치중한 것과는 큰 차이를 보인다. 국내에서는 이미지 생산을 대부분 전문 CG업체에 의뢰한다. 소위 상업적 CG들은 설계자의 개념이나 특성을 노출하기보다는 이미지 기교에 치우친다는 지적을 받아왔다. 이에 비해 세련되지도 사실적이지도 않은 당선작의 이미지들은 특징적인 인상을 남기고 있다. 이미지들은 공원의 경관축이나 시점standing point을 궁금하게 만들고, 공원과 도시와의 관계를 보여주는데도 효과적이다. 한편으로는 한국적인 '차경' 수법을 도입한 한국적 경관관을 제시한 것으로 해석되기도 한다.

당선작이 결정적인 문제가 없어 보이는 것도 강점이다. "Yongsan Madangs" (그룹한 어소시에이트+Turenscape 외)의 대규모 운하 같은 급진적 제안도 없고, "Multipli-City"(씨토포스+SWA 외) 같이 의심받을 만한 표현도 하지 않았다. 주목받을 만한 개념을 제시한 것도 아니고 설계 과정이나 논리가 정교한 것도 아니며 다른 참가작들에 비해 고민의 양도 적어 보이지만, 결정적인 문제가 없다는 것은 인상적인 이미지와 함께 당선작으로 선정되는 바탕이 되었을 것이다. 특히 독특한 이미지들은 비교적 짧은 시간에 이루어지는 심사에서 강력한 인상을 전달하는 데 효과적이었을 것이다. 충분히 가능한 일이다. 이미지의 직관성은 오래 공들인 정교한 논리보다 나은 결과를 낳을 수 있기 때문이다. 독일의 비평가이자 풍자가인 쿠르트 투홀스키Kurt Tucholsky의 다음과 같은 말은 이런 추론을 뒷받침한다.

"한 점의 그림은 천 개의 단어보다 많은 것을 말한다."[6]

당선작 이미지에 나타난 '타자의 시선'

이미지는 설계자의 특성을 나타낸다. 설계안이 구현되었을 때를 가정하여 그에 가까운 모습을 보여주는 설계 매체인 이미지는 평면에서 읽기 힘든 공간의 특성을 보여준다. 그런데 당선작의 이미지들은 설계자의 특성을 잘 나타내지만, 공원의 공간적 특징을 읽기는 쉽지 않다.

생태축 공원 전망대Eco Spine Park Observatory는 편안히 경치를 즐기기보다는 긴장하고 정신을 가다듬어야 할 장소 같다. 길게 내민 캔틸레버 전망대는 마치 번지 점프대 같다. 그 끝에 걸터앉은 남녀는 아슬아슬하다. 스님 두 분이 있는 풍경이 인상적이다. 스님들이 한국적 정체성을 대표하는 인물로 설정된 듯하지만 실제로 한국에서 이런 광경을 보긴 어렵다(그림3).

도시 농업 전망대View over urban agriculture 이미지는 공원이나 공간의 어떤 특징을 이야기하려는지 읽기 쉽지 않다. 멀리 보이는 공원 밖의 아파트 단지를 통해 여기가 한국이라고 말하려 하는지, 차경 기법을 도입했다는 것을 보여주려 하는지, 한국적 정자를 보여주려 하는지 모호하다. 공원 밖의 아파트가 한국적 경관이라는 설명으로 이해하기에는 너무 흐릿하게 처리했다. 한국적 정자를 보여주려 한다고 이해하기에는 정자의 처마가 너무 짧고 지붕은 얇아 하늘을 비추는 시골집 차양 같다. 이런 정자를 본 것은 중국 무협 만화에서였던 것 같다(그림4). 차경 기법을 도입하여 한국적인 경관관을 이야기하고자 했다고 보기에는 너무 높은 위치에서 내려다보는 지배적 시선이다. 전망 좋은 높은 포지션을 점하고 외부를 내려다보는 당선작의 이미지들은 한국적 경관이라기보다는 이탈리아

그림3. "Healing"의 생태축 공원 전망대(Eco Spine Park Observatory)

그림4. "Healing"의 도시 농업 전망대(View over urban agriculture)

빌라의 그것과 유사하다. 차경은 동·서양이 공통적으로 중시한 경관관이기도
하다. 서구의 그것이 ─이탈리아 빌라가 그렇듯─ 전망 좋은 높은 위치를 선점하고 내
려다보는 지배적 시선이라면, 한국의 그것은 외부 경관을 가까이 끌어들이거나
멀리까지 내다보면서 교감하고자 하는 것에 가깝다. 높은 위치에서 내려다보는
이미지들의 시선은 스펙타클하다. "스펙타클은 이미지들에 의해 매개된 사람들
간의 사회적 관계를 나타낸다"[7]는 기 드보르^{Guy Debord}의 견해를 빌면, 스펙타클
한 시선은 이용자의 시선이라기보다는 지배적인 설계자의 시선으로 해석된다.
스펙타클한 시선은 "전체를 조망하는 신의 위치를 선점한 훔쳐보는 자^{voyeur}"[8]로
서 타자의 시선이다.

　이 같은 당선작의 주요 이미지들은 공원의 공간적 특성을 설명하기보다는 외
부와의 관계를 설명하는 데 중점을 두고 있는 것처럼 보인다. 이를 통해 여기가
용산공원이라는 것을 알게 된다. 마치 내가 어떤 사람인지 알기 위해서는 다른
사람을 통해야 하고 다른 사람을 통하지 않으면 내가 누구인지를 알 수 없는 것
과 같다. 타자의 시선에 의해 내가 규정되는 것이다. 서구의 시선으로 본 피상적
한국, 에드워드 사이드^{Edward W. Side}가 말하는 오리엔탈리즘[9]을 떠올리게 하는
이미지들이다.

당선작은 곳곳에서 한국적인 것을 보여주려 애쓰고 있다. 거의 강박적인 수준이다. 그런데 그 이미지들이 용산공원의 공간적 특성을 설명하고자 하는 것인지, 그저 사례 이미지인지 구분이 어렵다. 선뜻 수긍하기 어려운 경우도 있다. 계곡에서 물놀이하는 한국적 풍경을 보여주고 있는 'play and picnic on the waterfall' 이미지는 설계 설명서 표지로도 사용된 당선작의 대표 이미지다(그림5). 마스터플랜에서 찾은 그곳은 한국 축제 마을Korean celebration village, 예술인 마을Artist residence, 문화 마을Cultural village과 인접해 있다(그림6). 마스터플랜의 폭포 위치에서는 이미지가 보여주는 광경이 전혀 상상 되지 않는다.

외부 경관이 표현되지 않은 울창한 생태축 공원Eco Spine Park(그림7), 붉은 진달래 동산Azalea on sunny hill(그림8), 노란 유채꽃밭Soil remediation in early succession period(그림9), 억새 들판Madang as the silent memory(그림10) 같은 이미지는 여기가 용산일 것이

그림5. "Healing"의 설계 설명서 표지에 사용된 이미지(play and picnic on the waterfall)

그림6. waterfall이 있는 곳으로 표기된 마스터플랜의 한 부분("Healing"). 평면에서는 왼쪽 이미지가 보여주는 광경을 상상하기 어렵다.

그림7. "Healing"의 생태축 공원(Eco Spine Park)

그림8. "Healing"의 진달래 동산(Azalea on sunny hill)

그림9. "Healing"의 유채꽃밭(Soil remediation in early succession period)

그림10. "Healing"의 억새 들판(Madang as the silent memory)

라고 짐작하기조차 어렵다. 더욱이 '천이 초기 단계의 토양 개선'을 보여주기 위해 쓰인 유채꽃은 비교적 비옥한 토양에서 자라는 식물이다. 이런 이미지들이 그저 사례 이미지로 도입되었다면 작품의 수준을 의심하지 않을 수 없다. 대상지와 직접 관계되지 않은 이미지는 이제 학생 공모전에서도 보기 어렵기 때문이다. 한국적 경관에 대한 문학적 경관관의 표현이라고 이해한다고 하더라도, 그것이 용산이라는 땅을 대상으로 국제 공모라는 방식을 통해 얻어야 하는 아이디어인지 묻고 싶다.

당선작이 "혁신적인 테크놀로지에 기반을 둠으로써, 자연에 대한 새로운 어휘a new vocabulary of nature를 제시하고 있다"는 심사평은 어두운 숲속에서 빛나는 푸른색 LED 길, LED 폭포, LED 협곡 같은 이미지들로부터 나온 평가일 것이다(그림11). 아마도 IT 강국 한국이 생산하는 세계적으로 주목받는 상품인 LED를 통해 이를 반영했다는 평가로 이해된다. 이런 테크놀로지를 통한 자연의 재현은 과감하고 창의적이어서 작품의 인상을 부각시키는 데는 성공한 것으로 보이지만, 이런 이미지들이 당선작의 주제이자 개념인 치유healing와 어떻게 연관되는지는 명쾌하지 않다. 현대적 테크놀로지를 통해 아픈 과거를 잊게 하여 치유하겠다는 것인지, 무섭고 몽환적인illusion 이미지를 통해 과거를 뛰어넘는 환상을 제공하여 치유하겠다는 것인지, 치유라는 개념과 결부하여 선뜻 수긍이 가지 않는다.

당선작이 보여주는 이미지들은 인상적이지만 구체적이지 않고, 창의적이지만 진솔성에는 의문이 든다. 이런 이미지들이, 자주 국내 공모의 문제로 지적되

그림11. "Healing"의 LED 폭포, LED 길, LED 협곡

는 것처럼 현혹적 이미지로 소비될 것인지, 심사평과 같이 자연에 대한 새로운 어휘와 한국적 경관으로 창출될 지는 지금 알 수 없다. 공원이 완성되는 2027년 이 되어야 판단이 가능할 것이다.

오리엔탈리즘의 그림자

서구의 시선으로 규정되는 피상적 한국, 즉 오리엔탈리즘의 그림자는 국제 공모 에서 종종 봐왔던 장면이다. 여의도 수변공원 국제 공모에서 'EMBT'는 중국 풍 인물과 산수화를 인용하여 한국적 경관 정체성을 설명하기도 했었다(그림12). 광교 호수공원 국제 설계 공모에서 'GROSS MAX'는 안견의 몽유도원도를 인 용하여 한국적 경관관을 설명하면서 용 형상의 수자water feature를 연출하는 분수 와 물기둥 형상의 리조트 시설을 제안하기도 했었다(그림13).

당선작이 한국적 정체성을 대변하기 위해 인용한 대동여지도, 삼천리금수강 산, 오작교 등은 사실 대상지와는 별로 관련 없는 주제들이다. 한국적 정체성을

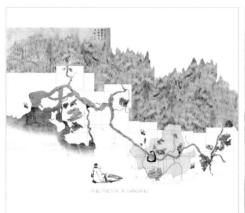 

그림12. 여의도 수변공원 국제 공모(2007년)에서 'EMBT'가 개념원으로 인용한 중국풍 인물과 산수화

그림13. 광교 호수공원 국제 설계 공모(2009년)에서 'GROSS MAX'가 안견의 몽유도원도를 인용하여 물기둥 형상의 리조트 시설을 제안하는 한국적 경관 이미지

대변한다고 볼 수도 없다. 한국은 조선과 달라도 너무 다르지 않은가. 정체성은 고정된 것이 아니다. 이미 로테르담 쇼우부르흐 광장에서 사회와 도시 변화에 대응하는 공간을 이야기한 그들이, 한국의 정체성은 변하지 않는 것이라고 생각한 것일까? 두 시간의 현장 조사를 통해서는 대상지의 정체성을 발견하기 어려워서였을까? 오리엔탈리즘의 환영은 여전히 유효한 것일까?

당선작이 대동여지도와 산수화를 인용하여 설명하고 있는, '삼천리금수강산'이라는 한국적 경관관의 재현은 이미 1990년대 아파트 조경 차별화 전략에서 무수히 등장했던 개념이다. 우리에겐 너무 익숙하지만 식상한 주제이다(그림14, 15). 산수화와 대동여지도를 재현하여 한국적 경관 원형을 복원하여 치유한다는 전략은 대규모 토목 공사를 수반해야 가능할 것이다. 오히려 대상지는 이 지역의 고유 지형이 더 많이 남아있는 곳이다. 대상지는 외부로부터 독립된 지역이었기 때문이다. 지금까지 같이 살던 사람을 버리고 첫사랑을 찾아 떠나는 것처럼, 남아있는 기억을 모두 덮고 고지도의 기억을 쫓아가는 것은 상처 많은 이 땅에 또 다른 상처를 남기는 일이 아닐까?

용산이 청일전쟁을 계기로 일본군이 주둔하기 시작하여 근대 도시 구조를 갖

그림14. 1990년대 아파트 차별화 광고에 자주 등장하던 주제인 '삼천리금수강산'

그림15. 2012년 용산공원 설계 국제공모 당선작의 주제인 '삼천리금수강산'

추어 나가는 과정은 이 땅의 기억을 지우고 장소의 신성성을 해체하고자 하는 식민 프로젝트이기도 했다. 무단 점유자가 일본에서 미국으로 바뀐 용산은 새로운 문물과 근대적 시설이 집약된 식민성의 상징이자 근대성modernity의 상징 공간이었다. 이 땅에 조경이 이입되는 과정도 유사하다. 개항과 더불어 태동한 한국의 공원은 서구의 앞선 문명 시설로 전통 공간의 의미를 해체시키고 땅과 장소의 연속성을 단절시키면서 자리 잡은 새로운 근대적 시설이었다.[10] 개항기의 개화론자들이나 개발독재시대의 개발론자들이 지향했던 '근대화'는 '서구화'와 동의어였다. 이들의 논리는 서구의 우월한 문명을 받아들여 우리(동양)의 정신으로 수용한다는 '서도동기론西道東器論'이었다. '우월한 서양'과 '열등한 동양'을 당연한 것으로 단정하고 서구적 시각에서 바라보는 오리엔탈리즘의 전형이다.[11]

외세에 의해 점거당하고 외세에 의해 상처받고 오염된 땅이 외세에 의해 치유healing 받아야 하는 결과로 해석될 수 있는 용산공원 설계 국제공모의 결과는 우리 현대사의 과정과 유사하다. 서울 속의 미국, 용산 미군기지의 공원화 과정은 서구적 인식 체계의 반영이기도 하다.

용산공원에 대한 여전한 기대와 우려, 또 다른 기대

심사위원장 크리스토프 지로가 "이 팀의 전문적 능력이 역사적 기억을 존중하는 한국의 초대형 공원을 성공적으로 설계해 낼 것이라고 확신한다"고 심사평을 쓰고 있듯이, West8은 세계 각국에서 신뢰해도 좋을 만한 성과를 보여주고

그림16. 쇼우부르흐 광장(Schouwburgplein)

있다. 특히 West8은 형태 논리[12]가 참신하고 명쾌한 것으로 정평이 나있다. 이런 접근 방법은 지역의 고유성에서 설계 개념을 도출하여 수준 높은 디테일로 이어지고 구현되어 지역적 차이를 발현하는 데 기여하고 있다. 랜드스케이프 어바니즘의 대표적 사례로 자주 거론되는 쇼우부르흐 광장Schouwburgplein(1996)은 '항구의 갑판 같은 도시의 무대'로 세계 최대 항구인 로테르담의 지역적 특성을 반영하고 있다(그림16). 주빌리 가든 설계 공모(2005)에서는 '도버 해협의 백색 절벽'이라는 지역적 독특성을 반영하여 독특한 유기적 라인을 가진 플랜을 제시했었다. 또 캐나다 토론토 센트럴 워터프론트 설계 공모 Toronto's Central Waterfront (2007) 당선작의 물결치는 데크wave

그림17. 토론토 센트럴 워터프론트 설계공모 당선작의 물결치는 데크(wave deck)

그림18. '오작교'의 형태 논리와 디자인

deck는 '온타리오 조지아만 해안의 물결무늬 암석지대'로부터 영감을 얻은 것으로 정교한 디테일로 구현되어 현대 도시 토론토의 정체성을 재창조하고 있다(그림 17). 뉴욕 거버너스 아일랜드 설계 공모(2007)에서는 이 지역에 서식하는 '곤충 날개의 구조'로부터 발전시킨 평면과 '따개비 형상'으로부터 발전시킨 입면을 제시하여 당선되었다. 이런 측면에서 용산공원 당선작의 '오작교'는 작위적 개념임에도 불구하고 명쾌한 형태 논리가 구체적 디자인으로 제시되고 있어 좋은 결과를 기대하게 된다(그림18).

이들은 대부분 지역의 미시적 차이가 설계 개념으로 이어지고, 명쾌하고 특징적인 안을 도출하여 설계 공모에서 당선된 사례들이다. West8은 지역적 가치를 설계로 발전시켜 지역성을 재창조하는 데 뛰어난 역량을 발휘한다. 그들의 정교한 디테일 설계와 수준 있는 엔지니어링적 지식은 당선작에 대한 큰 변형 없는 시공과 수준있는 환경 구현을 가능하게 하고 있다. 여전히 당선 팀에게 기대를 거는 이유다. 그러나 제도나 여건이 아주 다른 국내 환경에서 그들이 해오던 방식대로 역량을 발휘할 수 있을까 하는 우려도 있다.

언론은 다음과 같이 보도하고 있다. "앞으로 국토부는 용산공원 당선 팀과 45억 원 이내의 설계 용역 계약을 맺고, 기본설계(2012년 하반기부터 2014년), 공원조성계획 수립(2014년), 실시계획(2016년)을 거쳐 용산기지 이전시기(2016년 말 예정)에 맞추어 공원 조성 공사에 착수(2017년)할 예정이라고 한다."

언론에 보도되고 있듯이, 용산공원 당선 팀은 '용역用役' 계약을 통해 설계를 진행한다. 당선 팀은 작가에서 용역 업체로 지위가 변한다. '용역'은 우리에겐 '설계' 뒤에 오는 단어로 친숙하지만, 요즘은 '철거'의 뒤에 오거나 '깡패' 앞에

오는 말로 자주 언급된다. 용산 4구역 '정비용역'[13]은 우리 사회의 이목을 집중시켰던 용역이다. '강제 철거', '청소나 방역', '남의 뒷조사를 대신하는 일', '대신 돈 받아주는 일' 등이 모두 용역이다. 사회 제도적 분류로는 '설계 용역'과 같은 위계에 놓인다. '다른 사람에게 기술을 제공하는 일'이라는 속성 분류를 통한 제도화는 일본식 제도가 유입되어 정착되면서 고정화된 것으로 추론된다. 설계 용역은 기술을 제공하는 '을'과 대가를 지불하고 기술을 제공받는 '갑'의 관계로 계약을 맺는다. '기술 인력', '용역 대가 산정', '설계비 견적' 같은 용어로 대변되는 설계 용역과 계약은 설계의 예술적인 측면을 평가할 수 없는 방식이다.

척박하지만 부인할 수 없는 우리의 설계 환경이다. 조경가와 조경 작품에 대한 인식은 아직 낮은 수준이다. 설계와 시공이 분리되어 있고, 시공과 감리도 구별되어 있다. 게다가 공종에 따라 설계와 시공이 따로 이루어진다. 이들 공종 간의 벽도 무시할 수 없는 현실이다. 수준 높은 공원을 만들기 위해서는 이들 모두가 통합되고 연계되어야 가능하지만, 현실은 크레바스 같은 불연속면들이다. 이런 환경에 전혀 익숙하지 않을 당선 팀이 건너야 하는 난관들이다.

인상적인 이미지가 좋은 설계를 보증하는 것이 아니듯이, 설계 개념이 좋다고 반드시 좋은 공원으로 구현되는 것은 아닐 것이다. 그 반대로 주목받을 만한 개념이 없다고 해서 좋은 공원을 만들지 못한다고도 할 수 없다. 설계만이 조경에 영향을 미치는 것이 아니라 사회의 거의 모든 것이 영향을 미치기 때문이다. 당선작에 대한 판단을 2027년까지 또는 그 이후까지 유보해야 하는 이유이고, 여전히 기대하고 또 우려하는 이유이기도 하다.

1 국내에 설계 공모가 본격화되기 시작한 것은 2006년 말에서 2007년이다(최정민, "디자인 뒤의 디자인", 『봄, 디자인 경쟁 시대의 조경』, 도서출판 조경, 2008).

2 현상 설계, 설계 경기, 설계 공모 등으로 옮겨지는 꼼뻬는 콤페라고도 표기한다. 꼼뻬는 design competition의 불어 발음 '꼼뻬띠시옹'에서 왔다는 견해도 있고, 일본식 발음 'コンペ'라는 견해도 있다.

3 이상민이 1980년 이후 진행된 현상 설계 가운데 공원 현상으로 분류한 것은 24건 정도이다(이상민, 『설계 매체로 본 한국 현대 조경설계의 특성』, 서울대학교 박사학위논문, 2006).

4 최정민, "디자인 뒤의 디자인", 『봄, 디자인 경쟁 시대의 조경』, 도서출판 조경, 2008.

5 이 부분의 원문은 "A new vocabulary of nature, respectful of tradition, is produced by creating Korean landscape themes supplemented by technological innovation in ecology"이고, 'A new vocabulary of nature'는 공식적인 보도 자료에 '자연에 대한 새로운 문법'으로 번역되어 있지만, 여기서는 '문법'이란 표현 대신 '어휘'라는 표현을 쓰겠다.

6 P. Burke, *The Use of Images as Historical Evidence*, 2001, 박광식 역, 『이미지의 문화사』, 도서출판 삼산문화, 2005.

7 기 드보르 저, 이경숙 역, 『스펙타클의 사회』, 현실문화연구, 1996.

8 Michel de Certeau, *The Practice of Everyday Life*, Steven F. Rendall trans., Univ. of California Press, 1984, 박명진 편, 『문화, 일상, 대중』, 한나래, 1996, pp.155-182.

9 에드워드 사이드는 '동양(orient)'과 '서양'은 환경적으로나 인종적으로 다를 뿐만 아니라 정신적인 면에서 근원이 다르게 발생되어 발전되어 왔음에도 불구하고, 동양은 서양과 대등한 위치의 상대적인 개념이라기보다는 서양인의 사고방식 속에 존재하는 개념에 지나지 않는다는 것을 밝히고 있다. 즉 동양이라는 것은 서구인의 시각에서 동양을 지배하고 조정하기 위해 조작된 표상이라는 것이다. 이러한 인식틀이 오리엔탈리즘이다(Edward Side, *Orientalism*, 1978, 박홍규 역, 『오리엔탈리즘』, 교보문고, 1999.)

10 최정민, 『현대 조경에서 한국성에 관한 연구』, 서울시립대학교 박사학위논문, 2008.

11 우실하, 『오리엔탈리즘의 해체와 우리 문화 바로 읽기』, 소나무, 1997.

12 현대 조경에서 형태적 디자인은 예술 지향의 조경가들이 강조했던 것에 비해 현저히 약화된 것이 사실이다. 종결적 마스터플랜이 변화하는 현대 사회에 대응하기 어려운 설계 방식이라는 지적에도 불구하고 마스터플랜은 여전히 중요한 설계 결과이자 매체로 설계 공모 안의 많은 비중을 차지한다. 그래서 설계 공모 심사는 서로 다른 (마스터플랜) 형태를 심사하는 것이라고 해도 과하지 않을 것이다. 조경이 형태의 문제로부터 자유로워지는 것은 쉽게 이루어질 일은 아닌 것 같다. 형태가 왜, 어떻게 만들어졌는지, 또는 만들어야 하는지에 대한 이론은 디자인 분야의 오랜 관심사였다. 디자인 발전의 토대이기 때문이다. 조경에서 형태적 결과가 어떻게 도출되었는지에 대한 이론과 논리는 상대적으로 미흡하다고 할 수 있다.

13 용산 4구역 재개발조합과 정비 용역 업체는 통상 용역비의 두 배 정도인 3.3m²(1평)당 9만원씩 모두 105억 원에 '정비 용역' 계약을 체결한 것으로 보도되고 있다("용산4구역 정비용역업체 105억 챙겼다", 한겨레, 2009년 2월 16일자).

낯선 시간들의
재구성

장 보 혜

거꾸로 가는 시계

시간이 거꾸로 흐른다면 어떤 일이 벌어질까? 영화 이야기를 하나 해 보자. 옛날 어느 마을에 시계를 만드는 장인이 살았다. 그는 솜씨가 아주 뛰어나서 새 기차역에 달릴 커다란 시계 제작을 맡게 되었다. 그에게는 전쟁터에 나간 아들이 있었는데, 얼마 지나지 않아 전사 통지서를 받게 되었다. 지독한 슬픔 속에서도 어찌어찌 시계는 만들어졌고, 마침내 기차역도 다 지어지고 개관 행사가 열렸다. 휘장이 벗겨지고 시계가 모습을 드러내었을 때 바늘이 거꾸로 돌고 있었다. 장인은 전쟁터에서 쓰러진 아들이 일어나 걷고, 기차를 타고 집에 돌아와, 결혼을 하고 자식을 낳고, 제 수명을 다 살다 가기를 기원한 것이다. 한편, 마을에는 특별한 생명이 태어난다. 그 아기는 노인의 몸으로 태어나 점점 젊어지는 삶을 살게 될 운명이었다.

영화 〈벤자민 버튼의 시간은 거꾸로 간다〉에서 우리는 인과성을 발견할 수도 있고 우연의 조화를 발견할 수도 있다. 하지만 이야기를 이끌어 가는 더 강한 동력은 서로 다른 방향으로 흘러가는 시간들이 만나고 충돌하는 양상에 대한 호기심이다. 한 사람의 정신과 육체의 시간을 반대로 교차시키고 무슨 일이 일어날지 지켜보자는 듯. 영화는 시간을 편집한다. 시간의 방향, 과거, 현재, 미래, 속도, 나의 시간, 너의 시간, 우리의 시간 등등. 시간의 작업인 것이 꼭 영화만이겠는가. 음악이나 무용, 소설에서 작가들은 리듬이나 속도, 순서를 바꿈으로써 새로운 작품을 만들어낸다. 때론 통상적인 시간의 흐름에 도전하여 그 가능성의 끝까지 가 보기도 한다. 나는 이러한 시간 편집이 경관 디자인에서도 일어난다고 생각한다. 용산공원에 대해서도 그러한 기대를 했다.

이 글에서는 용산공원 설계 국제공모를 시간의 관점으로 보고자 한다. 시간의 틀로 볼 때 용산공원은 과거와 현재 그리고 미래가 만나는 현장이다. 출품작들은 그 시간들을 어떻게 만나게 할 것인가라는 문제에 대한 대안으로 읽힌다. 타임머신은 우리의 상상력 속에 있고 과학자들은 시간의 가역성을 부정한다. 그러나 거꾸로 가는 시간이나 다양한 시간이 공존하는 듯한 상황을 우리는 이따금 경험한다. 용산공원 출품작들에서도 과거와 현재 그리고 미래가 공존하는 현상을 발견할 수 있다.

국가 공원의 현재

용산공원은 한국 최초의 국가 공원이라고 한다. 국립 도시공원이 아니고 국가 도시공원이라는 점이 주의를 끈다. 공원의 규모나 수준이 국가를 대표할만하다는 의미일 수도 있고, 국가의 이념을 잘 반영한 공원이라는 의미일 수도 있을 것 같다. '국가'를 실마리로 용산공원의 현재 시간을 파악할 수 있을까?

우선 '용산공원 조성 특별법'에서 국가 공원의 의미를 찾아보았다. 이 법에 의하면 용산공원은 국가의 책임 하에 조성되고 관리된다(제1조). 비용은 국가 부담을 원칙으로 하되 일부는 서울시에 부담시킬 수 있다(제42조). 여기까지는 보통의 국립에 해당하는 의미다. 국가 공원은 여기에서 한 발 더 나아간다. 동법 제2조 전문은 다음과 같다. "대한민국에 반환되는 용산부지는 최대한 보전하고 민족성·역사성 및 문화성을 갖춘 국민의 여가휴식 공간 및 자연생태 공간 등으로 조성함으로써 국민이 다양한 혜택을 널리 향유할 수 있게 함을 이 법의 기본 이념으로 한다." 부지의 원형을 최대한 보전하는 방향으로 공원을 조성한다는 점, 민족성·역사성·문화성을 갖춘 휴식 공간, 그리고 자연생태 공간이 이 공원의 기본 성격으로 파악된다. 자연생태가 강조되는 용산공원의 성격을 이 글에서는 생태성이라 부르기로 한다.

이 성격 요소들 중에서 국가를 연상시키는 힘이 가장 큰 것은 민족성이다. 그러나 민족성을 국가 공원의 이념으로 삼는 것은 어색하다. 재현되는 시기와 재현하는 시기 사이의 시간적 거리 때문이다. 민족성의 의미와 맥락을 헤아려보면 새삼 세월의 경과를 실감하게 된다. 민족이라는 단어를 위해 어떠한 설명도 필요 없었던 때가 분명히 있었다. 이제는 소위 글로벌 시대, 다문화 시대이고, 민족은 점점 더 효용성이 떨어지고 있는 개념이다. 가장 보수적이라는 국방부도 '국가와 민족을 위해 충성을 다하고'라고 선서하던 군 장교의 임관 선서와 병사의 입대 선서를 '국가와 국민을 위해 충성을 다하고'로 바꿨다고 한다.[1] 게다가 대한민국 특유의 민족성이 어떤 실질적 내용을 갖는다면 그 내용을 구성하는 하위 개념으로 역사성, 문화성, 생태성이 있을 것이다. 민족성은 역사성 안에서 상당 부분 설명 가능하며 나머지는 문화성과 생태성으로 충분히 보완된다. 민족성을 나머지 세 개념과 나란히 사용한다면 격이 맞지 않거나 잉여가 될 것이다.

용산공원 계획이 구체화됨에 따라 민족성은 뒤로 물러나는데 이는 다행스러운 일이다. '용산공원 정비구역 종합기본계획'(이하 종합기본계획)에서 공원 기본구상으로 들어가면 민족성은 역사성으로 흡수된다. 하지만 이는 또 다른 과제를 남긴다. 세월에 풍화된 민족성에 의존하지 않으면서 공원에 국가성을 재현하는 문제가 그것이다. 혹시, 예의 '아름다운 금수강산' 이외에 다른 대안이 가능할지, 있다면 어떤 것일 지 궁금하다.

종합기본계획에 나타나는 용산공원의 비전은 "자연과 문화, 역사와 미래가 어우러지는 열린 국가 공원"이다. 목표는 역사성과 장소성, 생태적 가치, 도시적·문화적 잠재력의 구현이다. 이를 위한 전략의 하나가 국가적 상징성을 갖는 한국의 대표적 경관 조성이다. 그 방법으로 중심성 강화, 상징성 부여, 한국적 대표성 구현 등이 제시되어 있다. 하지만 국가적 상징성의 내용이 막연한 것에 비해 한국적 대표성은 구체적으로 한국의 자연 요소를 언급한다. 즉, 한국적 경관 요소를 숲, 들, 호, 내, 습지의 다섯 가지로 유형화하고 있다. 그밖에 통일적 경관 형성, 교란되어 손실된 지형적인 정체성 복원, 남산과 한강의 전이지대로서 구릉, 물길, 농경지, 저습지가 발달한 곳이었음을 고려한 지역 정체성 표현 등이 제시되어 있다. 이러한 '한국적 공원'은 우리가 이미 많이 봐

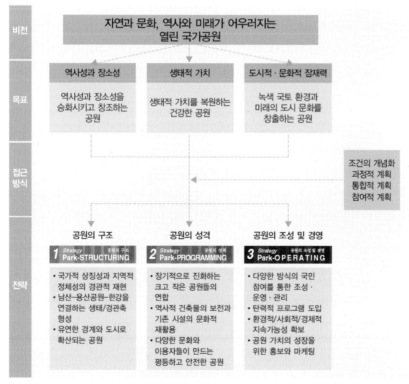

그림1. 국가적 상징성은 주로 자연적 지형 요소에 의존하고 있다. 그림은 『용산공원 정비구역 종합기본계획』 중 용산공원의 비전, 목표, 전략을 나타낸 부분이다.

왔듯이 새삼스러울 것도 이상할 것도 없다. 역시 '아름다운 금수강산' 의 재현이다(그림1).

지리학자 돈 미첼은 경관을 "우리가 살고 있는 세상에 특별한 의미를 부여하기 위하여 신중히 세계를 선택하고 재현하는 하나의 방식" 으로 정의한다. 그에 따르면 경관은 권력의 물리적 구체화이다. 경관은 사회적 산물로서 하나의 경관이 생산되기까지 수많은 논쟁 과정을 거친다. 그 과정에는 경합하거나 상충하는 의미들도 포함되어 있다. 그러나 최종적으로 생산된 경관은 그 과정을 은폐한다. 따라서 미첼은 경관의 목적이 경관의 생산을 지배하는 통제 관계를 숨기는 것이라고 주장한다.[2]

미첼의 경관론은 용산공원에서 재현되는 가치가 무엇인지를 다시 생각해 보게 한다. 국가가 나서서 공원을 조성한다고 할 때, 국가의 이념이 공원을 통해 재현되기를 기대하는 것은 합당하다. 비록 국가는 영토, 국민, 주권으로 구성되며 주권은 국민으로부터 나온다는 것은 원론이고, 현실적으로 용산공원에서 국가를 대리하는 것은 국토해양부 장관이라는 간극이 있기는 하다. 그렇더라도 우리가 국가의 이름으로 부여하고 싶은 가치가 용산공원에 재현되는가의 여부는 중요한 문제다. 민족성을 비롯한 역사성, 생태성, 문화성의 이념과 한국적 경관 사이에서 민주공화국 이념이라든가 한국 현대사는 보이지 않는다. 평화 역시 역사성이나 생태성의 어느 갈피 속에서나 찾아봐야 할 것 같다.

재현될 것으로 기대되는 것과 실제로 선택되는 것의 차이는 가치 판단의 또다른 기준이 존재함을 시사한다. 대한민국 역사박물관 건립을 둘러싼 논쟁이 보여주고 있는 것처럼 한국 현대사는 우리에게 너무 어려운 주제다. 민주공화국 이념은 헌법 속에만 있다가 2008년 시민들의 촛불집회에서 재발견되다시피 했고, 민주화 과정은 경제 발전이나 근대화와 줄곧 거래가 시도된다. 눈치 보지 않고 평화를 말하기도 어렵다. 대한민국 60년사는 누구에게는 너무 아픈 역사이고 또 누구에게는 덮고 싶은 역사다. 때문에 용산공원의 경우 사회적 합의의 용이성이라는 실용적 기준이 작동했을 가능성이 크다. 이 기준에 따라 특정한 가치의 선택과 배제가 동시에 이루어졌을 것이다. 권력 투쟁에서 패한 열등한 권력의 가치뿐 아니라 사회적으로 합의하기 어려운 가치도 배제되는 것이다. 사회적 논란의 소지가 있는 가치를 조심스럽게 배제하는 정치적 조율의 결과가 '국가 공원'이기도 하다.

'국가 공원'의 상은 일차적으로 국내외의 설계 국제공모 참가자들이 미래의 용산공원을 설계하기 위한 확고한 기반이 되어야 한다. 하지만 실상은 미결정 상태의 불안정한 현재 상태를 암시하고 있다. 그것을 통해 사회적으로 어디까지가 합의되었고 수용가능한지 또 어디까지는 합의되지 않았거나 합의되기 어려운지, 혹은 논의 자체가 고통스러운 문제인지 짐작하게 한다.[3] 어쩌면 우리는 공원을 만들기 위해 너무 서둘러 합의했거나, 합의하기에는 시간이 부족했을지도 모른다. '국가 공원'이라는 거창한 이름은 용산공원의 미래를 가리키기에 앞서 용산공원의 현재를 가리키고 있다.

세 가지 시간

역사성, 문화성, 생태성은 용산공원이 구현하고자 하는 목표다. 설계 지침에도 그렇게 제시되었고, 작품들 역시 세 가지 목표를 중요하게 다루었다. 이 세 가지 가치를 그대로 받아서 시간의 틀로 전환시켜 보고자 한다. 이렇게 만들어진 역사적 시간, 문화적 시간, 생태적 시간은 엄밀한 시간 척도가 아니라 느슨한 개념적 장치다. 각각 다른 시대를 가리키는 이름이자, 각기 다른 스케일의 시간 척도로서 동시에 공존하기도 하는 시간들이다.

역사적 시간은 주로 조선시대의 전근대와 일제강점기를 거쳐 미군 부대가 들어서는 근대로 세분할 수 있다. 문화적 시간은 일차적으로는 '그동안 고립되었던' 대상 부지를 주변 도시 맥락과 연결시키는 문제다. 또한 문화적 시간 개념에는 동시대의 문화나 다른 세계 도시들과의 연결 문제가 포함된다. 생태적 시간은 대상 부지가 역사나 인간의 거주 이전의 상태에 있던 시간이자, 앞으로 용산공원이 추구해야 할 복원의 원형이 되는 시간이다. 복원의 원형에는 자연 상태로 상정되는 지형과 식생이 포함된다. 생태적 시간은 가장 오래되었으며 가장 긴 시간을 나타내고, 문화적 시간은 순간적인 시간이자 동시대의 도시적 시간을 나타내며, 그 중간쯤 역사적 시간이 있다. 물론 이 세 시간들이 완전히 독립적이 지는 않으며 서로 중첩되기도 한다.

역사적, 문화적, 생태적 시간들이 만나는 기본 방향은 공원화 논의 과정에서 이미 형성되었다. 예컨대, 2009년 일반 시민들을 대상으로 시행된 아이디어 공모전의 의견을 종합해보면 "자연 환경의 복원, 기존 건축물 및 공간 구조의 보전과 재사용, 주변 환경과의 체계적 연계, 장기적 · 과정적 계획과 유연한 운영 관리"이다.[4] 국제공모 이전에 부지의 상황에 대한 분석이나 조사도 이미 자료화 되었고, 설계 방향에 대해서도 어느 정도 합의가 형성된 것으로 보인다. 그동안 축적된 자료는 충분해서 국제 공모 참가팀들은 이 만물 상자에서 필요한 도구들을 원하는 대로 가져다 쓰면 될 것 같다. 그래서 그 중 어떤 요소를 골라서 어떻게 짜맞추어 전체 그림을 완성할 것인가의 문제로 되는 것 같다. 여기에 참신한 디자인 전략이나 아이디어 몇 개만 추가하면 충분할 것 같아 보인다.

병렬적으로 나열되어 있는 사항들을 모두 잘 하면 될 것 같다. 그러나 실제 작품을 보면 각 목표들의 관계를 어떻게 정리하는가에 따라 공원의 성격이 달라진다. 그래서 역사, 문화, 생태를 주제별로 각각 볼 것이 아니라 서로 비교할 필요가 있는 것이며 비교를 위해서는 공통의 토대가 필요하다. 시간의 틀로 볼 때 용산공원은 역사적 시간, 문화적 시간, 생태적 시간이 만나는 현장이다. 역사, 문화, 생태를 시간의 척도에 대응시키는 것은 지나친 시간 환원론으로 비칠수도 있다. 그러나 시간들의 관계로 볼 때 역사, 문화, 생태 사이의 관계가 더 잘보인다.[5]

이 글의 나머지 지면에서는 주어진 조건에 대해 설계안들이 제시한 대안들을 시간 관점에서 분석할 것이다. 크게 세 가지로 나누어 보았다. 첫째, 역사적 시간, 생태적 시간, 문화적 시간 각각에 대한 반응과 작품들마다 재현하고자 선택하는 특정한 시대. 둘째, 실현 과정이나 단계에서 나타나는 시간적 특징. 끝으로 표현 방법상의 시간적 측면. 이렇게 세 가지로 나누어 차례로 살펴보고자한다.

남은 것과 훼손된 것

용산공원 설계 국제공모 참가자들에게 주어진 부지의 조건은 이렇게 요약된다. 역사적으로 조선시대 교통의 중심지로 시작하여 개항기의 개시장開市場을 거쳐 일제 강점기의 청군과 일본군 주둔을 시작으로 현재의 미군 주둔까지 군부대 용지로 전용되는 변천 과정을 거쳤다. 부지 내 조선시대의 유적으로는 국태민안國泰民安을 기원하던 악해독단嶽海瀆壇 정도가 확인된 상태다. 부지 주변의 유적들로 추측컨대 부지 내에 다른 유적이 더 있을 가능성은 있다. 근대 유산으로는 일제 강점기의 병영 시설을 비롯한 건축물 다수가 남아 있다. 조선시대 '자연선형'의 만초천과 '부드러운' 둔지산 능선이 일제 강점기 이후 인공적으로 변형되었고, 주변 도시와 단절되었다.

주어진 조건에 대한 반응은 작품마다 조금씩 다르다. 주목하거나 설계를 위한 실마리로 선택하는 시대에도 차이가 있다. 그럼에도 역사, 문화, 생태 각 시간에 대한 입장은 거의 비슷하다. 역사적 시간에 대해서는 부지 내에 남아 있는 유산이나 잔재를 곧 역사로 환원하고 그 유산을 선별적으로 보존한다는 합리적 태도를 취한다. 문화적 시간에 대해서는 도시 맥락과 단절된 것으로 판단하면서 동시대 도시와 문화에 연결시켜야 할 시간으로 해석한다. 생태적 시간에 대해서는 훼손된 것으로 분석하면서 복원해야 하는 절대적인 가치를 부여한다. 역사적 시간이 남아있는 건물과 기반시설에 대한 합리적 혹은 기술적 문제로 후퇴하는 것과 대조적으로 생태적 시간과 문화적 시간은 작품들의 전면에서 적극적으로 다뤄지고 있다. 공원 설계이기 때문에 당연한 결과로 여길 수도 있겠으나, 특히 생태적 시간이 지배적이라는 사실은 인상적이다. 생태적 공원은 동어반복이 아니라 어떤 공원의 특징이 될 수도 있다.

역사적 시간에 대해서는 선사시대와 역사시대, 전근대와 근대로 입장이 나뉜다. 전쟁과 군대 주둔의 역사로 '신성했던 땅이 오염되었다'("Sacred Presence Countryside in Citycenter"(동심원조경기술사사무소+Oikos Design 외; 이하 "Sacred Presence")), 13세기 이래 이 부지는 '반복적으로 침략되었다'("Openings: Seoul's New Central Park"(James Corner Field Operations+삼성에버랜드 외; 이하 "Openings"))[6] 등. 조선시대 이전 시기는 남아

있는 유적이 적은 반면 부지와 직접적 관련성이 떨어지는 자료까지 인용하여 그 시대를 복원하고자 시도한다. 가령 〈수선전도〉와 〈미인도〉("Sacred Presence"), 견우와 직녀가 만난다는 오작교와 대동여지도("Healing: The Future Park"(West8+이로재 외; 이하 "Healing"))가 스케일이나 장소성과 무관하게 대상 부지로 투사되고 있다.[7] 반면 많은 유적이 남아 있는 일제 강점기 이후에 대해서는 선택적 보존을 택한다. 역사를 대하는 태도를 선언하는 작품들도 눈에 띈다. '거부하지도 폐기하지도 않겠다'("Yongsan Park Towards Park Society"(조경설계 서안+M.A.R.U. 외; 이하 "Park Society")), '근대 문화 유산은 오점이 아니다'("Yongsan Park for New Public Relevance"(신화컨설팅+서안알앤디 디자인 외; 이하 "Public Relevance")), '과거를 극복하고 미래와 연결시킨다는 제스처이다'("Yongsan Madangs"(그룹한 어소시에이트+Turenscape 외)), '역사에 직면하고 드러내기'("Healing") 등. 이와는 달리 역사적 시간에는 별 관심을 두지 않는 작품도 있고("Multipli-City"(씨토포스+SWA 외)),[8] 몇몇 작품은 다른 작품들이 소홀히 한 근대사를 비중 있게 다루기도 한다. "Public Relevance"의 경우, 근대화 시기 동안 억압되었던 개인의 자유, 이주노동자와 결혼이주여성 등의 소수자를 포용하는 문화다원주의, 그리고 세계 평화 등의 현재적 가치를 이끌어낸다.

작품들에서 자연 질서가 훼손된 부지는 이렇게 표현된다. 외세의 침략으로 인해 '산산이 부서진 땅'이고("Openings"), 100년의 세월이 '능선을 손상시켰다'("Connecting Tapestries from Ridgeline to River"(CA조경기술사사무소+Weiss/Manfredi 외; 이하 "Connecting Tapestries")). 전쟁과 도시화로 '오염된 혼돈과 억압의 땅'이다("Sacred Presence"). 한 걸음 더 나아가 용을 연상시키면서 '부러진 산등성이, 파묻힌 물줄기, 잘리고 봉해진 거죽'으로 표현된다("Sacred Presence"). 그래서 부지는 '치유의 대상'이 된다("Healing"). 공원화를 통해 부지의 '수체계가 복원되고 산 능선과 녹지가 복원'될 것이다("Yongsan Madangs"). 다시 '거룩한 땅'이 될 것이다("Sacred Presence").

도시와 단절된 부지의 상황은 다음과 같이 나타나고 있다. 도시 발전에서 제외되고("Public Relevance"), 잊혀진 부지다("Connecting Tapestries"). 단절의 기간은 100년이나 되었다("Healing"). 따라서 당장 담장을 허물어 시급히 도시와의 소통을 회복하자는 아이디어도 선보이고 있다("Park Society"). 대부분의 작품들에서 끊어진 도로의 연결 등 도시 시스템으로 통합시키는 대안들이 제시되어 있다. 다수의 작품들에서 도시와의 구조적 연결을 넘어 동시대 문화와의 연결이 시도된다. 그것이 공원의 공간을 구성하는 실마리가 되기도 한다.

세 가지 시간의 관계에서 특징적인 것은 생태적 시간의 과잉 혹은 우세다. 생태적 시간이 역사적 시간에 의해 교란되었지만 결국 생태적 시간은 복원될 것이다. 그 때가 되면 '용이 춤을 출 것이다'("Sacred Presence"). 100년 후 생태적 시간은 100년 전의 상태로 회귀하도록 프로그램 되어 있다("Public Relevance"). 역시 역사적 시간에 의해 단절되었던 문화적 시간은 연결을 회복할 것이다. 그 동력이 용산공원 외부에 있는 문화적 시간은 현재와 미래에서 용산공원과 무관하게 활성화되어 있다. 용산공원은 그 문화적 시간의 영향을 받는다. 생태와 문화가 살아난 미래의 공원에서 근대사는 남아 있는 건물을 통해 보존될 것이다(그림2).

그림2. 역사적 보존 가치가 떨어진다고 판단되는 건물은 철거된다. 몇몇 설계안은 이 잔재물을 성토용 채움물로 사용하는 방안을 제시하기도 한다. 이것은 역사에 대한 존중인가, 평가인가, 혹은 단순한 자원재활용인가. 그림은 "Sacred Presence Countryside in Citycenter"(동심원조경기술사사무소+Oikos Design 외)의 제안이다.

잃어버린 시간을 찾아서

종합기본계획은 용산공원이 장기적 계획에 의해 조성될 것임을 강조한다. 공원 조성은 평택 미군기지로의 이전이 완료되는 이듬해부터 10년간 3단계로 진행되며 이후 5년간의 안정기가 추가로 계획되어 있다. 출품작들 역시 이 점을 반영하여 장기적이고 단계적인 계획을 세웠다. 작품에 따라 짧게는 10년에서 20년의 기간이 단계적으로 계획되어 있다. 길게는 100년 미래를 전망하는 작품도 있다. 몇몇 작품들은 기간이 특정되지 않은 단계별 계획을 세우거나 단계별 계획 대신 시나리오를 제시하기도 한다("Park Society", "Openings", "Yongsan Madangs"). 하지만 이들 작품 역시 장기적 계획이라는 기본 입장은 공유하고 있다.

작품들에서 단계별 계획은 몇 가지 특징을 보인다. 첫째, 공간적 분할에 의한 단계별 공사보다는 부문별 특성에 따른 단계별 진행을 추구하는 작품들이 대부분이다. "Openings" 정도만이 부지를 네 구역으로 분할하여 4단계로 개발하는 시나리오를 제시하고 있을 뿐이다. 나머지 작품들은 공원의 구성 요소별 특징에 따른 단계별 계획을 지향하고 있다. 단적으로 "Connecting Tapestries"의 경우 총 3단계 20년 계획 중 제 2단계의 기준을 작물 수확이 가능한 토양 정화로 제시한다. 대부분의 작품들에서 지형 복원, 녹지와 수체계 구축 등의 기본 골격과 건축을 포함한 단위 공원 조성을 구분하는 경향이 보인다. 단위 공원 조성은 비교적 후반 단계에 배정되어 있는데 작업의 성격상 부분으로 나누어 단기간에 공사하기 쉽기 때문이다. 반면 생태적 체계는 1~2단계에서 시작하도록 계획되어 있는데, 안정되기까지 오랜 시간이 걸리기 때문이다. 단계별 계획 도면은 기하학적으로 명확한 형태가 되기 어렵고 능선이나 물길의 질서에 따라 단계별 공사 구역도 부지의 도처에서 산재하는 복잡한 패턴을 보인다(그림3).

둘째, 대중에 대한 공원의 조기 개방이다. 이는 종합기본계획에 제시된 사항이기도 하다.[9] 이 계획에서는 원상태 그대로 개방하는 임시 공원과 정비 후 개방하는 임시 공원을 개장하고 부지 내에 가이드 투어 동선을 구축하도록 제시되어 있다. 대부분의 작품들에서 제 1단계에 임시 공원이 계획되어 있고, 그 중 두 작품은 가이드 투어를 제안하고 있다. "Healing"은 대중의 접근을 남북 축에 집중

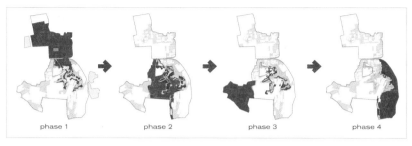

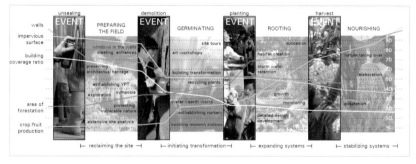

그림3. 단계별 계획의 몇 가지 사례. 공간별 분할, 부문별 단계, 흐름과 지속적 변화. "Openings: Seoul's New Central Park" (James Corner Field Operations+삼성에버랜드 외), "Yongsan Park Towards Park Society" (조경설계 서안+M.A.R.U. 외), "Sacred Presence" 의 안이다.

하여 가이드 투어에 의해 통제되도록 한다. 한편, "Connecting Tapestries"는 역사 유적에 초점을 맞춘 가이드 투어를 제안한다. 가이드 투어를 도입하는 이유는 작업의 편의를 도모하거나, 오염 물질 같은 부지 내의 위험 요소로부터 방문자를 보호하기 위해서, 또는 가이드의 설명을 통해 역사 교육을 하기 위해서 등일 것이다. 그러나 가이드 투어는 제한적인 공개 방식으로 방문자의 자유로운 향유를 제한한다는 한계가 있다.

셋째, 공원 조성 협의체의 조기 설립이다. 이 또한 종합기본계획에 있는 내용으로 동 계획에 따르면 제 1단계 이전에 용산공원관리센터를 설립하여 시민단체 등과 파트너십을 형성하는 등 공원 프로그램을 개발하고 운영하도록 한다는 것이다.[10] 이것을 반영한 작품은 "Sacred Presence"와 "Park Society"이며, 전자는 계획 이전에 즉시 거버넌스를 구축할 것을, 후자는 공원위원회를 구성할 것을 작품 안에서 제안한다. 공원 조성 협의체에 관한 사항은 설계자가 공원 설계의 범위를 어떻게 보느냐에 따라 설계에 포함될 수도 있고 아닐 수도 있는 사항이다. 이미 종합기본계획에 제시된 내용이기 때문에 작품에서 새로운 점은 거버넌스나 위원회의 설립을 설계의 범위로 수용하는 설계자의 태도라 할 수 있겠다. 그리고 그 태도가 작품의 성격이나 범위 상에 결과로 나타날 수 있다.

끝으로 단계별 계획에 나타나는 시간의 단절과 지속적 성격의 대비다. 일반적으로 사업의 단계별 계획은 자본과 인력, 장비의 투입과 철수를 기본으로 하기 때문에 각 단계의 시작과 끝이 명확하다. 매 단계를 거침에 따라 전체 사업은 계단형의 진전을 보이게 된다. 그러나 용산공원 설계 작품들에서 단계별 계획을 지속적인 흐름으로 인식하는 경향이 발견된다. 이는 점증하는 특성을 갖는 생태적 천이의 영향이 크겠지만, 위에서 말한 단계별 계획의 특징들이 함께 작용한 결과이기도 하다. 부문별 특성에 따른 단계별 계획의 성장과, 공원을 매개로 한 사람들의 활동이나 사회적 네트워크의 성장은 시간의 지속적인 누적 효과다. 이것이 용산공원 내에서 각 단계별 공사들과 조화를 이루며 단절과 지속의 대비를 보여준다.

이상의 특징들은 상당부분 종합기본계획에 기반하고 있으며, 작품들에서 좀 더 구체적으로 발전시킨 부분도 있다. 때로는 참신한 아이디어도 보이지만, 전반적으로 종합기본계획의 수준을 크게 넘어서지 않는다. 이것은 단계별 계획이나 과정이 형식적으로 다루어지고 있음을 보여주는 증거이기도 하다. 장기적 계획과 느린 속도를 강조하는 용산공원이 정말 우리가 바라는 장기적 전망과 속도로 조성될지 귀추가 주목된다. 한 작품은 "'느린' 접근을 취하고 정치적 야망으로부터 이 공원을 보호하는 것이 중요하다. 게다가 가속화는 대단히 비용이 많이 들 수 있다"고 말하며, 정치적 이해관계에 따라 변화를 겪어온 선례들과 속도전 추구 관행을 비판하고 있다("Sacred Presence"). 이 말을 믿고 우리는 용산공원이 천천히 조성될 것이라고 기대해도 좋을까.

그동안의 과정을 보면 그러한 기대에 대해 의심을 품게 된다. 단적인 예로 국제공모 참가자들이 현장 조사를 할 때 시간 제한의 어려움을 겪었다. 당시 여덟 팀에게 주어진 시간은 단 두 시간뿐이었다고 한다.[11] 앞으로도 부지에 대한 조사는 미군이 평택으로 이전을 완료하기 전에는 쉽지 않을 것이다. 느림에 대한 강조에도 불구하고 이러한 정황은 오히려 속도에 대한 강박으로 비친다. 어떤 작품에서는 미군이 이전하기 이전 시기이자 계획이 완료되기 이전의 5년간을 단계 계획에 포함시켰다("Sacred Presence"). 용산 땅이 잃어버렸던 지난 100년의 시간을 하루 빨리 찾으려는 조급함 때문일 것이다. 미군이 이사를 가자마자 조금도 시간을 낭비하지 않고 바로 개발에 들어가기 위해 미리 준비하려는 것일 수 있다.

미군 부대가 이전을 끝낸다는 2016년의 어느 날을 상상해 보자. 드디어 용산 땅이 우리에게 돌아온 그때, 공원화를 위한 사전 준비도 다 되어 있다. 그 상황을 일반 시민들은 어떻게 받아들일까? 혹시, 용산공원의 미래에 대해 이미 정부와 전문가들이 다 결정한 것으로 생각하지는 않을지. 비록 그간의 공원화 과정에 일반인들이 참여할 수 있었던 기회가 몇 차례 있었다 하더라도 결과는 마찬가지다. 2012년 4월 설계 국제공모 당선작이 발표되었을 때, 시민사회단체들은 성명을 하나 발표했다. 용산 미군기지 이전 부지에 대해 사회적 합의 과정이 필요하다는 주장이었다. 그동안 수많은 의견 수렴을 거쳤지만 아직도 사회적으로 합의하지 못했다는 주장인 것이다.[12] 하긴, 누구나 참여 가능하다는 용산공원 아이디어 공모도 실제로 참가하는 사람들은 최소한 대학의 관련 학과 재학생 이상의 전문가들이 대부분이었다. A1 사이즈(594mm×841mm) 도판 세 장과 20페이지의 제안설명서를 통용되는 형식에 맞게 만들어내는 일은 누구나 쉽게 할 수 있는 일이 아니다(그림4).

사회적 합의를 위해 필요한 것이 많지만 무엇보다 지금 부족한 것은 시간이다. 설계 국제공모 당선작 선정과 동시에 용산공원 조성의 시계는 빨리 돌아가

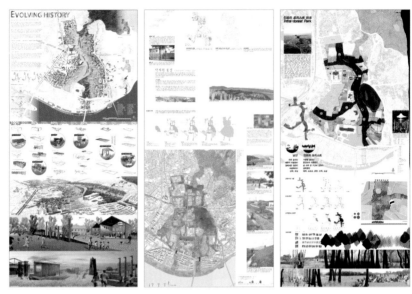

그림4. 시민 참여의 딜레마. 용산공원 아이디어 공모의 1등 없는 공동 2등 수상작. 왼쪽에서부터 차례로 윤희연 외 3명의 "Evolving History", 최종훈 외 2명의 "내재된 풍경", 윤웅원 외 4명의 "Infra Forest Park". 일반인들이 이 정도의 결과를 생산해 내기는 쉽지 않다.

기 시작했다. 10년 단위 계획보다 20년 단위 계획이 더 좋은 계획이라거나, 그 계획 기간 안에서 여러 단계를 거쳐 천천히 계획하면 충분하다 할 수 없다. 중요한 것은 시작의 타이밍이다. 종합기본계획 정도만 세워두고 미군 부대가 이전을 끝낸 후 먼저 부지를 일반인들에게 공개하고 천천히 설계 공모를 하는 수순을 밟았더라면 하는 아쉬움이 남는다. 종합기본계획을 비롯해 여러 작품들에는 이러한 아쉬움이 묻어난다. 단계적 계획과 조기 개방 계획이라든가 용산공원위원회 혹은 거버넌스 구축 제안은 놓친 타이밍을 만회해 보려는 전문가들의 노력으로도 읽힌다.

하지만, 계획과 설계가 정책의 결함을 보완하는 데에는 한계가 있다. 더구나 국제공모 당선작은 그러한 기대를 어렵게 한다. "Healing"은 대체로 종합기본계획을 착실히 따르고 있지만, 사회적 공감대 형성과 관련해서는 다른 작품들에 비해 고민이 부족하기 때문이다. 단계별 계획은 형식적이고, 시민 참여 협의체에 대한 고려가 없다. 예컨대 1단계 공원 개방은 국립박물관과 '미래유산 공원'

의 축을 따라 가이드 투어 방식으로 이루어진다. 이러한 방식으로 개방되는 공원에서 사람들이 어떤 '숨겨진 보물'을 자유롭게 발견하고 느낄 수 있을 지, 나아가 사람들의 의견이 공원의 미래에 반영될 수 있을 지 의문이다.

화창한 날 푸른 공원

용산공원 설계 국제공모 출품작들은 많은 이미지로 표현되어 있다. 그 이미지들에 재현된 시간은 어떤 특징이 있을까? 작품 도판 여덟 장을 대상으로, 이미지의 시간은 언제인가라는 아주 단순한 질문을 던져본다. 시간을 나누는 방식은 다양할 수 있다. 앞에서 보았던 생태와 역사, 그리고 문화의 시간도 그 중 하나다. 여기서는 시간의 속성에 주목하여 순환하는 시간과 불규칙하지만 순환하는 시간, 그리고 직선적인 역사의 시간으로 나누어서 살펴보았다. 순환하는 시간으로는 하루, 일주, 계절, 그리고 일생이 있다. 불규칙한 순환을 하는 시간은 날씨다.

이미지 상에 나타나는 시간적 특징은 첫째 초록빛의 시간이라는 점이다. 계절적으로는 봄부터 여름, 하루 중에는 대낮, 그리고 맑은 날이 주로 표현되고 있다. 이 시간적 조건에서 나무와 풀의 색상은 연두에서 초록이 지배적이다. 이 색상은 다시 배치도와 조감도를 통해 재현된다. 배치도는 화면의 1/3 이상이고 조감도까지 합하면 화면의 반을 차지한다. 그래서 거의 모든 도판이 초록으로 보인다. 한 가지 예외는 "Sacred Presence"인데, 화면의 절반가량을 차지하는 배치도 때문이다. 이 도판은 채도가 낮은 초록으로 녹지가 표현된 바탕 위에 황토색으로 표현된 지형 단면이 촘촘하게 겹쳐져 있어 다른 작품들의 밝은 초록 분위기와 대조된다.

두 번째 특징은 노인이 거의 보이지 않는다는 점이다. 이미지 중에는 사람들의 모습을 보여주는 장면이 많이 있다. 그 사람들은 주로 젊은 층이다. 어린이와 그들의 젊은 부모, 청소년, 20~30대의 청년층이 대부분이고, 장년층까지가 한계다. 공원에서 자주 보이는 노인의 모습은 어쩐지 여기에서는 거의 안 보인다.

현재의 인구 구조는 물론이고 지금보다 고령화가 심화되는 10년 뒤의 인구 구조를 고려할 때 재현된 노인의 비율이 자연스럽지 않다(그림5).

세 번째로 지적하고 싶은 점은, 도판에 재현된 이미지들은 의미를 전달한다는 점이다. 일반적인 시간대를 벗어난 이미지들은 특별한 이야기를 담고 있다. 눈 오는 겨울밤의 낭만, 황혼녘의 콘서트, 여름밤의 캠핑, 추수하는 가을 들녘, 비를 맞고 뛰어 노는 아이들, 비 내리는 연못의 정취 등등. 그 이미지들 안에는 하고 싶은 이야기가 있거나 보여주고 싶은 활동이 있다. 즉 전달할 의미가 있다는 점인데, 주류를 차지하는 이미지들 역시 이 점은 마

그림5. 출품작들의 이미지에는 노인들이 거의 보이지 않는다. 노인뿐 아니라 장년층도 희귀한 연령층이다. 그림의 원본은 어느 계곡의 실제 물놀이 장면을 찍은 사진으로 보인다. 그림에서 대다수를 차지하는 '아줌마', '아저씨' 로 불리는 사람들이 공원으로도 자주 놀러가는 것이 현실에 가까울 것이다. 그림은 "Healing: The Future Park" (West8+이로재 외)의 이미지다.

찬가지다. 유독 봄 이미지가 많은 이유는 벚꽃과 진달래 등 화려한 봄꽃들 때문이다. 여름은 푸른 숲과 사람들의 건강한 활동을 보여준다. 푸른 숲의 이미지들, 초록빛의 배치도와 조감도는 가장 중요한 의미를 전달한다. 이곳이 공원이고 자연이고 생태라는 메시지다. 이미지에서 지배적인 시간은 생태적 시간이다. 반면 역사적 시간은 서로 다른 맥락의 이미지들이 파편적으로 들어와 있다(그림6, 7).

앞에서 초록빛의 시간을 이미지상의 시간적 특징이라 했다. 그런데 대부분의 작품들에 가을 이미지가 하나 이상 들어 있다. 여름을 지나 가을이 재현된 이유를 생각해 보면 용산공원의 여섯 개의 단위 공원 중 하나인 '생산 공원' 이 있다. 과일을 따고 곡식을 거두는 활동들을 표현하려면 그 계절은 가을이 된다. 이 점

은 이미지와 프로그램이 상호 영
향 관계에 있음을 보여준다. 몇몇
설계안에서 평생교육 혹은 사회
교육 프로그램을 포함하고 있다
면 그것이 이미지로 재현되어도
좋을 것 같다. 출품작들이 접수된
지난 봄에는 벚꽃이 아름다웠다.
지금은 깊은 겨울, 새하얀 설경이
빛나는 때다. 초록이 아닌 배치도
와 조감도가 현실적으로 보일 수
있고, 초록의 배치도와 조감도가
비현실적인 계절이다. 물론 도면
의 표현이 리얼리즘을 지향할 필
요는 전혀 없다.

그림6. 공원 재현에서 일반적이지 않은 계절, 날씨, 시간
대, 이야기와 활동이 있을 때 예외적인 시간도 표현된다.
그림은 "Multipli-City"(씨토포스+SWA 외)의 이미지다.

그림7. 하고 싶은 말이 있을 때 역사적 시간과 상상의 시간도 이미지로 재현된다. 그림은 "Sacred Presence"와
"Healing"의 이미지. 왼쪽 그림은 신윤복의 〈미인도〉를 수정한 것으로 추정된다.

속도와 리듬

용산 미군기지 부지는 지난 100년간 서울이라는 도시와 단절되어 있었던 도시 안의 요새였다. 기억에서, 도시에서, 역사에서, 그리고 자연에서도 잃어버린 땅이었다. 그 동안에도 그 도시는 다른 도시와 계속 연결되어 있었고, 전쟁의 역사와 문화도 그 땅에서 계속 이어져 왔다. 시계가 멈춘 것이 아니라 그 땅에서는 다른 시계가 돌아가고 있었다. 근대화의 시간이 거기에서는 멈춘 것이 아니라 단지 자본주의 도시 발전과는 다른 속도로 발전해 왔던 것이다. 용산 땅이 우리에게 돌아오는 날에도 이 땅에 군사기지는 여전히 존재한다. 단지 서울에서 좀 더 먼 곳으로 우리 눈에 잘 안 띄는 곳으로 옮겨갈 뿐이다. 그렇게 용산공원은 세상의 전쟁과 계속 연결될 것이다. 그리고 누군가는 또 땅을 잃어버릴 것이다.

용산공원에는 여러 시간이 혼재한다. 여기에서 느린 속도보다 중요한 것은 속도를 맞추는 일이다. 서울과 공통의 리듬을 회복하는 것이다. 무엇보다 용산공원 조성을 둘러싼 사회적 리듬부터 맞춰야 할 것이다. 속도를 맞춘다는 것, 리듬을 맞춘다는 것이 서로 똑같아지는 것을 의미하지는 않는다. 용산공원에 고유한 속도를 발전시키고, 도시 서울과 넓은 범위의 시민들과 함께 새로운 리듬을 만드는 것이 중요하다. 예컨대 용산 미군기지 부지는 지금 그 존재만으로도 희소가치가 있다. 아무 것도 하지 않고 그 땅을 방치하더라도 자본주의 도시의 중심에서 부릴 수 있는 최고의 사치로 비칠 것이다.

다시 처음의 영화 이야기로 돌아가자. 벤자민은 제 수명을 다 살다 갔다. 그를 낳고 어머니는 곧 숨을 거두었다. 사건을 재구성해 보자면 두 가지 사건이 있었다. 아기·아들이 태어났다. 어머니·아내가 죽었다. 어머니는 죽기 직전에 아기를 낳았다. 아들에게 생명을 주었다. 그래서 아들은 행복했다고 말했다. 아들을 낳다가 아내가 죽었다. 아들이 죽도록 밉다. 그래서 아버지는 불행하다고 생각했다. 그의 삶에는 탄생과 죽음, 행복과 불행, 우연과 필연, 질병과 고통, 기쁨과 좌절 등 모든 것이 다 들어 있었다. 그리고 전쟁으로 형상화된 피할 수 없는 역사와의 대면도 있었다. 엇갈리는 시간과 운명 속에서도 벤자민은 여인을 만나고 사랑을 하고 딸을 낳았다.

1 그렇다고 용산공원의 경우 민족성이 위치한 자리에 국민성을 대입할 수는 없다. 용산공원의 이용자가 국민으로 한정될 수도 없고, 계획 자체도 국민만을 대상으로 삼고 있지도 않기 때문이다. 비록 "용산공원 조성 특별법"은 '국민의 여가 휴식 공간'과 '국민이 혜택을 향유하게 함'이라 명시하고 있지만, 이 공원이 추구하는 한국적 정체성은 한국인뿐 아니라 외국인을 의식한 고려로 보인다. 아래 주석 7 참고.

2 돈 미첼 지음, 류제헌 외 옮김, 『문화정치 문화전쟁』, 살림출판사, 2011.

3 종합기본계획에 제시된 국가의 의미는 용산공원 설계 국제공모 결과에도 영향을 남겼다. 대부분의 작품들에 나타나는 역사, 문화, 생태와 국가에 대한 인식은 설계 지침이나 종합기본계획의 범위에서 크게 벗어나지 않는다. 자유와 평화, 그리고 소수자를 포함한 문화다원주의에 대한 관심은 오히려 예외적인 것으로 비친다.

4 국토해양부, 『용산공원 정비구역 종합기본계획』, 2011.

5 생태와 문화를 시간 척도로 보는 것은 필자만의 독특한 생각이 아니다. 사회학자 바바라 아담은 일반적인 역사적 시간에 더하여 현대 사회에서 새로운 두 가지 시간 척도를 제안한다. 하나는 진화처럼 긴 시간이고, 다른 하나는 컴퓨터 처리 속도처럼 극히 짧은 시간이다. 전자는 지질학이나 천문학 또는 생태학적으로 의미가 있는 시간이며, 후자는 현대의 과학기술의 영향을 받은 문화를 특징짓는 시간이다. Barbara Adam, *Time and Social Theory*, Philadelphia: Temple University Press, 1990.

6 "Openings"의 경우 종합기본계획에 제시된 내용을 넘어 부지의 역사적 근원을 13세기로 끌어올려 몽고군의 침입을 받은 시기를 언급하고 있다. 이 부지가 다양한 문화적 역사의 켜를 갖고 있다고 하면서 나열하는 시기들은 고대의 농경 정착기, 그리고 몽고와 중국, 일본의 '침략'기, 그리고 지금의 미국 군대의 주둔기이다. 평화로움에 틀림없는 고대 혹은 생태적 시간과 역사적 시간의 '침략'이 대비되고 있다(작품설명서 p.12).

7 이러한 방식은 모든 것들을 '한국적인 것'으로 뭉뚱그려 취급할 때나 가능할 것이다. 여기서도 국민보다는 외국인의 시선을 의식한 태도가 엿보인다. 장소성과 역사성에 대한 고려 없이 무분별하게 하나의 한국적 정체성으로 환원하는 경우는 주로 외국인을 대상으로 하거나 타 문화와 단순 비교할 때이다. 하지만 그것은 낮은 이해 수준의 단순한 호기심을 만족시킬 뿐 대부분의 외국인들에게도 국민들에게도 바람직하지 않다.

8 "Multipli-City"는 역사적 시간에 관심이 적은 대신, 생태성과 문화성 혹은 생태성과 도시성의 이원적 원리에 의해 의미를 발생시키는 설계 전략을 취한다.

9 종합기본계획의 단계별 조성 계획에 따르면 제1단계 사업은 크게 두 가지 사업으로 구성된다. 하나는 산재 부지의 복합 개발과 주변 지역에 대한 개발 계획이다. 다른 하나는 공원 조성과 관련된 것으로서 임시 공원 개장과 부지에 대한 정밀 조사이다. 그리고 1단계 이전에 용산공원관리센터를 설립하여 "시민단체 등과 파트너십 형성 등 공원 프로그램을 개발·운영"하도록 되어 있다.

10 앞의 주석 9 참고.

11 "낯 올린 '용산공원사업' 기본설계… 3대 변수는?", 건설경제 2012년 10월 23일자 참고.

12 이 성명은 시민사회단체가 용산 미군기지 이전 부지에 대해 사회적 합의에 기초해 부지 활용 계획을 마련할 것을 촉구해 왔다는 점, "용산공원 조성 특별법" 제정은 개발 근거를 마련하기 위함이고, 종합기본계획과 국제공모 추진은 사업을 강행하기 위함이라는 비판, 그래서 국토해양부와 용산공원조성추진위원회 등의 범위를 넘어선 대 시민 차원의 폭넓은 의견 수렴과 사회적인 합의 과정이 필요하다는 주장을 담고 있었다. 서울환경연합, "국토해양부 용산 미군기지 이전 부지 개발계획에 대한 시민사회단체 입장" 참고.

글쓴이들

김연금 _ geumii@empas.com

서울시립대학교 조경학과를 졸업했고 같은 학교에서 석사학위와 박사학위(조경 전공)를 받았다. 이후 1년 동안 영국 뉴캐슬대학교에서 박사후연구과정(post-doc)을 가졌고 현재는 '조경작업소 울'을 운영하고 있다. 추구하는 바는 실천과 이론의 순환이며 순환을 이끄는 키워드는 '조경과 삶의 공간', '일상의 경관', '커뮤니티 디자인' 등이다. 저서로는 『소통으로 장소만들기』, 『우연한 풍경은 없다』가 있으며, 함께 지은 책으로 『텍스트로 만나는 조경』, 『커뮤니티 디자인을 하다』, 『텃밭정원 도시미학』이 있다. 역서로는 『조경설계 키워드 52』가 있다.

김영민 _ bresit@gmail.com

서울대학교에서 조경과 건축을 함께 공부하였고 이후 하버드 GSD에서 조경학 석사학위를 받았다. 미국의 조경설계회사 SWA Group에서 6년간 다양한 설계와 계획 프로젝트를 수행하면서 USC 건축대학원의 교수진으로 강의를 하였다. 번역서로 『랜드스케이프 어바니즘』이 있으며 『공원을 읽다』를 비롯한 다수의 공저가 있다. 오늘날의 조경과 인접 분야의 흐름을 인문학적인 시각으로 읽어내는데 관심이 있다. 현재 서울시립대학교 조경학과 조교수로 재직중이다.

남기준 _ namkeejun@hanmail.net

초등학교를 졸업할 무렵까지 정원이 있는 집에서 살았다. 국민대학교 학부와 대학원에서 국문학을 전공했고, 졸업과 동시에 환경과조경에 입사했다. 월간 『환경과 조경』, 계간 『조경생태시공』, 도서출판 조경 편집장을 역임했으며, 조경과 정원의 매력을 부각시킬 수 있는 다양한 이야기의 생산에 관심을 갖고 있다. 현재는 그 연장선상에서 '나무도시' 출판사에서 단행본 만드는 일을 하고 있다.

노수일 _ fivehand@naver.com

서울시립대학교에서 건축공학 학사, 석사학위를 마친 후 동 대학 도시공학과 박사과정에 있다. 서울시정개발연구원(현 서울연구원) 도시계획부와 창의연구본부에서 위촉연구원으로 근무한 바 있으며, 현재 서울시립대학교 도시과학연구원 수도권연구소에 재직 중이다. 석사학위 논문으로 '용산민자역사의 프로그램과 공간구성'에 관해 연구했으며, 도시설계와 도시 형태 및 경관의 공공성에 관심을 가지고 있다.

류영렬 _ ryuyr77@gmail.com

서울대학교 조경학과를 졸업하고 서울대학교 환경대학원 환경관리전공에서 생태학으로 석사학위를 받았다. UC Berkeley ESPM(환경과학 · 정책 · 관리 대학원)에서 NASA Earth and Space Science Fellowship 지원을 받으며 박사학위를 마쳤고, Microsoft Research에서 인턴연구원을 거쳐, Harvard OEB(종 · 진화 · 생물학과)에서 박사후과정을 수행했다. 인공과 자연생태계의 물, 에너지, 탄소, 영양물질 순환에 대한 연구를 다양한 시 · 공간 규모에서 수행중이며 SCI급 국제저널에 16편을 출판했다. 현재 서울대학교 조경 · 지역시스템공학부 조교수이다.

박선희 _ shuny1010@naver.com

서울시립대학교 조경학과를 졸업하였고, 서울대학교 대학원 통합설계·미학연구실에서 석사학위를 받았다. '대형 공원에 나타나는 현대 공원 설계의 쟁점'으로 2011년 조경비평대상에서 가작을 수상하였다. 도시와 조경에 관한 복잡하고 중요한 논의들을 쉽고 재미있게 전달하는데 관심을 갖고 있다.

박승진 _ parksj65@hotmail.com

성균관대학교와 서울대학교 환경대학원에서 조경 디자인을 공부했다. 서울대학교 환경계획연구소, 조경설계 서안에서의 설계 실무를 거쳐, 2007년에 디자인 스튜디오 loci를 열었다. 요즘에는 근대 공간과 관련된 텍스트 읽기와 쓰기에 관심을 가지고 있으며, 서울대학교와 한국예술종합학교에서 조경 설계와 관련된 강의를 하고 있다.

박희성 _ janeha@naver.com

서울대학교에서 『당·송대 산수원림 연구』로 박사학위를 받았으며 중국 칭화대와 베이징대에서 연구학자로 활동하였다. 서울대학교 환경계획연구소 선임연구원과 우리엔디자인펌 조경설계연구소 연구소장을 지냈고 저서로는 『원림, 경계 없는 자연』이 있다. 동아시아 정원과 조경의 문화적 영향관계를 관심 있게 살피고 있으며 현재는 서울시립대학교 서울학연구소 연구교수로 재직하면서 동아시아 수도(capital)를 연구하고 있다.

배정한 _ jhannpae@snu.ac.kr

서울대학교 조경·지역시스템공학부 교수이며, 조경 미학, 현대 조경 이론, 조경 설계, 통합 환경 설계 등을 강의한다. 지은 책으로 『조경의 시대, 조경을 넘어』와 『현대 조경설계의 이론과 쟁점』, 옮긴 책으로 『라지 파크』가 있다. 『건축·도시·조경의 지식 지형』, 『공원을 읽다』, 『봄, 디자인 경쟁시대의 조경』, 『봄, 조경 사회 디자인』, 『텍스트로 만나는 조경』, 『LAnD: 조경·미학·디자인』, 『Locus 2: 조경과 비평』, 『Locus 1: 조경과 문화』 등 다수의 책을 동학들과 함께 썼다. 용산공원 구상, 기본계획, 설계공모 운영에 참여한 바 있다.

서영애 _ terry116@empal.com

서울시립대학교 조경학과를 졸업했고, 동대학원에서 『한국 영화에 나타난 도시 경관의 의미 해석』으로 석사학위를 받았다. 서울대학교에서 박사과정을 수료하고 서울과 서울의 오래된 공원에 대해 연구 중이다. 새삼 서울의 깊음과 다양함, 오래됨과 새로움이 감동으로 다가온다. 기술사사무소 '이수(異樹)'에서 일하며 서울대학교에서 조경 설계 스튜디오를 맡고 있다.

아드리안 구즈(Adriaan Geuze) _ www.west8.com

Agricultural University of Wageningen에서 조경학 석사학위를 받은 후 1987년 네덜란드 로테르담에 도시·조경 설계 전문회사인 West8을 설립하였다. 1990년 권위 있는 프리 드 롬 상을 수상하면서 국제 무대에 알려지게 되었고 전미 조경가협회, 전미 건축가협회 상 등 수많은 수상 경력이 있다. 설계 대상지의 맥락 속에서 현대 문화, 도시 아이덴티티, 건축, 공공 공간에 대한 철학과 이를 실현시킬 수 있는 기술적 지식을 통합적으로 구현하는 디자인에 주목해왔다. 공공 공간의 설계에 대한 독특한 방식과 접근법을 바탕으로 마드리드 리오, 뉴욕 거버너스 아일랜드, 토론토 워터프론트 등의 도시 재생 프로젝트에 큰 역할을 담당해 왔으며 하버드 GSD, 베를라헤 인스티튜트(Berlage Institute) 등 전 세계 유수의 대학에서 강의 및 특강을 해왔다.

유시범 _ sincereu@snu.ac.kr

서울시립대학교 조경학과를 졸업했고, 서울대학교 환경대학원 환경조경학과 도시조경계획 연구실에서 석사과정 중에 있다. 조경의 담론과 그에 대한 사람들의 경험 사이에서 고민하고 있으며, 개별적인 체험과 실천을 통해 만들어지는 조경의 현장성에 대해서 큰 관심을 갖고 있다. 2011년 월간『환경과 조경』이 주최한 조경비평대상에서 '조경, 느슨한 경계(景界)'로 가작을 수상하였고, 그 행운으로 조경비평 봄에 참여하게 되었다. 제 8차 환태평양 커뮤니티 디자인 네트워크 국제회의에서 '커뮤니티 네트워크의 관계에 기반한 경리단 길의 장소 형성과정'을 공동 저자로 발제하였다.

이명준 _ june2@snu.ac.kr

서울대학교 조경학과를 졸업하고 같은 과 대학원 통합설계·미학연구실에서 석사학위를 받고 현재 박사과정 중이다. 2011 대한민국 조경비평대상에서 가작으로 선정되어 비평을 시작하였다. 자연 안에서 꾼 꿈을 자유롭게 이야기한다는 마음으로 글을 쓴다.

이상민 _ smlee@auri.re.kr

서울대학교 조경학과를 졸업하고 같은 과 대학원 조경미학연구실에서 석·박사학위를 마쳤으며, 현재 국토연구원 부설 건축도시공간연구소 부연구위원으로 재직 중이다. 조경 설계와 이론, 조경 미학 등에 대한 관심에서 출발하였으나 최근에는 건축과 도시, 조경이 어떻게 어우러져 우리의 다양한 공간 환경을 조성하고 향상시킬 수 있을지에 대해 고민 중이다. 주요 연구로『도시 공공공간 개선방향 설정을 위한 개념 정립 및 현황 조사연구』,『도시 공공공간의 통합적 계획을 위한 제도 개선방안 연구』,『공간환경디자인의 이해와 활용을 위한 기초연구』,『도시 생활밀착형 공공공간 조성방안 및 매뉴얼 개발 연구』등이 있다.

이성민 _ saint83@snu.ac.kr

서울대학교 조경학과를 졸업하고 같은 과 대학원 도시조경설계연구실에서 석사학위를 마쳤다. 토문 엔지니어링 건축사사무소에서 근무했으며, 현재 도시계획 박사과정 준비과정에 있다. 외부 공간을 포함한 도시 공간이 사람의 신체 활동에 미치는 영향에 주목하여 조경학과 공중보건학의 통합 연구에 관심을 가지고 있다.

이유직 _ lee@pusan.ac.kr

서울대학교 조경학과를 졸업하고 동 대학원에서 석·박사학위를 받았다. 하버드대학교 옌칭연구소에서 2년간 연구했으며 현재 부산대학교 조경학과 교수로 재직 중이다. 부산의 용산기지라 할 수 있는 미 하야리아부대 부지를 공원화하는 작업에 코디네이터로 활동하며 이론과 실천의 간격을 좁히고자 애쓰는 한편, 거창군 창조도시 총괄계획가로서 마을만들기를 통한 지역 재생과 농촌 조경의 현장에서 활동하고 있다.

장보혜 _ bohyejang@hanmail.net

자꾸만 건물 사이나 도로의 가장자리에 눈길이 갔다. 그렇게 알게 된 조경 세계를 동경하다 공원을 다룬 글을 쓰게 되었다. 그리고 선물처럼 내게 조경가와 조경이론가 친구들이 생겼다. 만나보면 알겠지만 나무 같은 사람들이다. 벌써 오랫동안 나는 계절마다 그 나무들 사이에서 쉬다 오곤 하였다. 연세대학교 건축공학과 및 한양대 대학원 건축학과를 졸업하였고, 서울대 환경대학원 환경계획학과 박사과정을 수료했다.

최영준 _ choiyjoon@gmail.com

서울대학교 조경학과를 졸업하고 펜실베이니아대학교 설계대학원에서 석사학위를 마쳤다. 제 5회 조경비평상 가작 수상과 함께 조경비평과 연을 맺게 되었으며, 진실하고 창의적인 조경의 이야기에 늘 귀 기울인다. 설계 실무에 있어서는 Archiprix International 본상, 뉴욕 신진건축가 공모 대상 등을 수상하였고, 현재 SWA Group 로스앤젤레스 오피스에서 조경가로 활동 중이다.

최정민 _ jmchoi117@empal.com

서울시립대학교 조경학과를 졸업하고 같은 학교 대학원에서 '서구 조경이 한국 현대조경에 미친 영향'이란 주제로 석사학위를, '한국 현대조경에서 한국성'에 관한 문제로 박사학위를 받았다. 한국 조경에 대한 지독한 짝사랑인 셈이다. LH공사의 전신인 대한주택공사에서 아파트 조경 설계, 공원 설계, 복합단지계획, 신도시계획 같은 일을 했다. 이후 동심원조경기술사사무소 소장으로 다양한 프로젝트와 설계 공모에 참여했다. 조경비평 '봄' 동인으로 활동하면서 현실 조경 비평을 통해 조경 담론의 다양화에 기여하고 싶어한다. 현재는 순천대학교 조경학과 교수로 재직하면서 설계 실천과 설계 교육 사이의 간극을 고민 중이다.

최혜영 _ h.choi@west8.com

서울대학교 조경학과를 졸업하고 펜실베이니아대학교에서 조경학 석사학위를 마쳤다. 뉴욕 AECOM(전 EDAW)을 거쳐 West8 뉴욕 오피스에서 거버너스 아일랜드(Governors Island) 프로젝트를 담당해왔다. 다양한 국제 설계공모전에 참여하였으며 용산공원 아이디어 공모전에서 1등 없는 2등, 서울대공원 재조성을 위한 국제현상 공모전 당선에 큰 역할을 하였다. 2012년 초 용산공원 설계 국제공모에서 West8+이로재 팀의 당선을 이끌면서 현재 프로젝트 리더로 일하고 있다. 펜실베이니아주 등록 미국 공인 조경가(RLA), 친환경건축물 인증제 공인 전문가(LEED AP)이다.

• 경성(京城) 10만분의 1 지형도, 1921.
• 경성(京城) 5만분의 1 지형도, 1915.
• 경성부(京城府), 『경성부(京城府) 남산대공원(南山大公園) 설계안(設計案)』, 1917.
• 경성부근지도(京城附近地圖), 1900.
• 경성시가전도(京城市街全圖), 1911.
• 곽영훈, "용산공원, 서울 속에서의 역할", 한국박물관건축학회 학술발표회 자료집, 2004, pp.13-33.
• 국토해양부, 『용산공원 정비구역 종합기본계획』, 2011.
• 기 드보르 저, 이경숙 역, 『스펙타클의 사회』, 현실문화연구, 1996.
• 김성홍, 『길모퉁이 건축』, 현암사, 2011.
• 김진애, "용산공원에 얽힌 '기싸움' 정치", 오마이뉴스 2007년 12월 14일.
• 김한배, "보이지 않는 경관, 상흔에서 희망으로", 『보이는 용산, 보이지 않는 용산』, 마티, 2009.
• 대한국토 · 도시계획학회+한국조경학회, 『용산공원 공원화 구상』, 국무조정실, 2005.
• 돈 미첼 저, 류제헌 외 역, 『문화정치 문화전쟁』, 살림출판사, 2011.
• 류영렬, "사건 생성의 공간과 조경설계", 『LAnD: 조경 · 미학 · 디자인』, 도서출판 조경, 2006, pp.326-339.
• 리처드 웰러, "수단성의 기술: 랜드스케이프 어바니즘을 통해 생각하기", 찰스 왈드하임 편, 김영민 역, 『랜드스케이프 어바니즘』, 도서출판 조경, 2007, p.93.
• 박명진, 『문화, 일상, 대중』, 한나래, 1996, pp.155-182.
• 배정한, "공원의 진화, 도시의 재생: 용산에 가능성을 허하라", 『조경의 시대, 조경을 넘어』, 도서출판 조경, 2007.
• 배정한, "공원이라는 굴레: 광교신도시 호수공원 국제설계공모 읽기", 월간 『환경과 조경』 249호, 2009년 1월호, p.135.
• 배정한, "대형공원, 생산, 프로세스 - 행정중심복합도시 중앙녹지공간 국제설계공모", 『봄, 디자인 경쟁시대의 조경』, 도서출판 조경, p.26.
• 배정한, "현대 조경설계의 전략적 매체로서 다이어그램에 관한 연구", 『한국조경학회지』 34(2), 2006, pp.99-112.
• 배정한, 『현대 조경설계의 이론과 쟁점』, 도서출판 조경, 2004.
• 서우석, "용산 개발의 사회학", 『보이는 용산, 보이지 않는 용산』, 마티, 2009.
• 서울시립대학교, 『용산기지 반환부지 활용방안에 관한 연구』, 2004.
• 손병후, "지열", 『2010 신재생에너지 백서』, 에너지관리공단, 2010, pp.486-512.
• 아르준 아파두라이 저, 차원현 역, 『고삐 풀린 현대성』, 현실문화연구, 2004, p.37.
• 아시하라 요시노부 저, 김정동 역, 『건축의 외부공간』, 기문당, 2009, pp.151-161.
• 안창모, "역사문화도시, 서울 세계문화유산을 꿈꾼다", 『4대문 안 역사문화도시 보전 및 재생을 위한 심포지엄』 자료집, 2010, pp.21-48.

- 에드워드 사이드 저, 박홍규 역, 『오리엔탈리즘』, 교보문고, 1999.
- 용산시가도(龍山市街圖), 1927.
- 우실하, 『오리엔탈리즘의 해체와 우리 문화 바로 읽기』, 소나무, 1997.
- 유가현, 『조선시대 사대부 원림으로서 동에 관한 연구』, 서울대학교 박사학위논문, 2012, p.26.
- 이도원, 『전통마을 경관요소들의 생태적 의미』, 서울대학교출판부, 2004, pp.2-28.
- 이상구, "한양도성, 현대도시 서울의 공간적 토대", 『동아시아 각국 수도의 근대적 변이』 심포지엄 자료집, 2012, p.98.
- 이상민, 『설계 매체로 본 한국 현대 조경설계의 특성』, 서울대학교 대학원 박사학위논문, 2006.
- 임승빈, "신경관의 지평과 과제", 『신경관 심포지엄: 경관한류의 가능성 탐구』 자료집, 2012, pp.19-37.
- 정석, "서울 4대문 안 역사보전계획 왜 필요한가?", 『4대문 안 역사문화도시 보전 및 재생을 위한 심포지엄』 자료집, 2010, pp.51-58.
- 정욱주, "스튜디오 101, 설계를 묻다 - 정체성: 개성, 전통 그리고 한국성", 『환경과조경』 251호, 2009, p.170.
- 조경비평 봄 저, 『봄, 디자인 경쟁시대의 조경』, 도서출판 조경, 2008.
- 조경진, "용산공원 설계 국제공모를 넘어서: 당선작의 성공적인 진화와 효과적인 활용을 위한 제언", 『용산공원 설계 국제공모 당선작 활용을 위한 국제 심포지엄』 발표자료, 2012.
- 조경진, "한국적 랜드스케이프 어바니즘의 전망: 딜레마와 가능성", 월간 『환경과 조경』 272, 2010, p.155.
- 조명래, "공간의 정의와 생태문화운동 - 용산기지 시민생태공원화 운동을 사례로", 환경정의시민연대/환경정의 포럼, 2001.
- 조선용산총독관저내외정원설계평면도(朝鮮龍山總督官邸內外庭園設計平面圖), 1920~1930년대 추정.
- 조선주차군경리부, 『조선주차군영구병영, 관아급숙사건축경과개요(朝鮮駐箚軍永久兵營, 官衙及宿舍建築經過概要)』, 1914.
- 줄리아 처니악, "가독성과 탄력성", 줄리아 처니악 · 조지 하그리브스 편, 배정한 · idla 역, 『라지 파크』, 도서출판 조경, 2010, p.236.
- 줄리아 처니악, "랜드스케이프 어바니즘 되돌아보기: 대상지에 대한 성찰", 찰스 왈드하임 편, 김영민 역, 『랜드스케이프 어바니즘』, 도서출판 조경, 2007, p.121.
- 줄리아 처니악 · 조지 하그리브스 편, 배정한 · idla 역, 『라지 파크』, 도서출판 조경, 2010.
- 찰스 왈드와임 편, 김영민 역, 『랜드스케이프 어바니즘』, 도서출판 조경, 2008.
- 최원석, "한국 이상향의 성격과 공간적 특징: 청학동을 사례로", 『대한지리학회지』 44(6), 2009, p.750.
- 최정민, "디자인 뒤의 디자인", 『봄, 디자인 경쟁 시대의 조경』, 도서출판 조경, 2008.
- 최정민, 『현대 조경에서 한국성에 관한 연구』, 서울시립대학교 박사학위논문, 2008.

- 편집부, "용산공원 설계 국제공모", 월간 『환경과 조경』 2012년 6월호, p.82.
- 피터 버크 저, 박광식 역, 『이미지의 문화사』, 심산, 2005.
- 피터 홀 · 울리히 파이퍼 저, 구자훈 · 임창호 역, 『미래의 도시 - 21세기 도시의 과제 및 대응 전략』, 한울아카데미, 2005.
- 황보영희, 『서울 용산 지역의 도시화과정에 관한 연구』, 한양대학교 건축대학원 석사학위 논문, 2005

- A. Appadurai, *Modernity at Large Cultural Dimension of Globalization*, University of Minnesota Press, 1996.
- General Site Map, 1975.
- H. B. Hulbert, *The Passing of Korea*, N.Y., Reprinted by Yonsei Univ. Press, 1969, p.249.
- James Corner, "Landscape Urbanism" in *Landscape Urbanism: A manual for the Machinic Landscape*, Chronicle Books Llc, 2004, pp.58-63.
- John Sewell, "Downsview's slipping away", *Eye Weekly*, July 24, 2003.
- Korea City Plans, 1946.
- Linda Pollak, "Matrix Landscape: Construction of Identity in the large park", In Julia Czemiak and George Hargreaves eds., *Large Parks*, New York: Princeton Architectural Press, 2007, p.87.
- Michel de Certeau, *The Practice of Everyday Life*, Steven F. Rendall trans., Univ. of California Press, 1984.
- Ministry of Land, Transport and Maritime Affairs, General Basic Plan for the Creation and Zoning of the Yongsan Park, Ministry of Land, Transport and Maritime Affairs, 2011, pp.23-30.
- Odum, E. P., "Strategy of Ecosystem Development", *Science*, 164(3877), 1969, pp.262-270.
- Pan, Y. D., Birdsey, R. A., Fang, J. Y., Houghton, R., Kauppi, P. E., Kurz, W. A., Phillips, O. L., Shvidenko, A., Lewis, S. L., Canadell, J. G., Ciais, P., Jackson, R. B., Pacala, S. W., McGuire, A. D., Piao, S. L., Rautiainen, A., Sitch, S., & Hayes, D., "A Large and Persistent Carbon Sink in the World's Forests", *Science*, 333(6045), 2011, pp.988-993.

- 그룹한 어소시에이트+Turenscape 외, "Yongsan Madangs", 용산공원 설계 국제공모 설계 설명서와 패널, 2012.
- 동심원조경기술사사무소+Oikos Design 외, "Sacred Presence Countryside in Citycenter", 용산공원 설계 국제공모 설계 설명서와 패널, 2012.
- 신화컨설팅+서안알앤디 디자인 외, "Yongsan Park for New Public Relevance", 용산공원 설계 국제공모 설계 설명서와 패널, 2012.
- 씨토포스+SWA 외, "Multipli-City", 용산공원 설계 국제공모 설계 설명서와 패널, 2012.

- 조경설계 서안+M.A.R.U. 외, "Yongsan Park Towards Park Society", 용산공원 설계 국제공모 설계 설명서와 패널, 2012.
- CA조경기술사사무소+Weiss/Manfredi 외, "Connecting Tapestries from Ridgeline to River", 용산 공원 설계 국제공모 설계 설명서와 패널, 2012.
- James Corner Field Operations+삼성에버랜드 외, "Openings: Seoul's New Central Park", 용산공 원 설계 국제공모 설계 설명서와 패널, 2012.
- West8+이로재 외, "Healing: The Future Park", 용산공원 설계 국제공모 설계 설명서와 패널, 2012.

* 본문에 실린 출품작의 패널과 설계 설명서 이미지는 '용산공원 설계 국제공모'를 주최한 국토해양부 용산공원조성추진기획단의 협조를 받아 수록하였습니다.